全国教育科学规划2017年度教育部重点课题
"中小学体育教学质量监测机制的研究"（课题批准号：DLA170414）成果

中小学体育
教学质量监测机制的研究

吕兵文　于霞 / 主编

中国书籍出版社
China Book Press

图书在版编目（CIP）数据

中小学体育教学质量监测机制的研究 / 吕兵文, 于霞主编. —北京：中国书籍出版社, 2021.5
ISBN 978-7-5068-8468-6

Ⅰ.①中… Ⅱ.①吕… ②于… Ⅲ.①体育课—教学质量—监测—研究—中小学 Ⅳ.①G633.962

中国版本图书馆CIP数据核字（2021）第083209号

中小学体育教学质量监测机制的研究

吕兵文　于　霞　主编

责任编辑	王星舒　牛　超
责任印制	孙马飞　马　芝
封面设计	中尚图
出版发行	中国书籍出版社
地　　址	北京市丰台区三路居路97号（邮编：100073）
电　　话	（010）52257143（总编室）（010）52257140（发行部）
电子邮箱	eo@chinabp.com.cn
经　　销	全国新华书店
印　　刷	天津中印联印务有限公司
开　　本	710毫米×1000毫米　1/16
字　　数	190千字
印　　张	14.5
版　　次	2021年6月第1版　2021年6月第1次印刷
书　　号	ISBN 978-7-5068-8468-6
定　　价	59.00元

版权所有　翻印必究

编 委 会

主　　编：吕兵文　于　霞
副 主 编：吕晓峰　黄　巍　姜建明
编写人员：吕兵文　山东省威海市文登区葛家中学
　　　　　于　霞　山东省威海市文登区葛家中学
　　　　　吕晓峰　山东省威海市教育教学研究院
　　　　　姜建明　山东省威海市文登区教育教学研究培训中心
　　　　　黄　巍　山东省济宁市教育科学研究院
　　　　　姜英峰　山东省威海市文登区葛家中学
　　　　　王东升　山东省荣成市教育教学研究中心
　　　　　于　涛　山东省乳山市教育教学研究中心
　　　　　董兴超　山东省荣成市人和镇靖海完小
　　　　　于洪奎　山东省济宁市实验初中
　　　　　尹　耀　山东省乳山市徐家镇中心学校
　　　　　胡志强　山东省威海市文登经济技术开发区小学
　　　　　吕晓明　山东省文登新一中
　　　　　徐　伦　山东省青岛西海岸新区藏马小学
　　　　　宋晓露　山东省泰安泰山实验中学
　　　　　徐海燕　辽宁省抚顺市新抚区教师进修学校
　　　　　吴世莲　陕西省安康市白河县教研室

PREFACE
序

考试自产生之日起,就因其公平、公正性,得到了广泛的认可和应用。尤其是我国古代的科举制度,产生了一批又一批栋梁之材,推动了教育、科技、文化,乃至整个社会的发展。面对全国中小学生体质健康水平持续多年下滑的严峻形势,采用"体育中考""体育学业水平检测""体育教学质量监测"的形式,借用应试教育的平台,动员一切可以利用的教育资源、社会资源等来重视青少年体质健康、促进青少年学生积极参与体育锻炼,委实是倒逼了学生体质的增强、体育教学的优化和质量的提升以及中小学体育教学改革的深入。不能不说这为青少年学生体魄强健注入了一针强心剂,激活了整个体育教育机制,乃至整个教育机制。

兵文老师主持的全国教育科学规划"十三五"教育部重点课题"中小学体育教学质量监测机制的研究",本着求真务实的态度,积极主动地探索以"体育教学质量监测机制"践行增进学生体质健康、提升学生运动技能水平的研究,对于坚持"健康第一"的指导思想,推进中小学体育教学、评价改革,乃至整个学校教育的评价机制的改革意义深远。

"中小学体育教学质量监测机制的研究"紧紧把握住了"学生体质多年下滑""全社会高度忧思青少年学生的体质健康"这一社会发展脉搏的

弱音，有强烈的"国家需求"的研究意识，充分体现了课题研究的时代性、紧迫性和创新性。兵文老师带领课题组多方深入调研，在借鉴文登区和威海市多年实践中小学体育学业质量检测、体育中考的基础上，广泛查阅文献资料，结合体育与健康学科课程标准和中小学体育教学、评价的实际，系统展开体育教学质量监测指标的调查研究和体系的构建研究，收集到了很多有价值的数据和各种代表性理论依据，并形成了实操性极强的监测指标体系和监测机制。"中小学体育教学质量监测机制的研究"的研究成果突破了增强学生体质健康水平的瓶颈问题，又进一步优化了中小学体育教学，提升了教学质量，促进了学生身心健康发展和运动技能水平的提高。课题组的研究及实践都证明，以体育教学质量监测机制促进青少年学生体质强健的举措是切实可行并行之有效的。

该课题的研究很大程度上得益于威海、文登两级教育局、教科研部门，多年来扎实推进中小学体育教学、评价改革的实践，该课题研究也为全国提升青少年学生体质健康水平提供了威海、文登经验。可喜可贺！这部课题研究书稿，既有一定的理论研究水平，对该领域的研究贡献了力量，更有可资借鉴、拿来即用的实践经验的工具性，方便推广应用。该书稿凝聚了课题组的心血和汗水，更是饱含了国人对青少年学生体质增强的夙愿和切实开齐、上好体育课，提升体育教学质量的一种期望。

1990年，兵文就读于烟台师范学院体育系（2006年更名为鲁东大学），我担任他的班主任。大学在校期间，兵文就展示出朴素、扎实的作风和善于思考、做事细致入微、认真负责的品质。毕业后，兵文到威海中小学任职，仍然保持着与学院的密切联系，经常跟学院教授、老师沟通交流。日常交流中，我得知兵文还经常参加学校体育领域的学术论坛、报告会等，掌握着学科研究最前沿的信息，这在一线中小学体育教师中尤为难得。2018年10月第九届中国学校体育科学大会在浙江师范大学举行，学院参会教师返校汇报说兵文老师在会议中获奖，我听后非常高兴。2015年，兵文获评"威海教育名家工作室"7位主持人之一，并且是入选的唯一一名农村的普通教师，我真为有这样的学生而自豪。整个工作室的运行过程中，他们兢兢业业、不知疲惫的工作作风和骄人的工作业绩，让我由衷为一线教师的努力、执着和干事、成事而感动。

2017年，兵文主持申报该研究项目时，我就特别期待立项成功，结果如愿以偿。这也是教育部重点课题这个级别在威海市中小学仅有的一项课题，令人欢欣鼓舞。转眼间，该项目即将结题。拿到这份课题研究成果的书稿，我又一次被感动。这分明是一种笃定的研究信念、一种坚韧不拔的研究精神、一种踏实进取的研究能量，沉甸甸、亮闪闪。衷心希望我们中小学教师坚定信心，立足一线教育教学的实际，勇于挑战大项目研究，向教育教学的热点、焦点、难点课题进发，用我们接地气的视角，用我们的务实创新开拓自己教育教学生涯新的篇章。

少年强，则中国强；科研强，则教育兴；教育兴，则国家兴。希望我们青少年学生的体质愈来愈强，希望我们的教育愈来愈精彩，希望我们中小学教师愈来愈幸福！

董兆云
鲁东大学体育学院党总支书记
2021年3月于烟台

CONTENTS 目 录

第一章 中小学体育教学质量监测研究的背景   001

  我国青少年学生体质健康的忧思   001
  体育中考的改革及启示   006
  高等教育之体育改革及启示   010
  中小学体育教学质量监测文献研究综述   015

第二章 中小学体育教学质量监测的调研报告   026

  关于我国中小学体育教学质量监测实施情况的调查报告   026
  济宁市体育与健康学科教学质量调研报告（2020年）   034
  陕西省安康市小学体育教学质量监测情况的调研报告（2018年）   042
  辽宁省抚顺市新抚区体育教学质量监测调研报告（2019年）   051
  乳山市中小学体育教学质量监测调研报告（2020年）   061
  关于中小学体育教学质量监测指标体系的调查（2020年）   073
  实验区中小学体育教学质量监测报告（2020年）   099
  区域推进中小学体育教学质量监测研究报告（2021年）   110

第三章　中小学体育教学质量监测的机制　　117

　　体育教学质量评价策略研讨综述　　117
　　体育教学质量有效评价的四要素　　123
　　选定内容　周密组织　规范操作　务实评价　　127
　　体育教学质量多级评价的实施策略　　130
　　中小学体育教学质量监测机制的研究　　135

附录一　中小学体育教学质量监测范例　　145

　　区域中小学校体育工作考核指标体系（范例）　　145
　　区域中小学（义务教育）体育教学质量监测内容　　147
　　威海市文登区义务教育学段（五四学制）体育与健康学科
　　教学质量评价实施细则　　150

附录二　威海市文登区初中体育与健康科目学业水平考试　　　　实施办法　　204

附录三　威海市初中体育与健康课程学业考试方案　　208

参考文献　　213

后　记　　218

第一章　中小学体育教学质量监测研究的背景

我国青少年学生体质健康的忧思

多年来，我国青少年学生体质健康水平持续下滑，引起了国家领导人和国民的普遍担忧。这也是全国教育科学"十三五"规划2017年度教育部重点课题"中小学体育教学质量监测机制的研究（课题批准号：DLA170414）"研究的大背景。

一、《夏令营的较量》触发了青少年体质健康的忧思

1993年11月25日，《中国教育报》头版头条全文刊发青少年问题专家孙云晓撰写的《夏令营中的较量》一文，深度报道了1992年中日草原探险夏令营中，两国少年生存能力的对比情况，揭示了中国教育的危机。时任《中国教育报》总编辑俞家庆写的短评《心中沉甸甸的问号》同时刊发。《夏令营中的较量》一文震撼了整个中国教育界。《人民日报》、中央人民广播电台、中央电视台相继展开对该文讨论的系列报道，发表了《黄金时代缺失了什么》《为孩子改造成年人的世界》等著名评述，中国青少年的体质健康问题备受关注。

2009年8月12日，江苏人大网发表调研文章指出："学生体质的现状令人深感痛心：高校招生体检合格率，2007年为10.17%，2008年为9.82%，很多学生在选择专业时，均因身体和健康原因专业受限。"根据国家权威统计数据显示，从1985年至今的25年间，我国中小学生的身高、体重、胸围等形态发育指标持续增长，但肺活量、柔韧性、速度、力量等体能素质指标却持续下滑，被形象地称为"只长块头，不长肌肉"。学生体质的现状，引起了人大代表的关注和

忧虑。

2012年11月25日《杭州日报》报道：武汉、广州、西安等几十所高校的运动会取消了5000米、3000米长跑项目；校园升旗仪式上，有孩子站了几分钟就晕倒；合肥工业大学上个月刚结束秋季运动会，男子5000米的最高纪录却要追溯到20世纪50年代。报道不无忧虑地发问："20年前，行走不到2小时，有孩子累得不行；20年后，站了不到几分钟，就有孩子晕倒在地。'东亚病夫'的帽子又要回来了？"全社会对我国青少年的体质健康问题忧虑不已。

2013年1月27日，《北京晨报》报道，首都体育学院党委书记李鸿江指出，中国青少年体质连续25年下降，其中力量、速度、爆发力、耐力等身体素质全面下滑，肥胖、"豆芽菜型"孩子和近视孩子的数量急剧增长。以北京为例，2012年北京高中生的体检合格率仅为一成。北京一所大学学生军训，3500人的学生规模，累计看病人次达6000余次，军训前几天不少学生晕倒，军训变成"警训"。学生身体素质下滑，北京第十二中学校长李有毅深有体会："别说军训，就是我们学校每年40分钟的开学典礼，都有学生站着站着就晕倒了。"学生的体质健康问题成为社会的诟病。

二、征兵标准的降低，折射了学生体质下降的悲哀

2014年6月14日新华社报道：2014年新的征兵体检标准和办法，身高、体重和视力标准等方面都有所调整。调整后的征兵体检标准为：男性身高160厘米以上（比之前的标准降低了2厘米），女性身高158厘米以上（比之前的标准降低了2厘米）。男性体重不超过标准体重的30%（比之前的标准降低了5个百分点）、不低于标准体重的15%，女性不超过、也不低于标准体重的15%。应征男女青年的右眼裸眼视力不能低于4.6（比之前的标准降低了0.3），左眼裸眼视力不能低于4.5（比之前的标准降低了0.3）。

我国于2003、2008、2014年连续多次修订征兵体检标准中的一些内容，这些修改属于"宽松式"和"让步式"的，集中体现在对应征青年体重、视力和心率等某些指标的要求有所降低。征兵标准一降再降，特种兵征兵一兵难求，从中折射的是青年体质健康的悲哀和无奈。

青少年体质的下降从一再下调的《国家学生体质健康标准》也可见一斑。1989年制定的《国家体育锻炼标准》中，初三男生1000米跑满分标准是3分15秒，女生800米跑满分标准是3分10秒。此后，《国家体育锻炼标准》几经修订，满分标准不断下调。现行的《国家学生体质健康标准》是2014年新修订的，男生1000米跑、女生800米跑被列为必测项目，初三男生1000米跑满分的标准是3分40秒，女生800米跑满分的标准是3分25秒，反映出学生体质整体水平下降。

青少年体质下降直接影响兵源建设；兵源素质的低下，将导致国防力量的薄弱。

2007年4月30日《中国青年报》报道：新兵一连组织站军姿训练，可还没站到20分钟，全连117名新兵中，竟然有9人因大脑供血不足晕倒了。类似的现象在训练场上随处可见。七连组织全连战士进行3000米测试，竟然有2名新兵刚跑几百米，就捂着肚子掉了队，趴在地上大口喘气。跑到半程，有5名战士因体力不支晕过去了，到终点清点人数，不足百人的连队，居然有20多人掉队。四川籍战士李强，看起来长得很结实，这次竟然跑成了疲劳性骨折。更让人没有想到的是，七连第二天组织出早操，有两名战士因跑3000米劳累过度，下不了床。一名战士因腿酸痛，一失足从楼梯上滚了下来。

国防力量是国家之威、民族之盾。兵源质量直接关系到部队战斗力的生成。青少年体质的总体水平低下，必然会导致国防力量的窘迫。青少年体质下降对国防力量建设影响之严峻，已发展成了危及国防建设、危及国家安全的重大战略问题。

三、中国男孩身高矮于日本男孩2.54厘米，激起全民对青少年体质的关注

2003年11月11日，教育部公布的2002年学生体质健康监测报告显示：2002年与2000年相比，我国学生的速度、爆发力、力量等素质继续出现下降，除反映速度素质的50米跑成绩下降幅度较小外，其余各方面素质的下降幅度明显。反映下肢爆发力的立定跳远水平，与2000年相比有75%的年龄组呈下降趋势，7~18岁男生平均下降1.75厘米、女生平均下降1.00厘米（其中7~12岁的小学

生平均下降0.33厘米、13～18岁的中学生平均下降2.4厘米、19～22岁的大学生平均下降5.1厘米）。2002年，学生的肺活量在2000年比1995年下降的基础上，又有所下降。7～18岁男女学生的平均肺活量与2000年相比分别下降了168毫升、78毫升。学生视力不良检出率仍然居高不下。报告显示，我国学生体质健康水平的形势十分严峻。

2011年8月29日，教育部公布的2010年全国学生体质与健康调研结果公告显示：中小学生身体素质下滑趋势开始得到遏制。7～18岁中小学生爆发力、柔韧性、力量、耐力等身体素质指标持续下滑趋势开始得到遏制，与2005年相比，有了不同程度的提高。大学生身体素质继续呈现缓慢下降趋势，但下降幅度明显减小。19～22岁年龄组除坐位体前屈指标外，爆发力、力量、耐力等身体素质水平进一步下降，但与前一个五年相比（2000—2005年），下降幅度明显减小。与2005年相比，19～22岁城市男生、乡村男生立定跳远成绩分别平均下降1.29、0.23厘米，引体向上成绩分别平均下降1.44、1.45次，1000米跑成绩分别平均下降3.37、3.09秒；城市女生、乡村女生立定跳远成绩分别平均下降2.72、0.92厘米，仰卧起坐成绩分别平均下降3.02、2.48次/分，800米跑成绩分别平均下降3.17、1.87秒。另外，城市男生、城市女生握力分别平均下降0.18、0.35千克；城市男生、城市女生、乡村女生50米跑成绩分别平均下降0.06、0.10、0.05秒。学生体质的总体情况仍然让人忧心。

2012年3月18日《法制日报》报道：清华大学自主招生体测结果显示，去年报名参加考试的1200名考生中，超半进行了体质测试。体测结果无一人优秀，良好7.8%，及格28.7%，不及格63.5%。这些数据暴露出青少年学生体质的惨不忍睹。

2012年5月6日《长江商报》报道：湖北省孝感市第一高级中学惊现"吊瓶高考预备班"，并配发了4张静态图。图片上，教室内灯火通明，每张课桌上都堆满了书，教室半空中拉上了铁丝，挂着很多吊瓶，不少同学正在一边学习一边打吊瓶。记者数了一下，至少有20个吊瓶。报道引发了教育工作者、医务工作者的热议，整个社会对学生的体质忧心不已。

2014年3月6日中新网北京报道：十二届全国人大二次会议分组审议政府工

作报告时，北京教育科学研究院基础教育教学研究中心吴正宪列举数据：近几年世界男性平均身高排名中，韩国排第18位，平均身高1.74米；日本排29位，平均身高1.707米；中国男性排名32位，1.697米。7～17岁的中国男孩平均身高比日本同龄男孩矮2.54厘米。中国青少年体质连续25年下降，力量、速度、爆发力、耐力等身体素质全面下滑。这再次激起全社会对青少年体质的关注。

2017年6月27日，由华东师范大学"青少年健康评价与运动干预"教育部重点实验室与日本相关机构合作研究发布的《中日儿童青少年体质健康比较研究结果公报》中指出，"2014年和2016年，中国儿童青少年体格指标（身高、体重和BMI）大部分年龄段显著高于日本；但体能指标的比较中，日本儿童青少年在心肺耐力、柔韧性和灵敏协调性方面均显著高于中国"。青少年体质的问题愈发严重，全社会对后代的成长忧虑重重。

2019年，江苏省监测了全省所有设区市的80所普通中小学校和8所普通高校的7～22岁学生体质健康情况，有效样本总量共计38309人，其中男生19151人，女生19158人。监测项目涵盖身体形态、生理机能、身体素质、健康状况等4个方面的25项指标，结果显示：呼吸机能有所改善。中小学（7～17岁年龄段，下同）男女生平均肺活量分别上升了189毫升和117毫升，平均肺活量体重指数分别提高了3.5毫升/千克和3.8毫升/千克。力量耐力有所提高。初中、高中男生的引体向上成绩分别为2.5个、4.1个，与2014年相比，均上升了0.3个。初中、高中和大学女生的仰卧起坐成绩分别上升了0.5个、3.8个和1.3个。低体重现象得到一定控制。与2014年相比，全省男生和女生低体重率有明显改善，分别降低了0.8%和2.1%。学生身体素质改善较为缓慢。除了力量耐力外，2019年全省多数学业阶段学生速度、耐力、下肢爆发力等指标，较2014年未见提升，个别指标略有下降。

2020年11月7日，《人民日报》报道教育部发布的中小学生视力情况抽样调查结果显示，最近半年，我国中小学生近视率增加了11.7%，特别是小学生，短短半年时间，近视率就增加了15.2%。还有数据显示，我国儿童青少年体质健康主要指标连续20多年下降，33%存在不同程度的健康隐患。长期以来，我国缺乏科学系统的健康教育体质监测和干预体系，每天锻炼1小时的学生不足

30%。

2021年2月19日北方网报道：《2020年天津市中小学生体质健康监测报告》出炉，小学、初中和高中学生肥胖率均超过20%，正常体重学生只占到六成。超八成男生上肢力量缺乏，初高中学生立定跳远和引体向上不及格率偏高，特别是初中和高中男生引体向上平均只能做1.7个和3.7个，不及格率分别达到87%和82%。中小学生体质状况至今依旧严峻。

体质监测和干预体系亟待完善的问题日益凸显。如何进一步提高学生的体质，是全社会关注的焦点问题之一，也是紧迫的"国家需要"。

体育中考的改革及启示

初中升高中加试体育（以下简称"体育中考"）是破解学生体质下降瓶颈的重要举措，体育中考对提升初中学生（尤其初中毕业年级学生）的体质健康水平起到了立竿见影的效果，为扼制学生体质健康水平下降带来了曙光，为青少年学生体质健康状况的改善注入了一剂强心针，振奋人心，社会各界反响良好。

一、体育中考的发展

据文献资料检索，1979年上海市崇明中学在全国率先开始了初中升高中加试体育的工作。随后，辽宁省锦州市于1981年开始在重点高中的招生中进行考试体育的改革试验。

1992年8月17日，国家教委下发教体〔1992〕4号《关于印发"初中毕业生升学考试体育试点工作意见"的通知》，要求各省、自治区、直辖市及计划单列市、新疆生产建设兵团教委、教育厅（局）结合本地实际情况，开展初中毕业生升学考试体育试点工作。

2007年5月7日，中共中央、国务院下发文件《关于加强青少年体育 增强青少年体质的意见》，要求"全面组织实施初中毕业升学体育考试，并逐步加大体育成绩在学生综合素质评价和中考成绩中的分量"。体育中考在全国全面实施。

2007年9月13日，教育部办公厅发函通知唐山市、锦州市、常州市、郑州市、青岛市、武汉市、长沙市教育局开展初中毕业升学体育考试改革试点工作，要求认真研究初中毕业升学体育考试的具体方案，促进初中各年级学生都能积极参加体育锻炼。

北京师范大学体育学院毛振明教授提起体育中考时，说道："锦州那时为了预防针对体育中考的精准应试，直到考试前一段时间才由市长抽签决定体育考试的项目。结果市长抽中哪个项目，哪个项目的器材肯定在当地畅销。有一次，抽中的是篮球，结果导致锦州球贵，最后全市没有篮球可卖，而篮球场上全是练习篮球的孩子。"

从锦州市1985年与1980年两次学生体质健康调查的结果比较来看，反映学生身体素质、形态和机能的168个指标中，该市学生的146个指标都有所增长，占比86.90%。尤其身体素质指标，全都得到了大幅度增长。体育中考的效果立竿见影。

2020年5月23日《中国日报》报道：全国政协十三届三次会议上，全国政协委员、民建中央常委、福建省委会主委吴志明领衔，崔玉英、邢善萍、雷春美、陈义兴、湛如、曹晖等108名全国政协委员共同联名，提交了《关于落实健康第一的教育理念，为中小学生松绑减负的提案》，建议重新梳理制定国家教育评价体系，把体育列入中高考必考科目，并给予语文、数学等主科一样的考分权重，激发学校、家长、学生的内生动力，真正实现为中小学生松绑减负。

该消息一出，立马引发了网友的广泛关注。仅仅几个小时，微博转发量达1.6万次，留言超过了6万条，冲上了微博热搜榜。体育中考被热议。

2020年8月31日，中央深改委审议通过的，体育总局、教育部印发的《关于深化体教融合 促进青少年健康发展的意见》中指出："将体育科目纳入初、高中学业水平考试范围，纳入中考计分科目，科学确定并逐步提高分值，启动体育素养在高校招生中的使用研究。"明确提出体育中考成绩纳入计分科目。

2020年10月13日，中共中央、国务院印发的《深化新时代教育评价改革总体方案》中指出，"改进体育中考测试内容、方式和计分办法，形成激励学生加强体育锻炼的有效机制。加强大学生体育评价，探索在高等教育所有阶段开设体育课程"。进一步强化了体育中考的工作。

2020年10月15日，中共中央办公厅、国务院办公厅印发了《关于全面加强和改进新时代学校体育工作的意见》，强调"推进学校体育评价改革。将体育科目纳入初、高中学业水平考试范围。改进中考体育测试内容、方式和计分办法，科学确定并逐步提高分值。积极推进高校在招生测试中增设体育项目"，明确提出将施行高考体育工作。

国务院和教育部如此密集地发布文件，无疑是想通过自上而下的顶层设计，力图打破学校体育发展的瓶颈，改变学校体育长期以来"说起来重要，忙起来次要，做起来不要"的弱势地位，推动学校体育改革向纵深发展。其中，非常重要的改革举措就是改变考试评价体系，以"体育中考""体育高考"为抓手，将体育考试纳入升学考试科目中，分数比重直逼主科，倒逼学校和家长不得不重视体育，留给学生更多的时间进行体育锻炼。

2020年12月3日，云南省教育厅印发《云南省初中学生体育考试方案》，明确提出体育中考满分从50分提到100分，与语、数、英并列。在此之前，全国各地的体育中考分值从30分到70分不等。云南省中考总分700分，体育中考占比14.29%。对此，新华社密集发文助力，央视积极点赞，教育部点名表扬！

不难看出，体育中考为遏制青少年体质健康水平持续下降起到了重要的作用。

二、体育中考带来的思考

对于考试的溯源，可以追溯到西汉初期。"汉文帝、汉武帝把需要解决的问题提炼成试题，要考生书面回答，并亲自审阅，作出是非高下的判断。这是中国历史上第一次大规模笔试，虽然仅限贤良方正科，且应考者事先须被推荐，但它标志着考试方法的诞生，开创了考试历史之先河。""考试的形式很多，至今笔试仍是最公平、使用最广泛的形式，尤其是在大规模考试中。"（参

见杨学为《考试的起源》)

隋唐开始的科举更是历时最长的一种考试制度。科举,是通过考试选拔人才(官吏)。该制度采用分科取士的办法,因而叫作科举,具有分科考试、取士权归于中央所有、允许自由报考和主要以成绩定取舍三个显著的特点。科举制从隋朝开皇七年(587)开始实行,每一年、两年或三年举行一次,到清朝光绪三十一年(1905)举行最后一科进士考试为止,经历了1319年。

科举制度把读书、考试和做官紧密联系起来,提高了官员的文化素质,产生了韩愈、颜真卿、司马光、林则徐、蔡元培等一大批中华民族的英才,这不仅有利于政局的稳定,还推动了教育和科技文化的发展。

1952年,中国建立起来全国统一高等学校招生制度(简称"高考"),1966年因"文革"高考取消,1977年恢复高考至今。高考制度与时俱进,不断创新、完善。这种考试制度被公认为是最为公平、公正的选拔方法。

考试之所以被大众广泛认可,除了具有公平、公正的特性之外,还因其具备了诊断、鉴别、评定、反馈、导向、选拔、激励等功能。

体育中考之所以扭转了学生体质下降的形势,在于它恰到好处地利用了应试教育平台的动力系统,应试教育的一切资源都被动员起来,学生、家长、教师、学校、教育局乃至整个社会都因考试而高度重视体育。鉴于体育中考,随意挤占体育课的现象从根本上得以杜绝。体育课时得到了保证、学生的锻炼时间得到了保证,甚至得到了加强。体育课"放羊"不见了,取而代之的是严密的组织、大强度的练习。场地器材匮乏的局面得到了全面的扭转,财力物力给予支持,保证体育中考的练习场地,各个学校配备了充足的器材以满足供应体育中考练习之需。前面所述的"锦州球贵",也正是"考试指挥棒"具有强大效力的真实写照。现在,体育中考若有球类测试,考生必然人手一球,再也没有"球数量不足"的窘迫。若遇体育师资不足,学校、教育局会想方设法进行补充、培训。学校体育工作的一切困难和难题都因体育中考迎刃而解。

从体育中考的经验分析,体育纳入高考体系,必定能够极大地改善高中学生的体质健康水平,这毋庸置疑。有专家指出,如果将体育纳入高考,将会直接提升体育课在高中课程安排中的地位,还将能调动政府、学校、家长等为学生开展体育健身活动创造条件，从而遏制学生体质几十年来持续恶化的可怕势头。除此之外，大家寻寻觅觅多年，没有找到其他更为有效的办法。对此，北京师范大学毛振明教授一针见血地明确表示："体育进高考绝非加强学校体育工作的万全之计，却是在当前中国国情和教育环境下，改变学校体育弱势地位，扭转已到危险边缘的学生体质状况的唯一办法，是以毒攻毒！"

体育中考带来了学生体质健康水平的有效提升，更带来了大众对体育概念的更新和体育锻炼意识的增强。南京理工大学王宗平教授指出："我们要改变一个观念，语文好是能力，数学好是能力，外语好也是一种能力，我们要认可学生体育好也是一种能力。"我们要致力于改变家长唯分数论的观念，把孩子的健康成长放到人生发展的首位，更要致力于国民社会生活方式的转变，把体育融入每个人的生活中去，让体育真正产生价值。

体育中考实施和改革的背后是民族体质的一次拯救，是对以往应试教育产生顽疾的一次主动出击。1917年，毛泽东在《新青年》上发表了对教育、体育影响至深的《体育之研究》一文，生动地指出："体育一道，配德育与智育，而德智皆寄于体，无体是无德智也。""欲文明其精神，先自野蛮其体魄；苟野蛮其体魄矣，则文明之精神随之。"深刻论述了体育的重要作用及功效。愿随着体育中考的深化和体育高考的实施，体育之价值得到更深入、更广泛的发挥和升华。

高等教育之体育改革及启示

大学生体质健康状况成为社会普遍关注的话题。连续多年的体质调查数据显示，大学生体质健康状况令人担忧。高等教育是为国家培养高端人才的摇篮，大学生体质的强弱直接关系到高级人才的综合素养水平。换而言之，高等教育对体育的态度与举措，决定了大学生对体育的意识与锻炼的行动。

一、清华大学出台"不会游泳不能毕业",旗帜鲜明地倡导学生加强体育锻炼

2020年10月24日清华大学网站报道:校体育部组织了2020—2021学年度秋季学期第三次游泳集中测试。本次参加测试的学生共有358人,通过330人。其中,2020级参测90人,通过85人(94.4%)、2019级参测68人,通过67人(98.5%),是本次通过率最高的年级、2018级参测77人,通过69人(89.6%);2017级参测123人,通过109人(88.6%)。

2017年3月,清华大学全校教职工大会上出台了"不会游泳不能毕业"的规定。清华大学从2017级本科新生开始,要求本科生在毕业时必须掌握游泳技能。新生入学后将进行游泳测试,不会游泳的学生必修游泳课,通过者才能获得毕业证。游泳是一项锻炼全身的运动,身体锻炼效果比较好,有助于提升耐力等素质,并且在水中运动,引起关节肌肉的损伤比较小。这是清华大学为遏制学生体质下降而采取的有效应对措施之一。

"必须会游泳"也是清华大学优良体育传统的一个缩影。《清华体育小史》中记载:"清华建校之初,曾以'三好学校'著称:校舍好、英文好、体育好。""于每日下午四时后,将全校各处寝室、自修室,以及图书馆、食品部等处之大门一律关锁,使全体学生到户外运动场,投其所好,从事运动。""1919年《清华一览》'体育课程'篇章阐述的'体育实效试验法',规定试验注重'康健''灵敏''泅水术''自卫术'和'运动比赛时具有同曹互助之精神并能公正自持不求侥幸',体育不及格者则不能毕业。""老校长蒋南翔身体力行推动清华体育,于1957年提出'至少为祖国健康地工作五十年',而这也成为清华人持之以恒的动力与追求。"无体育,不清华。我们可以从此管中窥豹,领略清华之体育。

"不会游泳不能毕业",清华大学旗帜鲜明地引领了以体育人的倡导。据了解,现在不仅仅是清华大学,还有厦门大学、中山大学、华南理工大学、上海大学等,都开设了游泳课程。厦门大学将游泳作为本科生必修课,占1个学分,男生连续游100米或女生连续游50米为考试通过,才能获得学分。

"体育不及格者则不能毕业"1919年清华大学就提出的规定,至今仍值得倡导。

二、南开大学向体测达标的毕业生颁发《体质健康证书》,引导学生投入到体育锻炼中去

2017年7月13日,央广网报道在南开大学2017届本科生毕业典礼上,1206名毕业生获颁《体质健康证书》,其中57人荣膺"体魄强健毕业生"称号。据了解,这也是我国高校首次向毕业生颁发《体质健康证书》。

2017年9月19日,《中国青年报》以"南开大学校长龚克:本科生申请奖学金,需看体育成绩"为题对南开大学的开展体质测试等工作进行报道,在全国学校体育届产生了重要的影响和反响。

这是南开大学为遏制学生体质下滑的趋势采取的重要举措。2016年12月28日,南开大学经第十六次校长办公会议审议通过印发了《南开大学关于进一步促进学生体质健康的规定(试行)》。规定中提出:本科生参加各类奖学金和个人荣誉称号的评审,须以上一学年体质测试成绩达到及格及以上为必备条件。设立《南开大学学生体质测试成绩单》,记载本科生在校期间各学年度体质测试成绩及体质状况定性评价内容,并记入学生档案。在校各学年均参加体测且毕业学年成绩达标者颁发由校长签发的《南开大学学生体质健康证书》,证书与毕业证书、学位证书同时发放。证书中记载其毕业学年体质测试成绩(含体质测试大赛)及体质状况定性评价内容(可选择记录毕业学年最好一次测试成绩),以及学生具有的体育技能及技术等级(包括学校认定的等级)。授予体测成绩良好及以上成绩者"南开大学体魄强健毕业生"荣誉称号。

毫无疑问,能获得由校长龚克亲自签发的《体质健康证书》,将是南开大学每位毕业生的美好愿望,能成为"南开大学体魄强健毕业生",将是一份难得的荣誉。央广网报道指出:相较于本科毕业生总人数,获得《体质健康证书》的学生仅占比三分之一左右。南开大学也正是想在毕业季这个时期颁发证书引起学生们的重视,为了自身体质的提升,自觉投入到体育锻炼中去。获得的人数之少,也是学生体质健康水平徘徊低处的一个缩影,也更彰显了颁发

《体质健康证书》举措的必要。

追溯南开大学的体育，可以领略到南开大学校长张伯苓先生的体育之精神。南开是私立，办学经费不宽裕，但"对于体育设备、运动场地，力求完善；体育组织，运动比赛，力求普遍"。（参见张伯苓《四十年南开学校之回顾》）20世纪20年代中期，南开在校生不过千余人，却有15个篮球场、5个足球场、6个排球场、17个网球场、3处器械场，以及2个400米跑道的标准运动场，其重视体育的程度可见一斑。（参见储召生《张伯苓：不懂体育者，不可当校长》）南开从1916年春季实行"强迫运动"传统，为莘莘学子带来幸福的"折磨"，因此锻造出强健的身体，终身受益。"每天下午三点半，教室全部锁上，每个人必须到操场参加一种球队，除了下大雨，天天练球、比赛，无处逃避。"（参见齐邦媛《巨流河》）

无独有偶，"体育不及格者则不能毕业"，同是由张伯苓先生创办的南开中学也有此规定。南开中学规定，体育测验不及格，或者高中三年级以前不习满规定体育课的学生不能毕业。南开大学也明文规定，"须习满三年规定正科体育课程者始能毕业"。（侯杰、秦方《百年家族》）

据《"燃志之师"张伯苓："中国不亡吾辈在！"——"师表校魂"大学校长系列史评之七》记载，"民国初年至全面抗战爆发，华北乃至中国学校体育最为活跃的是清华和南开""每年春秋两季，轮流在清华和南开举行的两校篮球和足球赛，这个传统赛事在当时社会的影响力，有如英国牛津和剑桥两校之间的年度赛艇。张伯苓、马约翰两位体育名帅亲自带队PK，一时成为美谈。周恩来在南开中学是足球爱好者，曾是班里足球'勇'队的中锋。"因为体育，成就了名校；因为体育，强健了一批又一批优秀的学子。

三、太原工业学院对体测违规说"不"，严肃处理体测替考行为

2020年12月9日山西省太原工业学院网站报道：该校教务处当天发出《关于对2020/2021学年第一学期体质健康达标测试违规学生处理的通告2》称，在2020年12月5日进行的体质健康达标测试中，202036206（学号）王某豪由202036236杨某茂冒名代替参加测试，违反考试管理规定第十五条，按作弊处

理。之前该学校已有6名同学体测冒名替考。这8名同学本门课程成绩记"0分"，并被取消学士学位获得资格。

《北京日报》《河南日报》《潇湘晨报》中国青年网、新浪网、湖南大学网、华东科技大学网等媒体纷纷对此发表评论文章，引起了广泛的热议。

有记者调查发现，"体测替考在高校中并不罕见。一到体测季，在校园QQ群、微信群中，常有学生发布寻找体测替考的消息，且多明码标价，依据不同的项目，其价格在几十元到几百元人民币不等"。光明网记者杨三喜对此撰文指出："体测是重要的国家级考试，同四六级考试一样都应该被严肃、同等对待。任何考试作弊行为都是严重的失信，都应该被严惩。太原工业学院的处理，无疑为各高校严格规范体测秩序、严肃体测纪律树立了标杆，也为心存侥幸的冒名替考者敲响了警钟，别把体测不当考试，被抓了同样后果严重，因小失大不值当。"

1982年8月27日，国家体委发布施行的《国家体育锻炼标准》中提出，"凡是达到及格级标准的高考考生，在与其他考生同等条件下，优先录取"。2014年7月17日，教育部印发的《国家学生体质健康标准（2014年修订）》中明确指出，"学生测试成绩评定达到良好及以上者，方可参加评优与评奖；成绩达到优秀者，方可获体育奖学分。测试成绩评定不及格者，在本学年度准予补测一次，补测仍不及格，则学年成绩评定为不及格。普通高中、中等职业学校和普通高等学校学生毕业时，《标准》测试的成绩达不到50分者按结业或肄业处理"。2019年10月12日，教育部发布的教高〔2019〕6号《关于深化本科教育教学改革全面提高人才培养质量的意见》中提到，要"严把考试和毕业出口关。加强学生体育课程考核，不能达到《国家学生体质健康标准》合格要求者不能毕业"。

国家的规定不可不严，也不可违反，违者必究，这是捍卫法规的尊严。但现实中，不知道有多少睁一只眼闭一只眼的案例，反映出大家对体育的各种态度。太原工业学院对体测违规说"不"，严肃处理体测替考行为，是在学生体质不断下降中的一声棒喝，为"一心只读圣贤书"，不知"体测"为何物的大学生敲响了警钟。愿此警钟长鸣，激励广大学子积极锻炼，为祖国健康地工作50年。

清华大学的"不会游泳不能毕业",南开大学的《南开大学学生体质健康证书》,太原工业学院的《关于对2020/2021学年第一学期体质健康达标测试违规学生处理的通告》,"体育不及格不能毕业"无一不是对学生体质下降说"不",是对国民体质健康的一种引领,更是对"广大青少年身心健康、体魄强健、意志坚强、充满活力,是一个民族旺盛生命力的体现"的一种强有力的倡导和推动。"于每日下午四时后,将全校各处寝室、自修室,以及图书馆、食品部等处之大门一律关锁,使全体学生到户外运动场,投其所好,从事运动。""每天下午三点半,教室全部锁上,每个人必须到操场参加一种球队,除了下大雨,天天练球、比赛,无处逃避。"希望类似这样的校园场景越来越多,越来越广泛且持久。

中小学体育教学质量监测文献研究综述

中小学体育教学质量事关学生体质健康水平的提升,为研究质量监测机制对中小学体育教学质量及学生体质提升的保障作用,采用文献资料法,探寻相关策略。

一、体育教学质量监测是提升体育教学质量的重要举措

2017年《中国学生体质监测发展历程》调研结果显示,当前我国学生体质下降速度虽有所减缓,但依然呈下降趋势。肥胖率持续上升,每5年提高2%~3%。2015年国民体质监测报告显示,7~19岁的学生体质状态持续下滑,大学生下滑得最严重。

面对学生体质水平的严峻形势,保证学生每天锻炼1小时、开展丰富多彩的课外体育活动、提升中小学体育教学质量等工作迫在眉睫。2013年11月12日,中国共产党第十八届中央委员会第三次全体会议通过的《中共中央关于全面深化改革若干重大问题的决定》,对体育提出:"强化体育课和课外锻炼,促进青少年身心健康、体魄强健。"进一步明确了学校体育改革发展的基本任务和工

作重心，充分表明了学生体质健康状况的重要性和紧迫性。也可见国家层面认为学校体育，尤其是体育课、课外锻炼、学生的体质健康方面问题的严重性远远超过了竞技体育、中国足球、全民健身等领域的问题。

而通过体育教学质量监测是提升体育教学质量的重要举措。《国家中长期教育改革与发展规划纲要（2010—2020）》中指出，"建立和完善国家教育基本标准。整合国家教育质量监测评估机构及资源，完善监测评估体系，定期发布监测评估报告"。建立健全体育教学质量监测机制势在必行。

目前，《义务教育体育与健康课程标准（2011年版）》很好地指导了中小学体育教学，全面实行的《国家学生体质健康标准（2016年修订）》，也为增强中小学生体质健康注入了新的动力，《初中体育与健康课程学业考试》的实施进一步强化了体育教学，尤其是毕业年级的体育教学。使上述三项落到实处，进一步规范、优化中小学体育教学，提高中小学各个年级整体的体育教学质量，也必须有相应的教学质量监测机制做保障。

鉴于此，本文以提升中小学体育教学质量的视角，对相关文献资料进行仔细研读，借助中国知网期刊检索数据库和硕博士学位论文数据库，以1990年至2020年为检索起止年份，以"体育教学质量""监测机制""教学质量监测""体育教学质量监测""体育教学质量评价"为主题词进行检索，筛选出72篇论文作为研究基础，对体育教学质量监测的研究态势进行深入剖析，以期探寻中小学体育教学质量提升的有效策略。

二、文献的概况

72篇论文中，只有13篇涉及中小学体育教学，59篇论文是高校大学生体育教学质量领域，各占比18.06%、81.94%。从中可以看出，体育教学质量研究领域高达82%的论文是针对高校体育教学，研究者对中小学体育教学质量研究的关注度不高。

13篇关于中小学体育教学质量的论文，从第一作者的身份看，作者是中小学教师的文章只有3篇，作者是教研部门的4篇，另外6篇的作者是高校的。中小学教师对该领域的研究不多。从文章发表时间看，集中发表在2009年至2020年共10篇，1979年至2008年只有3篇。可见，近几年来，更多的研究者重视体育教学质量领域的研究。以近10年的论文了解中小学体育教学质量的相关研究，也有助于掌握该领域最新的研究成果。

59篇关于高校体育教学质量的论文，2017年至2020年的论文36篇，平均9篇/年；2003年至2016年的论文23篇，平均0.6篇/年。从中可以看出，2017年以来，高校学者对体育教学质量领域的研究越来越多。

从论文主题看，72篇论文，体育教学质量研究领域的31篇，占比43.06%；教学质量评价、监测体系研究领域的27篇，占比37.50%；其中关于中小学体育教学质量评价体系的只有4篇；教学质量监测机制研究领域的论文共14篇，占比19.44%，针对体育教学领域的只有4篇，其中针对中小学体育教学领域的仅有1篇。由此可见，对中小学体育教学质量监测机制的研究还有很多工作要做。

三、关于体育教学质量的研究概况

体育教学质量国内并没有明确的概念界定，于素梅、邵伟德、陈云鹏、孙立海、陈召杰等学者通过研究都对体育教学质量的概念发表了各自的见解。

观点一：湖北孙立海（2006）研究认为，体育教学质量是通过体育教学这一固有特性，达到体育教学目标，满足社会发展的需要及受教育者个体的发展要求。观点二：浙江翁琴雅（2012）对教学质量定义为，教学质量是指通过教师的教，学生学的效果，是教学对学生达到预期教育结果的促进程度，包括学习活动是否合理、恰当，是否考虑了学生的特征（如年龄、先前知识、动机）等，涉及众多的教学因素，特别是要关注教师对学生学习内容的处理、对学习任务和活动的组织。观点三：北京于素梅（2014）研究认为，体育教学质量是体育教学效果的综合体现，主要由反映学生学习效果的各目标要素集合而成，指向的是教学结果，而非过程。观点四：湖北陈云鹏（2015）研究认为，体育教学质量是指所有体育教学工作的最终和实际效果。观点五：浙江邵伟德等（2016）认为，体育教学质量是与体育教学目标相对应的，最终体现了学生在运动知识、运动技能、体能和情感等方面所获得的达标等级。

上述五种观点虽然对体育教学质量的认识有所不同，但都认为体育教学质量指向了教学的效果、学生的学练结果。体育教学质量不等同于体育教学，如果说质量是事物最终产生的效能呈现，那么教学就是产生效能过程中实际运用到的手段与策略。由此可见，体育教学质量是指体育教学之后，学生身心方面的变化及发展，指向了结果性的评价。这样的评价是开放性的，是我们所能看到的由量的积累到质的转变，也是生成性的结果。

在实践中，很多研究者并没辨别清楚体育教学质量评价与体育教学评价二者的关系。如，在本课题研究的一份调查结果显示，对中小学体育教学质量评价的指向的调查，被调查者中有24人认为指向过程性评价，占比11.76%；有29人认为指向结果性评价，占比14.22%；有151人认为指向结果性和过程性评价，占比高达74.02%，如图1-1。很明显，高达74%以上的被调查者混淆了体育教学评价与体育教学质量评价的概念，对体育教学质量评价缺乏清晰的认识。

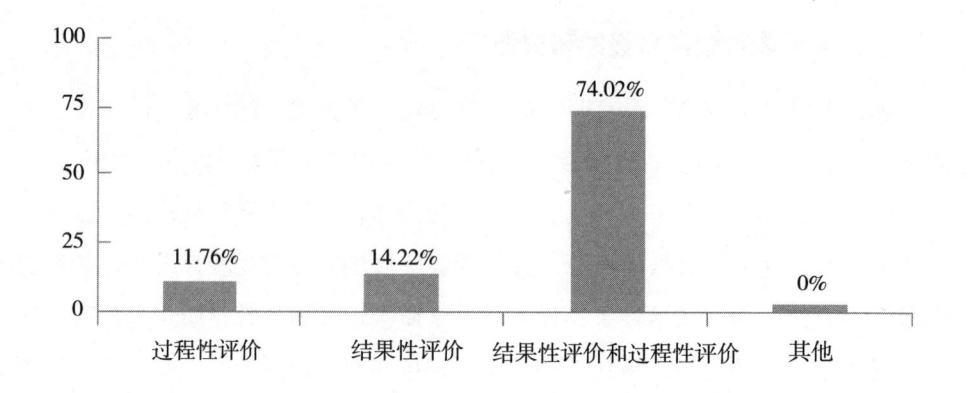

图1-1　中小学体育教学质量评价指向的调查

同是本次调查问卷的另一相关问题"是否认同体育教学质量是学生体育学习效果的集中体现的说法"的调查结果又显示，被调查者中有145人认同，占比71.08%；有56人不认同，占比27.45%；有3人表示不清楚，占比1.47%。如图1-2。该问题的调查结果又显示高达71%以上的被调查者的体育教学质量观是正确的。

不认同：27.45%

不清楚：1.47%　　　　认同：71.08%

图1-2　是否认同体育教学质量是学生体育学习效果的集中体现的说法的调查

对上述两个问题做交叉分析（如表1-1），可见认为体育教学质量指向结果性评价的29人中有8人不认同体育教学质量指向学生体育学习效果，占比27.59%；而认为体育教学质量指向结果性评价和过程性评价的151人中反而有111人认同体育教学质量指向学生体育学习效果，占比高达69.81%。再次说明，被调查者对体育教学质量的认识含混不清。

表1-1　体育教学质量指向学生体育学习效果与体育教学质量评价指向调查的交叉分析

X\Y	过程性评价	结果性评价	结果性评价和过程性评价	其他	小计
认同	14（9.66%）	20（13.79%）	111（76.55%）	0（0.00%）	145
不认同	9（16.07%）	8（14.29%）	39（69.64%）	0（0.00%）	56
不清楚	1（33.33%）	1（33.33%）	1（33.33%）	0（0.00%）	3

一个问题的两种提问，得到了大相径庭的两种回答，反映出很多研究者对体育教学质量评价与体育教学评价概念的混淆不清，并没有真正认识和理解体育教学质量的指向。这也给相关教学质量评价、监测的调查带来影响，是导致不少被调查者认为体育教学质量评价应该包含有过程性的评价、监测的根本原因。

四、关于体育教学质量评价的研究概况

对"体育教学质量评价"的文献资料分析可以发现，国内对体育教学质量评价的研究主要侧重体育教学质量评价的内涵界定、体系建构、因子分析、标准确立、指标建立、现状调查等层面，且研究大多指向了高校体育院系，实践层面的研究很少，对中小学领域体育教学质量评价的相关研究也比较少。

重庆陈玉君（2010）研究认为，教学质量评价与监控就是利用现代教育评

价的理论和技术对教学过程及其结果是否达到一定质量要求所做出的价值判断，并根据判断对教学过程及其结果进行激励与控制，以期达到提高教学质量的目的。湖南刘建成（2006）通过对湖南省高校体育教育专业技术课程教学质量评价状况进行调查分析得出：湖南省高校体育院系大多采用形成性评价对教师的教学质量进行评价，技术课程教学质量评价大部分是使用学校或学院的评价体系，没有突出技术课程的特性。上述研究基本代表了教学质量评价的指向及高校体育教学质量评价的现状。

在体育教学质量评价监控体系的研究领域，研究者的观念各不相同。上海孙建华（2003）通过从单个要素对大学体育教学质量进行研究，在监控机构、监控内容、监控方法、监控标准等方面建立大学体育教学质量监控体系。福建吴晓鸣等（2008）研究认为体育教学质量评价，主要包括教学管理的评价、教师教学的评价、学生对教学的评价、学生学习状态及效果的评价、隐蔽课程的评价5个方面。湖南姚建军（2013）研究认为，体育教学质量监控体系主要由教学质量决策与指挥系统、教学质量管理与调控系统、教学质量检查和监督系统、教学质量评价系统、教学质量信息收集与反馈系统等5个子系统构成。上述研究以不同视角从理论上建构了高校体育教学质量的评价监控体系，也反映出不同的体育教学质量观，不同视角的评价体系较为全面。

关于体育教学质量的评价指标，研究者的认识也各有不同。南京刘旻航等（2006）研究认为，体育教学质量评价指标包括基础知识（0.18）、运动技术（0.28）、个性发展（0.21）、创新能力（0.33）作为。广东胡永红、北京周登嵩等（2011），在分析有效体育教学基本内涵和理念的基础上，运用特尔非法，通过三轮专家问卷调查，建立了包括体育与健康知识的掌握程度、体能的提高程度、技能的进步程度、心理素质的改善程度、社会适应能力的加强程度等方面4个一级指标、14个二级指标、44个三级指标在内的单元有效体育教学评价指标体系，并运用层次分析法，确定了指标体系的权重。北京于素梅（2014）通过研究，从"有""懂""会""能"4个层次建立了体育教学质量评价标准体系。广东邓若锋（2012）通过确定体育教学质量评价标准的基本内容，构建了一种"导向性"的体育教学质量评价标准。河南傅森（2018）研究认为，体育教学质量评价，包括兴趣、习惯、态度、知识、技术、方法、交往、学习、合作、掌握、提高、运用。江苏孙红梅（2018）研究认为，体育教学质量评价标准遵循终结性评价和形成性评价相结合原则，综合评价学生课堂表现（轮流做体育委员、学习态度、出勤、课后作业完成情况）、技术、技能、体育理论知识、阳光体育活动、国家学生体质健康标准测试等。山东蔡磊（2019）研究认为，技能、技术、学习质量的指标的认知与分析，则是课程在实施当中学生较为直观的学习镜像，技能掌握情况怎样，一堂课的学习效率与学习质量怎样，能否达到预期效果，则反映了学生在一段时期、一个阶段、一堂课，甚至是一个技术动作学习上的实际效果，具有重要参考价值。广东方强（2010）分别从教的评价、学的评价、施教效果评价3个一级指标，教学组织、教学任务、技能掌握、教学效果等15个二级指标构建大学体育教学质量评价指标体系。广东方强的研究认为，高等学校体育教学质量评价体系一级指标的权重排序为：施教效果评价（0.42）、学的评价（0.36）、教的评价（0.22），施教效果是评价高等学校体育教学质量的重要体现内容。二级指标的权重排序为：教学效果、学习能力培养（0.15），运动兴趣、课堂教学满意度（0.14）、品德教育成效（0.09），学习能力、教学能力（0.06），安全意识、合作精神（0.05），教学目标、教学内容（0.04），教学组织、教学任务、教学方式、技能掌握（0.02）。

  研究者对体育教学质量评价指标也以不同的视角从理论上进行了确定，从中也存在对体育教学质量观的不同导致评价指标有扩大的现象。比如，有研究者提出的"阳光体育活动"指标，通常情况下，该指标反映的是课外的体育活动，不属于体育教学的范畴；还有的研究者提出"教学任务""教学组织""教学方式"等指标，这属于教师教的层面，没有直接指向学生学的效果；更有一些诸如"学习能力""运动兴趣""安全意识""合作精神""个性发展""创新能力""品德教育成效"等指标，这些指标理论上指向了学生的体育品德、心理发展、运动参与等层面，但实践中可操作性、可评价性不高，实用性不强，很难应用到体育教学质量评价中，因而其评价作用得不到有效的发挥，失去了评价的实质作用。上海汪晓赞（2021）研究指出，学业质量本身的特性决定了其应具有可观察、可测量的特点。只有明确而清晰的描述才有利于国家教育部门对学校体育教育质量进行监测、督导与评估，也才能对体育教师的教学起到真正的指导作用。进一步强调了评价指标应具有可操作性、可观测性。

但研究者确定的体育教学质量评价指标中有一个共同的倾向，就是将学生学习的效果作为其中一个重要的显性指标，也凸显了对体育教学质量观的共识。

在体育教学质量的评价方法上，研究者采用马尔柯夫链的模糊综合评价的方法、分层评价的方法、决策树生成算法、层次分析法、模糊综合评分的方法，通过定性的、定量的方法结合描述，包括了对教师教学行为和学生的活动质量，并对实现教学目标所期望的教学行为和效果进行价值判断。

以教学结果为标准作为确定体育教学质量评价指标的导向，研究者的取向一致。在实践中，探索、制定区域性的体育教学质量评价"操作性"强的指标和评价标准，也应该要以教学结果作为制定质量标准的导向。在体育教学质量标准和评价指标体系的研制上，更应该要以学生身体和认知能力发展为重要目标，强调体育教学在增进学生健康、培养学生终身体育意识和能力等方面的结果。为此，我们应重视体育教学的价值取向，首先提高学生体质健康水平的身体锻炼取向；其次要强化学生体育学习成效的技术习得取向；随后要促进学生运动技能形成的能力运用取向。

五、关于监测机制的研究概况

监测机制（monitoring mechanism）在政府决策、经济管理等领域研究成果较多，目前在教育领域关于监测机制的相关高质量研究成果较少。关于体育教学质量监测机制领域的论文只检索到4篇，也充分说明体育教学质量监测领域研究成果的匮乏。

北京韩锋和隋福民（2017）运用CiteSpace V分析了2015年至2017年我国主题为"双一流"大学建设和高校质量监测的相关研究文献，从中发现对于监测机制的相关研究比较少。湖北黄大乾等（2002）认为，高校教学质量监测与保证体系的基本内容（或基本框架），主要是建立起5大机制，即约束机制、监督机制、评估机制、反馈机制和激励机制。河南李桂荣和尤莉（2016）通过介绍

OECD 教育发展监测框架，分析了INES联合监测、LSO 数据驱动平台、CIPP指标体系和GPS可视化系统，并阐述了监测体系各部分的功能和特点。安徽王训令（2018）以安徽省4所高校1520个大学生为样本，构建了包含"可靠性""反应性""实体性""保证性""亲和性"的大学体育教学质量指标体系，建议质量监控体系的运行要加强缺口分析和预警管理，并把握教学质量的多元目标与项目引导、以大数据的思维进行大学体育教学质量缺口分析、成立体育教学资源中心等关键路径。

已有的相关研究成果强调利用各种技术手段和数据挖掘方法迁移至教育的监测体系中，这些研究成果为我们研究中小学体育教学质量监测机制提供了一定的思考和启示。

（一）关于教学质量监测的界定

上海翁雅琴（2012）认为，教学质量监测是指监测者通过一定的手段，对教学活动中影响教学质量的主要因素进行调节、监督和控制，使其达到最佳状态，实现教学目的的过程。

河南杨云霞（2013）对"教学质量监测"界定为，教学质量监测是指通过学校对教学运行状况进行有效的评价、监督和诊断，形成学校各项教学工作的反馈调节系统，进而保证学校各项教育教学工作的质量监测。

北京王悦音等（2002）研究认为教学质量检查、教学质量评价和教学质量评估是实施教学质量监测的最基本方法，三者之间既相互联系，又相互区别，缺一不可，共同构成教学质量监测的整个过程。

上海朱夜晴（2018）研究认为，提高体育教学质量的发展对策包括优化教学内容、提高体育教师的教学能力、建立合理的监控和评价体系。其中，监控和评价是提高教学质量的有效手段，在体育教学质量监控方面，需要加强教学管理制度、教学管理组织、教学质量评估、教学质量服务、教学质量信息反馈5个方面。

云南叶燎昆（2018）等研究认为，女生注重发展身体形态的指标与教学质量评价的关联度最高，男生发展速度和耐力的指标与教学质量评价的关联度最高。高校在体育教学质量与学生体质健康融合发展过程中，以满足学生锻炼需求为目的的教学模式是提高体育教学质量的重要途径。

目前，教学质量监测还停留在教学环节的检查评估上，尚未建立起教学质量监测系统，教学质量监测的体系框架不清晰。按照系统论和控制论的观点，教学质量监测还处于局部操作层面，有些教学质量监测工作往往有头无尾，监测结果的信息反馈工作十分薄弱。不论是教学检查、评估，还是教学评价，其结果常常是被束之高阁，没有形成教学质量监测的闭环系统，质量监测的效果不十分理想。因此，加强教学质量监测的系统研究，加强质量监测结果的信息反馈与使用，是当前要解决的首要问题。

建立健全监测机制成为提升体育教学质量的重要举措，这已是众多研究者的共识。

（二）关于教学质量监测的现状

目前，从国家到地方都在对体育教学质量监测工作进行探索，制定了一些不同类型的指标体系，试验了多种监测方法，也取得了一定的成果。

广东邓若锋（2013）研究认为，中小学体育教学质量监测的现状是：对教学质量监测的认识不够清楚、没有完善的教学质量标准、教学质量监测体系不健全。云南周家荣（2016）研究认为，当前，区域性的基础教育质量监测体系建设尚不成熟，主要表现为基础教育质量监测的机制建设不够健全，缺乏有力的组织机构，没有明确的机构职能划分，特别缺少有效的运行保障机制。

浙江莫豪庆（2010）研究提出，体育课堂教学质量的监测应该以学生掌握体育技能的程度、体能发展情况为主，同时从体育特长及情意表现等全方位评价学生体育学习的情况，并和《国家学生体质健康标准》《体育艺术2+1文体工程》的实施与评价有机结合，促进学生体质健康水平的提高。

上述研究比较有代表性地反映了体育教学质量监测不成熟、机制不健全的现状以及体育教学质量监测的内容应以学生运动技能和体能情况为主的观点。

文献资料中对体育教学质量监测的现状，比较具体地指出了其不规范、不科学的现象，值得深刻反思。当前，在对体育教学质量监测的过程中，实施者并不清楚体育教学质量监测的内涵是什么，有哪些监测内容，需要采取什么方式方法进行。加上个别地区的行政管理和教学研究人员没有深化教育改革与目前推进素质教育的意愿，却要完成相应的教学质量监测工作，于是便以质量监测的名目，用课堂教学检查、课外活动评比、运动竞赛、体质健康标准测试结果等进行相应排名，代替体育教学质量监测。由于没有健全的"体育教学质量监测体系"，质量监测对体育教学也就起不到调节、监督和控制的作用。有些区域和学校追求眼前利益，将体育教学的重点放在某些尖子生身上，关注各种运动竞赛的名次，但又要顾及全体学生的需要、上级部门的教学检查、规定需要测试的"国家学生体质健康标准"，因此选用课堂教学检查、课外活动评比、运动竞赛、体质健康标准测试等作为质量监测的内容和手段。当"国家学生体质健康标准"的测试作为体育教学质量监测时，不仅存在内容上的单一性和片面性，而且监测到的数据也不能全面准确地把握体育教学的现状，不能成为制定和调整学校体育工作政策的依据。

《人民教育》2021年2月17日发布的"2020中国基础教育年度报告——2020中国中小学教育新进展新趋势"指出：学校体育评价体系初步建立。目前，全国各地各校普遍建立学生体质健康档案，所有学校每年进行学生体质健康监测，教育部对各地上报数据进行复核，复核人数每年超过20万人。初中、高中学业水平考试都把体育纳入其中。全国各地已普遍推进体育中考，分值30～100不等。"强基计划"中明确要求考生进行体育加试。

从该报告可以看出，国家越来越重视以评价促进学生体质健康水平的提升。体质健康监测、初高中将体育纳入学业水平考试、强基计划进行体育加试，无一不是坚定有力的举措，用切实有效的方法、手段、机制，助推学生加强体育锻炼，促进学生身心健康发展。

综合上述研究分析发现，现在已有的体育课堂教学质量的监测、评价机制上大多存在着指标众多、指标外延扩大、指标不聚焦、指标可操作性差、评价费时费力，可评价性不强等不足，众多研究仅停留在理论分析的层面上，研究成果并不利于在实践中实施、推广。因此，建立健全一种可以在实践中快速简便地监测、评价体育教学质量的机制势在必行。以体质健康测试、学业水平考试等机制进行体育教学质量监测、评价，已被证明是切实可行、行之有效的，应该积极实践。

第二章　中小学体育教学质量监测的调研报告

关于我国中小学体育教学质量监测
实施情况的调查报告

中小学体育教学质量监测是通过测试学生的运动能力及运动技能等了解、诊断、评价体育与健康课程的实施状况，从而规范、改进、优化体育教学，推进体育教学改革的深入，提升体育教学质量，促进学生增强体质、提高运动技术水平、健康发展的一种教育测量评价手段。

为了调查我国中小学体育教学质量监测工作开展的基本情况，本文基于问卷调查所得数据进行统计分析，以期了解我国中小学体育教学质量监测实施情况和中小学体育教师对体育教学质量监测的相关意向，为中小学体育教学质量监测实施提供策略建议。

一、调查对象与研究方法

（一）调查对象

全国中小学体育教师、体育教研员。主要通过《中国学校体育》杂志读者QQ群、体育教学研究QQ群、《中国学校体育》杂志读者微信群、山东省体育教师远程研修教师QQ群、《菁体育》教师交流微信群等发动的自愿参与调查的中小学体育工作者。

（二）研究方法

1.问卷调查法

从基本信息（主要包括被调查者所在行政区域、所在单位的类别、被调查者的身份等）、实施体育教学质量监测的情况（包括被调查者所在区域实施与否、监测结果是否列入教育考评体系等）、对体育教学质量监测的相关意向（包括被调查者对质量监测的态度、对监测内容的认可程度、对监测实施对象的意向、监测对其教学的影响等）等方面研制了调查问卷，并征求了华东师范大学体育与健康学院汪晓赞教授等体育教育专家的指导意见，进一步修改、完善。

问卷效度检验。问卷效度评价分为非常不合理（1分）、不合理（2分）、一般（3分）、较合理（4分）、非常合理（5分）5个等级，由7位体育教学方面专家进行检验，得出问卷内容效度、结构效度平均分在4.31以上，表明问卷效度较高。

问卷信度检验。采用"再测信度"对问卷的信度进行检验。选取9位体育教学方面的专家，40名体育教师发放调查问卷，相隔14天后再对同一对象进行调查，通过2次测量结果间的相关性分析，得出斯皮尔曼相关系数均在0.840以上，表明问卷信度较高。

依托《问卷星》呈现问卷。通过体育教师QQ群、微信群等各种网络途径等发布《问卷星——关于中小学体育教学质量监测的调查问卷》的网络链接，发动全国各省市中小学体育教师、体育教研员及其他教育工作者参与该网络问卷调查。调查自2017年9月3日开始，调查数据截至2018年12月1日。

2.数据统计法

从《问卷星——关于中小学体育教学质量监测的调查问卷》后台获取调查的相关数据，然后对数据进行统计、分析，并以图表形式呈现，直观反映调查的各维度的情况。

二、结果与分析

（一）调查广泛，数据可靠

1.调查区域分布全国各地，具有普遍意义

调查结果显示，全国有28个省、市、自治区的108个市227个县、区的990名体育教师、教育工作者等有效参与答卷，如图2-1。在一定程度上可以反映出全国中小学体育教学质量监测实施的情况，具有普遍意义。

调查结果显示，山东、江苏、安徽、广东、浙江5个省份分别有高达61个、35个、14个、12个、11个行政县（区）的体育教师参与调查，从一个侧面反映出这些省份的中小学体育教师网络教研活动的参与度较高。

2.调查数据来自一线教师，可信度高

调查结果显示，990名被调查人员分布在全国82.35%的省市、36.36%的地市级行政区域。其中46.97%的人员在中学、47.47%的人员在小学，占被调查人员总数的94.44%，如图2-2。被调查人员的身份调查结果显示，被调查人员中中小学体育教师分别占调查总数的43.94%和43.33%，如图2-3。

被调查者87%以上是中小学体育教师，一线体育教师对体育教学质量的实施情况可以掌握第一手资料，使得反馈的调查信息具有较高的可信度。

综合被调查人员的数量、分布区域以及所在的单位情况，可以看出，该调查具有一定的广泛性，可以从一定程度上反映我国中小学体育教学质量监测的基本情况。

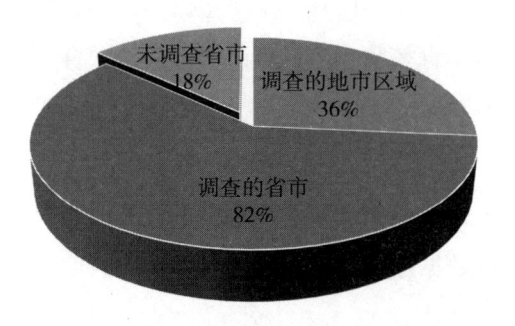

图2-1　被调查人员所在行政区域分布情况

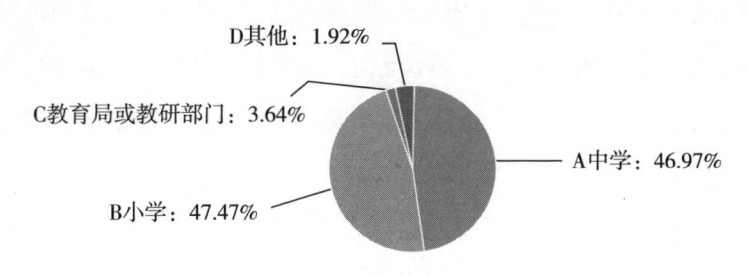

D其他：1.92%
C教育局或教研部门：3.64%
A中学：46.97%
B小学：47.47%

图2-2　被调查人员所在单位情况

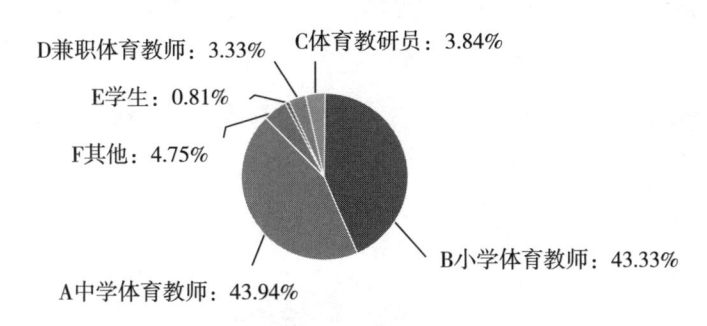

D兼职体育教师：3.33%
C体育教研员：3.84%
E学生：0.81%
F其他：4.75%
B小学体育教师：43.33%
A中学体育教师：43.94%

图2-3　被调查人员的身份情况

（二）监测区域实施率低，监测流于形式

1.近四成学校的体育教学处于放任状态

对被调查者所在区域实施体育教学质量情况的调查显示，被调查的227个行政区域有84个没有实施体育教学质量监测，占被调查总数的37.00%。体育教学质量监测机制的缺失，缺少了评估、反馈和激励，仅靠体育教师的教学自觉和学校的常规要求，体育教学质量很难得到保证，体育教学的随意性和放羊式教学就很难避免。这很大程度上说明被调查的中小学有近四成区域的学校体育教学处于放任、无序的状态。

2.高达六成学校的体育教学质量监测存在形式主义

在对县（区）教育行政部门是否将体育教学质量监测结果列入学校办学水平考核的调查结果显示，被调查的227个区域中143个实施质量监测的区域，有80个区域的教育行政部门没有将体育教学质量监测结果纳入学校办学水平考核之中，或被调查者不清楚，高达55.95%，如图2-4。这说明，这些地区的体育教学质量监测只是履行一种工作程序，测测而已，并没有涉及学校办学质量体系。只测不计绩，只测不评，只测不反馈，激励机制缺位，这样的质量监测往往将监测工作浮于表面，流于形式，起不到评估、反馈、激励的作用，也就不能起到真正优化体育教学，提升教学质量的功效。

综合看，体育教学质量无监测、监测不计绩的区域占被调查样本总数的72.25%，如图2-5。这种现实状况令人担忧。

教学质量保障体系需要有明确的教学目标，在实现目标的过程中还需要有力的保障条件，同时要配有相应的监控机制。体育教学质量监测机制的缺失，体育教学的随意性和放羊式教学就会一定程度地存在。

实施体育教学质量的监测，成为优化体育教学必要的保障，而是否将体育教学质量监测的结果纳入辖区学校办学水平考核，是优化体育教学最为关键的举措。

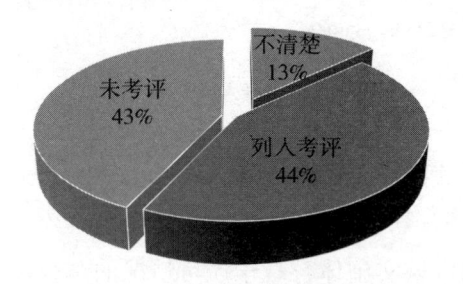

图2-4 对监测结果是否纳入学校办学水平考评的调查情况

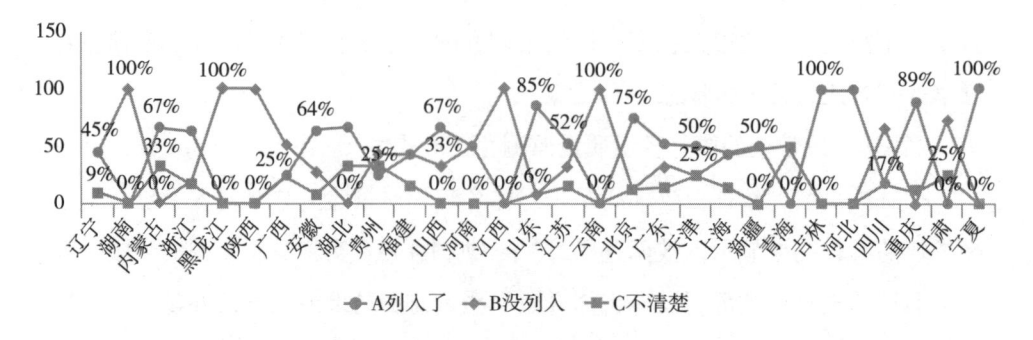

图2-5 体育教学质量监测结果列入学校办学水平考核的调查

（三）体育教学质量监测应加强评估、激励作用，要公平公正

1.强化监测机制，发挥监测的功效

对区市教育行政部门将体育教学质量监测成绩列入学校办学水平考核是否对体育教学有促进作用的调查结果显示，86.77%的被调查者认为有促进作用，并且高达83.94%的被调查者认为学校体育教学质量监测成绩作为其主要教学成绩对被调查者的体育课堂教学有促进作用。对实施体育教学质量监测的必要性的调查结果显示，高达90.20%的被调查者反映有必要或非常有必要进行体育教学质量监测，如图2-6。这进一步说明，体育教学质量监测是提高体育教学质量的重要保障。

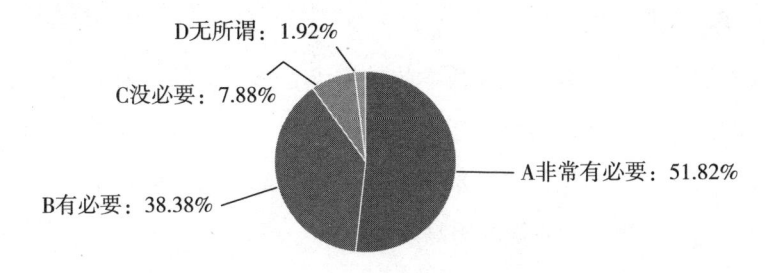

图2-6 对进行体育教学质量监测的必要性的调查情况

没有一个强有力的质量监测机制来监督、保障体育教学的质量，体育教学质量的提高将是纸上谈兵。初中毕业生、高一新生的体质健康水平之所以达到前所未有的高度，究其根本，体育中考起到了关键性作用。而其他年级的情况为什么不尽如人意？毫无疑问，症结在于缺少体育中考这样的强硬有力的质量监测机制来监督和保障。

如果说高考要测试学生的体育成绩，而计算分数时并不将体育成绩计入高考总分，那么学校和考生能重视和积极参与体育测试的概率将微乎其微，因此，实施体育教学质量监测，而没有将其成绩计入学校办学考评，最终不会引起学校、体育教师、学生的重视，也调动不了方方面面引导学生参与体育锻炼的积极性和主动性，体育教学质量也很难借此得以提升。

因此，实施体育教学质量监测是必要的，而地区教育行政部门是否将其结果列入对学校的考评更为重要。

教学质量的管理是一项长期性的循环过程，要提高体育教学质量，持续性的质量监控与改善是其必要条件。在管理学中，"管理循环"的模式非常具有适切性，一切管理互动都应该遵循计划、执行、审核、行动等四个管理流程来进行。

实施体育教学质量监测势必就产生了测量、评估、反馈、激励等机制，就起到了监督、检查、评价、促进的功效，对推动体育教学改革的深入、优化体育教学将起到重要的作用。

2.体育教学的质量监测内容指向学生体质健康和运动技能

对体育教学质量概念界定的调查结果显示，83.84%的被调查者认为通过体育课堂教学，学生的体质、运动技能、运动参与等的变化代表了体育教学质量的水平。

体育教学质量更多地反映在教学的效果上，体育教师所有的教学设计、教学组织、教法手段、场地器材的运用、运动负荷的调控等工作都直接服务于学生的学练结果，学生的运动技术水平高了，体质健康水平提升了，凸显的是体育教学的优化、体育教学质量的提高。

对体育教学质量监测的内容的调查，学生的体质健康水平测试项目、运动技能两项分别以88.08%、84.95%的比例被选择。体育教学重在增强学生体质、提高学生运动技术水平。这两方面的指标更是间接体现了学生的健康行为和体育品德，也是便于测量、便于量化的指标，被调查者对此的认可度较高。

对体育教学质量监测方式的调查结果显示，73.94%的被调查者认为应该必测项目与抽测相结合，如图2-7。显示出被调查者对监测内容既突出重点项目又兼顾一般项目的认可。

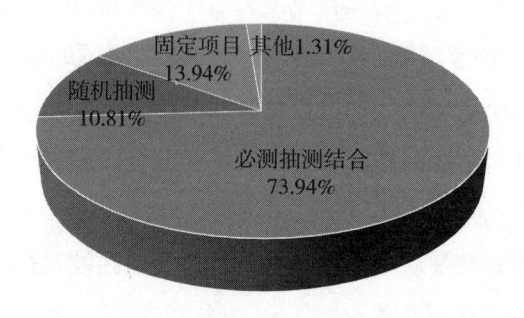

图2-7 对体育教学质量监测内容的调查情况

必测可以突出体育教学的重点内容，保障了对学生体质增强、运动技能提高等有重要作用的项目的正常教学；抽测项目的不确定性，又可以监督、促进其他体育教学内容的全面开展，保障体育课教学上好、上全。必测与抽测相结合的监测方式能有效规范、优化体育教学，有助于改变监测的随意性和对待质量监测的应试性。

3.第三方介入是教学质量监测实施主体的首选

对体育教学质量监测实施主体的调查结果显示，第三方人员、教育局抽调各校人员、教育行政部门工作人员依次排在了前三位，如图2-8。

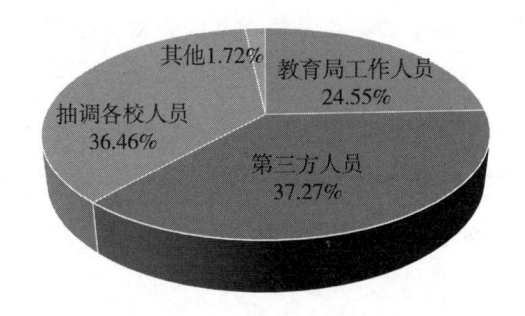

图2-8 对体育教学质量监测实施主体的调查情况

一项好的政策、制度、机制，如果实施的过程、结果备受质疑，其实施宗旨就不能充分体现，其目的就很难达成。体育教学质量监测的公正、公平、公开，是保证监测结果的有效性、权威性的基础和保障，是推进体育教学优化，提高体育教学质量的重要前提。第三方的介入、有监测和被监测方以及相关联的单位人员的介入、有教育行政部门的有力监督等，无疑都是监测结果公信力和权威性的有力保障。

三、结论与建议

（一）体育教学质量监测的实施情况不容乐观

关于我国中小学体育教学质量监测的调查结果进一步表明，全国中小学体育教学质量监测的区域实施率不高。教育行政部门将体育教学质量监测结果纳入学校的办学水平考核，借以倒推学校体育教学改革、优化体育教学、提升体育教学质量的情况更是令人担忧。

（二）积极出台、实施中小学体育教学质量监测制度

调查结果反映，将能反映学生体质增强、运动技能提高的运动项目纳入体育教学质量监测内容体系，采用必测内容与抽测内容相结合的形式，让第三方人员实施监测，当地教育行政部门及时将监测结果纳入辖区办学水平评估体系中，是实施体育教学质量监测的重中之重。

出台、实施区域中小学体育教学质量监测政策、制度，评价、反馈辖区中小学体育教学质量监测结果，进一步推动中小学体育教学质量的提升、学生体质健康水平和运动技术水平的提高是摆在基层教育行政部门面前的一个重要课题和关键举措。

在国家层面关于加强学校体育工作、促进青少年学生体质增强的一系列政策出台的今天，基层学校能否将一系列好政策落地，使其惠及每一位青少年学生，区域中小学体育教学质量监测机制的出台、完善、实施将起到至关重要的作用。

济宁市体育与健康学科教学质量调研报告
（2020年）

为全方位深入了解济宁市中小学体育与健康学科教育教学的实际状况，更新学校办学育人观念，促进中小学生全面发展，根据济宁市教育局、济宁市教科院的工作安排，决定对全市中小学体育与健康学科教学状况进行调研，及时发现、解决存在的问题，提升中小学办学特色和教学质量。

一、总体状况

本次调研工作历时一个月，下发调查问卷1200份，各县市区在调查问卷的基础上，也初步形成自己的调查报告。济宁市教科院于12月14日，又专门组织了各县市区体育与健康学科教研员、一线骨干教师为代表的专项座谈会。

据统计，现阶段全市各学校共有体育教师4487人，其中专职教师2481人（占55.3%），兼职教师1696人（占37.8%），代课教师310人（占6.9%）；高级职称仅占6.4%，中级职称占34.2%，初级职称占35.3%，未定级教师占24.1%；数据还显示，高级职称的教师年龄分布在48～59岁，平均年龄52.2岁，中级职称的教师年龄分布在38～47岁，平均年龄42.4岁；每年体育与健康学科教师参加省市级教研部门组织的专业技能培训的人数所占比例不足4%。

尽管与以往统计数据相比，体育与健康学科专职教师比例明显增高，兼职、代课教师比例略有降低，体现了近年来市教育局、市政府在教育均衡发展、学校改薄、解决大班额和充实师资问题等方面卓有成效，但任课教师与学生比例仍达不到学科教师配备标准，造成学校课程设置与实施的偏差、课外第二课堂辅导得不到保障。同时，体育与健康学科教师职称与其他学科教师职称相比，高级、中级教师人数较少，教师省市级培训次数也低于其他学科，在一定程度上制约了体育教师的专业发展。

二、影响体育与健康学科课堂教学质量因素的分析

采用文献资料研究法和问卷调查法，对全市体育教师随机进行了问卷调查，发放问卷1200份，回收1196，有效回收率99.67%。根据问卷设计内容选取10项指标确定为影响体育与健康学科课堂教学质量的主要因素：教师因素、学生因素、教学内容因素、教学环境因素、教学评价因素、教育技术因素、教学目标达成度因素、学校管理水平因素、师生互信度因素、教科研水平因素。

三、由数据分析存在的问题

体育作为学校教育的主要组成部分和学生全面发展的重要内容，其教育意义和特殊性是其他教育不能替代的。通过对全市体育与健康学科教育教学调研数据的分析及对部分学校实际情况的了解，现阶段我市体育与健康学科教育教学主要存在以下问题。

（一）学校管理水平因素

近年来，随着市政府、教育局对教育各项惠民政策制度的实施、教育专项

经费投入的增加，学校办学条件、体育与健康学科教学条件有了明显改善，加之各级教育主管部门对学校体育教学督导考核机制的强化，学校对体育教学重视程度明显加强。但在课程具体实施过程中管理层面仍存在一些较为突出的问题：

一是学校教育教学制度不完善。任意挤占体育教学课时、体育活动开展随意性强或不开展等现象；评聘制度中体育教师不能享受其他学科教师同等待遇；学校阳光大课间活动单一，每天1小时体育活动时间得不到保障等，总体来说，部分学校仍存在"体育说起来重要，实施起来不重要"的现象。

二是年级管理与学科教研组管理严重脱节。很多学校实施年级责任管理，把体育教师分到相应的年级部，由年级部负责管理，但是年级管理忽视学科教研组集体教研和对体育教师的评价，造成了学科集体教研弱化或虚设、个人不良竞争等现象的发生。

三是落实体育教师工作待遇有关政策不到位。中共中央国务院所发〔2007〕7号文、中共济宁市委济发〔2008〕38号文对体育教师工作量、服装费、课外训练、评先树优等方面都有准确界定，在学校落实政策时大打折扣，严重挫伤了体育教师工作的积极性。

四是课程开设不规范。调研中发现，体育与健康课程的开设不容乐观，90%的县区城镇学校由于各种原因不能开齐开足体育课时，绝大多数学校每周开设2课时，远没有达到国家课程标准的要求（国家规定：一年级至二年级4课时、三年级至九年级3课时，十年级至十二年级2课时，要确保学生每天1小时的体育锻炼时间），农村更是捉襟见肘，规模小点的学校随意性较大，不能规范开设课程。高中学段，大多数学校没有按照课程标准规定进行模块选项教学，是不是能够修足必需的学分都存在问题（国家规定：高中阶段学生体育与健康课要修足12学分，共计216学时）。

现今我市小学学段，农村学校课时减少现象较为普遍，个别定点小学存在以活动课代替体育课现象；初中学段，都能保证每周至少2节体育课，部分学校能达到每周3节体育课；高中学段高一、高二年级尚能保证每周2节体育课，高三年级课时随意性较大，不能保证每周2课时的体育课，另外，大多数学校毕业班存在体育课乱停课、被挤占的现象。

（二）教师因素

近年，我市各县市区在教师招考中逐年增多体育与健康学科教师招聘数量，在一定程度上缓解了体育教师不足的问题。据目前数据分析，我市中小学专职体育与健康学科教师均具备合格学历和相应的教师资格证，学历能按国家标准达标且整体学历越来越高，三个学段都有研究生学历教师。但体育与健康学科整体教师数量、教师专业化水平还存在一定问题，制约我市体育与健康教学质量和学生素质综合发展。

一是教师数量不足。通过调研发现，当前我市体育与健康学科教师结构性缺编较为严重，有些县区代课教师较多，特别是农村小学与初中，普遍存在定点小学没有体育教师和农村乡镇中学体育教师严重不足的现象。

二是教师年龄、职称结构不合理。在教师不足的前提下，普遍存在体育教师趋于老龄化和新建学校教师过于年轻化的现象，教师发展缺少传、帮、带，影响学校教育教学工作的开展和教师的专业成长。另外，在教师职称方面，体育与健康学科教师初级职称的教师居多，中级职称的教师占10%左右，高级职称很少。

三是教师专业水平差异性较大。高中及城市中、小学学段体育与健康学科教师基本实现专业教师专业化，但在乡镇特别是农村学校专职教师中不专业的现象普遍存在。受地区差异影响，有些县市区代课教师较多，个别教师不是专业教师，影响学生学科专业基础知识、基本技能的掌握和基本能力、良好情操的培养。还有一些学校，因教师年龄大或不能胜任本专业教学而让个别教师去担任体育与健康学科教学，非专业教师难以胜任专业教学，造成教学质量下降。

四是教师科研意识不强。由于学校对体育教学重视程度不够，造成体育教师"边缘化"。因而，体育与健康学科教师普遍存在科研意识淡薄，科研参与积极性不高，科研水平较低。同时，体育与健康学科教师外出学习培训机会相对较少，严重阻碍了教师的专业成长与发展。

五是校际师资配置不均衡。农村中小学普遍存在师资队伍短缺,受过体育专业化、系统化教育和培训的教师较少,业务素质不高的状况。体育教师被另行安排其他学科教学,不能专业专用;在缺少体育与健康学科教师的情况下,不能有效聘任代课教师,任意安排其他学科教师随意授课,部分乡镇中心学校以下的学校甚至没有体育教师。

(三)教学设施因素

目前,全市除定点小学以外大多数学校都有不同规格的体育塑胶场地,基本满足了学校正常体育教学使用,部分条件较好和新建学校还建有风雨操场。

近几年因领导重视和教育督导原因,对体育场地设施和教学器械进行部分补充和配备,但许多学校的体育场地没有完全达到学生活动的标准,利用率和损耗高的器材得不到及时补充,有些如单双杠、跳箱等锻炼价值较高的项目得不到开展,体育器材使用率和设施利用率较低;形体练习、健康教育的功能教室不完善,直接影响教师一专多能的专业素质提升。

(四)教学评价因素

1.对教师的评价

通过调研发现,大多数学校体育与健康学科教师在年度考核、绩效发放、评先树优、职称评定等方面不能与其他文化课教师享受同等待遇。如在教师职称评定中,是否担任班主任的条件限制了一大批体育学科教师参与职称的评定。

同时,大多数体育教师除担任学科教学以外,还承担学校很多兼职工作,如学生社团、学生训练、比赛展演等,但兼职工作往往不能加入课时量和工作量。个别县市区对体育与健康课程不重视,课时工作量赋分与其他学科不按照一个标准评定,如体育一节课赋分0.8分,而语数学科1分。教师评价中,体育与健康学科教师因没有成绩一项赋分,和文化课教师相比没有任何机会。

2.对学科教学评价

体育与健康学科教学是一门专业性非常强的学科,需要整体系统的评价体系。很多学校实施年级责任管理,把体育教师分到相应的年级部,由年级部负责管理，年级管理与学科教研组管理严重脱节，经常出现评价失衡、公正欠佳的现象，造成体育教师责任心下降、积极性不足等状况。年级管理也忽视学科教研组集体教研和对体育教师的公正评价，造成了学科集体教研弱化或虚设、个人不良竞争等现象的发生。

3.课堂教学评价

理解教材能力较差，教学目标定位不准，备课效果差，组织设计不合理。有的教师对教材的动作技术及重难点把握不清楚，技术分解过细，造成学生兴趣缺失，学习目标设计得太低，缺乏挑战性和趣味性，缺少相应的专业性练习和健康意识的培养，突破重难点就成了空话，课堂教学中学生运动密度、练习密度、运动强度没有达到相应的标准，教师的教与学生的学是"两张皮"，课堂气氛较差，学习目标及教学任务没有完成，课堂效益不高。

（五）社会沟通层面

由于对社会或学生家长宣传和沟通不足，造成了对学校的办学特色、育人目标不了解，学校与社会或家长存在误解或对学校管理知之不详的局面。体育教育功利思想严重，完全忽视了学生的体育特长、兴趣和天分，一切向分数看齐，忽视了学生的身体健康。受社会不良风气的影响，在中考、高考学业负担压力下，当前社会对学校体育教育认同度不高，甚至存在可有可无的想法。如现今各县市体育中考成绩实施的政策和正确引导的力度不大，造成学校、家长和学生都非常不重视体育锻炼，课外活动不能正常进行，锻炼不锻炼都能有高分，直接结果就是学生体质严重下降，体育教学得不到正确的地位，体育教师得不到正确的评价。

四、基本对策

（一）加强师资队伍建设，提高教育教学水平

第一，加大体育与健康学科教师招聘力度，充实教师队伍。力争专人专用，减少其他学科兼任本学科。

第二，强化体育与健康学科教师队伍建设，逐步形成具有专业特色、专业能力，能够承担教学指导、教师培训、科研课题的研究，促进市区级学科带头人、骨干教师的个性化专业发展，促进骨干教师在基础教育领域中发挥示范和领军作用。

第三，拓宽体育与健康学科教师培训机制，多批次、多渠道、多专题开展培训活动，及时了解国内外最前沿的教育理论及教育发展动态，扩大教师们的知识和能力结构，使其在教学思想、教学艺术、科学研究方面提高和升华，培养他们的创新意识和创新能力。

第四，提升体育与健康学科教师专业化水平。每学年开学初各县市区和学校都要对体育教师进行一次教材、教法的培训，由骨干教师上观摩课，对其他学科兼任体育与健康学科教学提供观摩课和专业上的指导培训，共同探讨课堂教学，缩小教师之间的差距，真正做好专业引领、专业辐射的作用。

第五，加大体育与健康学科教师考核评级力度，建议各县市区成立体育与健康学科专业委员会和督导测评委员会，统一标准、统一行动对体育教育教学工作进行专项督导考核。

（二）规范课程，开足课时

规范开设国家课程。严格执行国家课程方案，开全课程，开足课时，严禁随意减少每周的课时数，不删减毕业班的体育课程，教师个人课程表与学校总课程表、班级课程表完全一致。

建议实行教师跟班循环教学，便于体育教师熟悉不同年级的教学内容，深入了解和发现学生的特长。

强化体育与健康学科课堂管理，制定学校课程开发与实施方案，引导教师科学设计学校课程与教学方案，为学生全面发展提供课程保障。

充分利用校内外课程资源。加强教学器材、设备管理与使用效益，充分发挥学校人力、物力、信息等各类资源的最大效益。同时，大力开发校外课程资源。

确保"学生每天1小时体育锻炼时间"政策的实施。认真落实《国家学生体质健康标准》，按照标准测试学生身体素质状况。通过开展每天上下午各

30—40分钟的大课间体育活动等方式，大力实施"阳光体育运动"，确保学生每天集体体育锻炼不少于1小时。

（三）加大专业设备投入，拓展多维教学空间

各级教育行政部门应对目前学校的场地和设施设备的情况进行调查、合理建设规划，并根据当地情况，每年设立一定维护和增添设施的专项经费，加强对农村中小学体育教学场地、设施的建设。

学校应积极地创造条件，为体育教学配备专用的功能室、风雨操场和球类馆，并提高体育器材和功能室的利用率。

要让学生有效掌握课堂教学内容，培养学生学习习惯和运动兴趣。

加强学生体育社团建设，通过活动比赛促进课堂教学，以各类比赛、体育节等活动为依托，让体育教学"以活动促发展"的措施落到实处。

（四）完善教师评价机制，提高体育教师地位

首先，出台相应政策，鼓励有专业特长的教师长期专职从事体育教学工作，在教师的业务考核、职称评定等方面给予一定的政策鼓励。

其次，制定教育教学评价机制，依据课标制订相应的考核评估标准，一年一次或两次单项质量评估，记录教师教学成绩。可以通过多种形式开展学生单项比赛活动，把教师所指导的单项竞赛成绩纳入教师教学成绩。另外，还可以加强过程性督查评价，对教师的备课以及上课情况进行师生评价、家长评价、年级组评价等。

为建立客观、科学、操作性强的考核评价制度，在评优树先方面考虑建立和文化课教师对等的综合荣誉，在职称晋升方面参考中小学总的高中级比例，提升体育教师的高级比例，让广大体育教师看到希望，充分调动教师的工作积极性。

第三，建立健全体育学科管理机制。建议对体育教师要实施综合管理和独立考核制度，让更多的体育教师特别是中青年教师获得成功感和信心，同时进行专项测评督导，让学科教学的质量得到有效监控和检测。

陕西省安康市小学体育教学质量监测情况的调研报告
（2018年）

一、体育教学质量监测的背景及目的

为深入了解安康市义务教育阶段教学质量状况，充分发挥质量抽测和教学评价对课堂教学的诊断、导向作用，全面加强市级教育行政部门、教研机构对安康市义务教育质量的监测、管理和研究，充分运用"安康市综合素质评价及教学质量监测诊断系统"的质量监测功能，加强教育管理与指导，引导学校开齐开足上好各门课程，促进安康市义务教育阶段学校均衡协调发展。2018年6月下旬，安康市首次将四年级体育课程纳入安康市义务教育阶段质量抽测调研考试。

全面贯彻国家《基础教育课程改革纲要（试行）》（教基〔2001〕17号）精神，真正落实各学科课程标准的基本要求，了解诊断学校体育与健康课程实施的状况，为基于学生核心素养的落实，科学、规范、有序地上好体育与健康课程，提高体育教学质量，促进学生全面成长提供依据、明确方向。

二、体育教学质量抽测对象

本次抽测对象为安康市八县两区和市直共502所学校的26322名小学四年级学生。抽测学科包括语文、数学、英语、科学、品德与社会、音乐、体育、美术8个学科认知水平测试和科学、音乐、体育、美术4个学科的操作技能测试。

三、体育教学质量抽测内容

本次质量测试内容以国家颁布的体育与健康学科课程标准为根本，以学科课程内容为依据，通过笔试和操作技能测试，不仅考查学生在知识与能力、过

程与方法、情感态度价值观方面应达到的水平,而且以增强学生的社会责任感、创新精神和实践能力为重点,监测各学科在学生核心素养方面的落实情况,目标指向学生全面发展。本次学科学业质量抽测结果采用等级呈现方式,A等级100~90分,B等级89~80分,C等级79~70分,D等级69~60分,E等级60分以下。60分以上为达标,70分以上为良好,80分以上为优良,90分以上为优秀。

四、体育教学质量监测的组织方式

统一笔试与技能抽测时间

统一抽测试题

统一组织试卷扫描,以县区为单位组织统一扫描

统一组织阅卷,以县区为单位集中阅卷

统一阅卷标准

考务工作安排

成绩报送与质量分析

五、体育教学质量监测的过程

(一)制定四年级体育技能测试评分标准

表2-1 安康市2018年春四年级体育技能测试评分标准(讨论稿)

等级	A.90~100分	B.80~89分	C.70~79分	D.60~69分	E.59分以下
体育素养	本学年参加了校级或县、市、省、国家级体育运动项目比赛并获奖	本学年参加了校级或县、市、省、国家级体育运动项目比赛	本学年参加了校级体育运动项目比赛	本学年参加过班级体育运动项目比赛	4年来从未参加过任何运动项目比赛

续表

等级	A.90~100分	B.80~89分	C.70~79分	D.60~69分	E.59分以下
体育素养	初步学会了小篮球、小足球、乒乓球、立定跳远、跨越式跳高、前滚翻、跳绳、投沙包等8项运动，擅长其中3项运动，能坚持经常练习	初步学会了小篮球、小足球、乒乓球、立定跳远、跨越式跳高、前滚翻、跳绳、投沙包等8项运动，擅长其中3项运动，还能坚持练习	初步学会了小篮球、小足球、乒乓球、立定跳远、跨越式跳高、前滚翻、跳绳、投沙包等8项运动，擅长其中3项运动，基本能坚持练习	初步学会了小篮球、小足球、乒乓球、立定跳远、跨越式跳高、前滚翻、跳绳、投沙包等8项运动，擅长其中3项运动，基本能坚持练习	初步学会了小篮球、小足球、乒乓球、立定跳远、跨越式跳高、前滚翻、跳绳、投沙包等8项运动，擅长其中2项运动，但很少练习
	在体质健康测试中，1分钟跳绳在130次以上	在体质健康测试中，1分钟跳绳在110~129次以上	在体质健康测试中，1分钟跳绳在80~119次以上	在体质健康测试中，1分钟跳绳在50次以上	在体质健康测试中，1分钟跳绳少于50次
学习表现	在参加体育活动时，能习惯性地检查器材安全、场地安全，注意运动安全，如果出现了运动损伤事故也能冷静地处理好	在参加体育活动时，能检查器材安全、场地安全，注意运动安全，如果出现了运动损伤事故，能协助别人处理好	在参加体育活动时，能注意运动安全，但出现了运动损伤事故，能协助别人处理好	在参加体育活动时，能注意运动安全，但出现了运动损伤事故，自己很害怕，处理不好	在参加体育活动时，不太注意运动安全
	担任体育课代表或组长、社团核心成员	积极参加体育社团活动	上课参与度较高，能认真完成体育老师布置的作业	上课参与度较高，能认真完成体育老师布置的作业	上课参与度不高，不能认真完成体育老师布置的作业

（二）组织召开方案解读和监测培训会

通过培训会一是让体育教师统一认识，认识到体育教学质量监测不是在整老师，而是通过检测手段进一步了解安康市义务教育阶段学生的学情、教学与师资现状，同时提高学校、家长、学生对体育教育的重视程度，从而提升体育学科的学科地位，也提升体育教师在学校的地位。二是打消教师的畏难情绪，用科学的评价方法、易于操作的评价手段、安全可靠的保密制度，做到考试结果不排序，化解教师对体育质量监测的恐惧心理，从而积极配合监测工作。三是对照标准进行细致解读，从《体育与健康课程标准》的角度、教材的角度，来解读评价标准，要让教师明白评价标准是有依据的，是面向全体学生的，是体现素质教育要求的，不是在凭空增加教师和学生的负担，而是在平时的体育教学中都应该做到的，有效解决教师对不想做、不敢做及不知道怎么做的困惑，具体步骤如下：

1.在试点学校进行校评工作实践

一是组织学生自评、互评、校评，其目的是初步确立技能等级，二是教务处汇总、分级、存档，其目的是为检测组抽测提供第一手资料，三是学生准备获奖证书、手工作品，目的是为评级提供佐证资料，四是学生拿好技能测试评价表，这样以备抽测组现场对照评级。

表2-2　安康市2018年春季四年级体育技能测试评价表

学校名称：	学生姓名：	学生学号：	学籍号：	代课教师姓名：
保证书 《安康市2018年春四年级体育技能测试评分标准》我已认真阅读。我填写的《安康市2018年春四年级体育技能测试评价表》内容完全真实。我已做好充分准备。随时接受同学互评、教师初评、学校复评和市、县区抽评，保证自评与互评、初评、复评、抽评的等级基本吻合。 　　　　保证人： 　　　2018年　月　日		1.初步学会了小篮球、小足球、乒乓球、立定跳远、跨越式跳高、前滚翻、跳绳、投沙包等8项运动中的（　　）项，分别是（　　　　　　　）。 2.在篮球、小足球、乒乓球、立定跳远、跨越式跳高、前滚翻、跳绳、投沙包等8项运动中，我最擅长的三项运动是（　　　　　　　）。 3.跳绳，我一分钟能跳（　　）次。 4.我参加体育社团的时间是： 5.2017年9月至今，我参加体育比赛项目（　　　），在学校、县、市、省、国家获（　　　）奖。		
自评等级： A、B、C、D、E		同学评价： A、B、C、D、E		代课教师评价： A、B、C、D、E
本人签名：		同学签名：		代课教师签名：
学校评价： A、B、C、D、E		市县抽评结果： A、B、C、D、E		市县抽评组签名：
学校盖章				

说明：市县抽评组以自评、初评、复评结果为参考，根据学校复评结果（等次）抽取学生进行抽评。其中，A等全部抽评，B等、C等、D等、E等学生由抽评组分别按照50%、20%、5%、5%的比例随机抽取学生进行技能测试抽评。

2.组织现场监测观摩

一是在试点学校召开现场监测会议,由各县区教育行政部门、教研室、学科骨干教师参与观摩。随机抽取部分教师组成检测小组,根据检测标准确定抽测的内容,到试点学校进行现场监测。

二是监测观摩,根据学校提供的自评表信息,A等学生全部测试,B等抽50%,C等抽20%,D等和E等各抽5%。偏差大于20%则该校校评成绩无效,需重新组织认定后再进行市县抽测。

三是抽测的要求:根据学生现场表现和准备的资料、作品,抽测小组进行评价打分,看与校评结果是否一致,如果该组评价结果与学校评价结果偏差大于20%,则该校自评结果无效,需重新进行自评,然后再次抽测。复测结果偏差符合相关要求后,方可上报给县教研室。

3.召开抽测情况反馈会

监测组长在反馈时需要将试点学校基本情况(教师编制数、实有数;四年级学生数,现有音乐、体育、美术、科学教师数以及每周带音乐、体育、美术、科学课节数;缺音乐、体育、美术、科学教师数);教师、学生对标准的学习情况;音乐、体育、美术、科学4个学科学生自评、互评、代课教师初评、学校复评各等次人数;现场抽评各学科各等次人数与学校复评各学科各等次人数是否基本吻合;下结论:××学校2018年春四年级科学实验操作和音乐、体育、美术技能测试,学校复评结果与市县区现场抽评结果(基本吻合、吻合、某学科某个等次不吻合,偏差大于20%、30%);监考人:姓名。

表2-3 安康市2018年春四年级实验操作和技能测试结果反馈表(抽评表2)

县区:	学校:	学生总数:	四年级学生数:	教师编制数:	教师实际数:

专业教师人数	音乐		体育		美术		科学		英语		道德与法治	
	现有( )	缺( )	现有( )	缺( )	现有( )	缺( )	现有( )	缺( )	现有( )	缺( )	现有( )	缺( )
学科	音乐				体育				美术		科学	
等次	A	B	C	D	E	A	B	C	D	E	A	B	C	D	E	A	B	C	D	E

续表

县区：	学校：	学生总数：	四年级学生数：	教师编制数：	教师实际数：
复评结果					
抽评结果					
抽评组结论	结论模板：××学校2018年春四年级科学实验操作和音乐、体育、美术技能测试，学校复评结果与市县区现场抽评结果（基本吻合、吻合、某学科某个等次不吻合，偏差大于20%、30%）。 抽评组结论：				
抽测人员签字					

说明：此表由各考点总监考负责填写。一式三份，考点学校、县区教研室、市教研室各一份。

现场观摩过程中，与会的领导、教师可以实实在在地感受到以往被认为高深莫测的体育技能评价不仅可以执行，也能比较直观地看到学生的学习水平，这对学校体育教学规范化、教师专业化都有更高的要求，对全面推行素质教育起到重要的作用。

整个技能测试环节流程如下：

学校打印自评表，组织学生自评，形成自评表→汇总自评成绩，等待抽测，形成学校自评汇总表与技能测试统计表→县区抽测组抽测合格后签字汇总表，形成学生体育技能测试成绩汇总表→县区教研室复查后汇总填写反馈表，形成学生技能抽测结果反馈表→打包上报给上级教研部门，形成学生体育技能测试成绩汇总表与学生技能抽测结果反馈表。

表2-4　安康市2018年春四年级学生实验操作和技能测试成绩汇总表

县区	学校	班级	学籍号	学生姓名	科学					音乐					体育					美术				
					学生自评	学生互评	任课教师初评	学校复评	市县区抽评	学生自评	学生互评	教师初评	学校复评	市县区抽评	学生自评	学生互评	教师初评	学校复评	市县区抽评	学生自评	学生互评	教师初评	学校复评	市县区抽评

填表说明：1.在自评、互评、初评、复评和抽评的对应栏内填写实验操作及技能测试等次A、B、C、D、E；2.县区教研室组织学校、教师、学生认真学习《安康市2018义务教育阶段质量抽测（实验操作及技能测试）评价标准》，依据《标准》从严从实客观公正地开展实验操作和技能测试的自评、互评、初评、复评、抽评工作；3.自评、互评、初评、复评结果与县区抽评结果偏差大于20%的学校，县区通报，大于30%的学校市上通报并要求重新复评。

（三）笔试测试环节

笔试环节由安康市统一命题、统一组织，与音乐、美术笔试合卷，分开计分。各县区组织严密，学校交叉监考，市教研室派视导组到各县区进行巡视。

（四）成绩汇总分析

严格按照国家教育考试的相关规定，充分运用有序开展考务组织、试卷评阅及数据分析工作，并适时选派视导员检查、指导各县区、各学校的各项监测工作落实情况。运用"安康市综合素质评价及教学质量监测诊断系统"的质量监测功能，记录、统计形成的所有数据、信息进行汇总、甄别、分类和加工，得出科学、全面、可信的监测结果，提出改进建议，形成质量监测报告。

监测工具的接收、存放、传递等环节都要严格按照规范要求，确保保密工作安全可靠。未经市义务教育质量监测工作领导小组同意，任何单位和个人都不得擅自向任何部门和个人公开质量监测的工具、原始数据等；严禁用监测数据做招生宣传。合理使用监测结果，不得以监测结果对学生、教师、学校或县区进行排名。各学科教研员根据监测数据，形成学科质量抽测分析报告。

六、体育教学质量监测结果的使用

（一）成绩发布

学生查询成绩。学生可通过学号登录"安康市教研室网上阅卷成绩查询系统"查询个人成绩（原始分数）、查看个人试卷。

发布等次成绩。以县区为单位，以学生考号为序，向县区发布学生学科闭卷考试、实验操作和技能测试成绩（只有等次，没有原始成绩）。

（二）闭卷原始成绩管理

闭卷原始成绩除市教研室教研员用于试卷分析外，原则上不向任何单位、个人提供。特殊情况需要（纸质）原始成绩的按程序申请领取。

学校：（学校）书面申请—县区教研室审批—市教研室领导签字—市教研室质量监测室打印签章。

县区教研室：（县区教研室）书面申请—县区3至5所学校校长签名、学校盖章—市教研室领导签字—市教研室质量监测室打印签章。

县区教体局、县区教育督导室：（县区教体局、县区教育督导室）书面申请—县区3至5所学校校长签名、学校盖章—市教研室领导签字—市教研室质量监测室打印签章。

（三）结果运用

市教研室根据质量抽测结果形成《安康市2018春四年级质量抽测调研考试分析报告》，呈送市教育局、市政府教育督导室以及有关部门，抄送各县区教育局、政府教育督导室以及相关部门，印发各县区教研室、市直小学。

七、体育教学质量监测后的效果

首次将体育与健康课程列入教学质量监测，这一创新性行动有效促进了安康市中小学体育课程的规范实施。通过本次调研考试一是较全面地了解各县区体育教育质量，为教育行政部门的教育决策提供依据。中小学开足开齐体育课程，小学每周4节体育课，中学每周3节体育课；二是较深入地了解各校体育教学实际情况，为督导学校全面推行素质教育、促进学生全面发展提供便利。学生体质健康测试成绩逐年提高；三是较真实地反映了体育教师的教学水平，为区域体育教师专业队伍建设提供参考，配齐配强体育教师和加大体育设施的投入。

八、体育教学质量监测的思考

第一，安康市小学体育质量监测内容包括笔试和技能测试两部分，从实施过程到评价结果看，测评内容和形式上还需要优化，测试方式还需要进一步完善，测评结果的使用还需要落实，如像文化课一样设教学质量奖，达到以考促教，以奖促改。

第二，此次质量监测，从阅卷教师的分析和各项数据的定向分析中看，安康市四年级学生的体育素养整体一般，与课程标准中的水平段目标还有一定的距离，部分学生成绩低下和学校的教学水平有关，和学校对这门课程的重视程度有关。体育教学有很强的专业性，对教师的要求较高，不仅要具备扎实的专业技能素养，还要具备丰富的体育知识，才能保证课堂教学的质量。非专业教师在教学中吃力，教学内容简单，教法陈旧，较缺乏新的教学理念与教学方式。部分县（市、区）学校师资严重不足，教师教学任务重，教学水平参差不齐。因此，我们要加大对县（市、区）学校尤其是薄弱和农村学校的监测力度，设计解决体育学科教师、教学设备资源共享的方案，为教育行政部门提供合理建议，更好地解决县（市、区）薄弱和农村学校体育教育不平衡的问题。

第三，部分县区学校缺少科学的考评机制，使得体育课程教学不规范，教学内容单一，教学过程呆板枯燥，体育课考试随意性较大。因此要帮助和督促学校完善学科管理制度，建立起较全面的教师评估、监督、考核机制，将平时的工作业绩纳入教学工作量当中去，对体育教师体育课时系数与其他学科同等对待，要有效地去调动教师的工作积极性，使体育教师们觉得工作做得有价值、有目标，能得到社会、领导们的支持与认可，激发广大体育教师在教学工作中的钻劲与拼劲，以保障学校体育教学工作的正常、高质进行。

最后，体育学科缺少专业扶持。体育教师的成长相对来说比较缓慢，专家、学带、能手、教研员都很缺少，学科教研活动和培训比较少，体育教师缺少学习机会，缺少学科活动的推动，缺少专家引领，缺少同伴帮扶。因此，加强教师培训、进修学习来更新教育观念，教研机构多组织开展体育学科竞赛活动、研讨活动和学科培训活动，更新教师的教学理念，丰富课堂教学方法，促进专业教师教学能力和综合素养的提升。

辽宁省抚顺市新抚区体育教学质量监测调研报告
（2019年）

一、调研概况

（一）体育教学质量监测的必要性

2012年10月，国办发〔2012〕53号文件指出建立健全学校体育的监测评价机制，要求实施学校体育工作评估制度，教育部研究制定以评价学生体质健康水平和基本运动技能为主要内容的学习体育工作评估标准和实施办法。要把学生体质健康水平作为学生综合素质评价的重要指标，将学生日常参加体育活动情况、体育运动能力以及体质健康状况等作为重要评价内容。

《义务教育体育与健康课程标准（2011年版）》第四部分的实施建议指出："在实施本标准的过程中，各地、各校应依据本标准的要求分别制定地方体育与健康课程实施方案和学校体育与健康课程实施计划。"

建立有效科学的学校体育监测评价机制，是促进学校体育工作整体发展的必然要求。对推动区域学校体育教学质量的提高尤为重要。

（二）体育教学质量监测的开展

辽宁省尤其是抚顺市并没有统一的体育与健康课程实施方案，这就导致体育教师上课有些随意，教学内容不固定，教学考核不及时，这样的课堂极大地打击了学生们上课的热情，新抚区体育教研员徐海燕老师在调研过程中发现问题，于2018年、2019年针对新抚区情况开展以学生体质健康水平的区域性的质量监测评价体系，重点突出体能的评价，以调动教师教学的积极性，并逐渐规范区域常态课教学，提升体育教师综合素养，促进区域学校体育工作持续均衡发展。

（三）监测内容与评分标准

监测对象，新抚区六所中学八年级188名学生为研究对象，男女比例适当。监测的内容选择了3个维度的12项指标，分别为形态指标（身高、体重、上臂部、腹部皮脂厚度、肩胛部）、机能指标（台阶试验和肺活量）和素质指标（立定跳远、坐位体前屈、男1000米/女800米、男引体向上/女1分钟仰卧起坐）。

表2-5 体育教学质量监测指标一览表

类别	测试指标	仪器名称（型号）
形态	身高、体重、肩胛部、腹部皮脂厚度、上臂部	根据全国体质健康测试统一规定选择和使用检测器材
机能	台阶试验、肺活量	
素质	坐位体前屈、立定跳远、男1000米/女800米、引体向上（男）、1分钟仰卧起坐（女）	

说明：按照《国家学生体质健康标准》中的标准进行评价。

二、调研结果与分析

（一）学生身体素质现状

1.学生身体形态指标现状

表2-6 初中生学生身体形态指标统计表（N=188）

	男（2019）M±SD	与2018年对比	女（2019）M±SD	与2018年对比
身高（cm）	169.38±9.55	+3.23	162.82±8.27	+2.27
体重（kg）	65.08±14.48	+6.51	55.00±10.59	+3.97

表2-7 初中生身高标准体重指数指标评定表（N=188）

性别		BMI指数	肥胖	超重	正常	营养不良
男生	人数N1	21.22±7.58	12	23	49	9
	百分比		12.9%	24.7%	52.7%	9.7%

续表

性别		BMI指数	肥胖	超重	正常	营养不良
女生	与2018年对比		+1.4%	+1.2%	-4.7%	+1.1%
	人数N2	20.52 ± 6.82	13	25	37	10
	百分比		15.3%	29.4%	43.5%	11.8%
	与2018年对比		+1.5%	+1.7%	-5.3%	+1.1%

从数据可以看出，本区域中学学生已经进入青春发育期，是人体最为重要的生长高峰期，这一阶段人的身体各部位进入快速发育阶段。这种变化常常是在不经意间的，短时间内突然变化的。也说明学生学习压力过大，睡眠时间太少，明显影响了学生的身体形态的发展。

2.身体素质测试情况

表2-8 学生身体素质的测试结果

指标	男 M ± SD	2018年对比	女 M ± SD	2018年对比
立定跳远（cm）	204.13 ± 21.71	-2.3cm	176.30 ± 22.35	-1.4cm
引体向上/仰卧起坐（次）	9.70 ± 6.15	-0.9次	32.55 ± 14.29	-2.7次
坐位体前屈（cm）	9.05 ± 5.21	-2.4cm	16.04 ± 8.08	-1.8cm
男1000/女800米（s）	265.5 ± 26.7	+5.4s	245 ± 25.3	+6.8s

以上数据可以说明，11~13岁是青少年力量素质快速发展的敏感期，这一时期适当的运动能促进其力量素质的发展。

（二）新抚区中学学生体育锻炼行为的现状

1.学生对体育锻炼的喜欢表现

表2-9 生对参与体育锻炼的喜欢程度情况统计表（N=188）

	男 N	%	女 N	%	总数 N	%
很喜欢	30	32.3%	22	25.9%	52	29.2%
较喜欢	38	40.9%	32	37.6%	70	39.3%
一般	21	22.6%	22	25.9%	43	24.2%
较不喜欢	3	3.2%	7	8.2%	10	5.6%
很不喜欢	1	1.1%	2	2.4%	3	1.7%

调查显示：体育运动被绝大多数学生喜欢。特别是男生投入体育运动活动的人数明显多于女生，参与运动的热情也高于女生。

2.学生参与体育课动机

表2-10　学生参与体育锻炼的出发点表现统计表（N=188）

	男 N	男 %	女 N	女 %	总数 N	总数 %
锻炼身体，增强体质	9	9.7%	7	8.2%	16	9.0%
减轻学习压力	6	6.5%	5	5.9%	11	6.2%
与同学一起玩	8	8.6%	9	10.6%	17	9.6%
体育考试或达标	66	67.3%	64	71.1%	130	69.1%
学习运动技能	5	5.4%	3	3.5%	8	4.5%
课程要求，不得不上	4	4.3%	2	2.4%	6	3.4%

通过对该样本调查，说明学生参与体育锻炼的动机存在一个误区，须形成正确的认识，才能更好地引导学生参与到锻炼中。

3.男女生参与课外体育锻炼的时间和频率

表2-11　学生每周参与课外体育锻炼频率和时间统计表（N=188）

锻炼的次数	偶尔	1～2	3～4	5以上	—
百分比	38.3%	40.7%	12.6%	8.4%	—
参加体育活动的时间	1′～15′	16′～30′	31′～60′	60′～90′	90′以上
百分比	20.5%	41.6%	17.8%	11.4%	8.8%
锻炼持续的时间段	上午	早晨	下午	晚间	—
百分比	9.7%	20.3%	58.4%	11.6%	—

通过被测学生每周参加课外锻炼的频数调查，清楚地表明学生参加体育锻炼的单次时间短，一周参加活动的次数少。这也是学生身体素质下降的主要因素。

4.影响新抚区中学生体育课教学质量的因素分析

参与体育锻炼被影响的学生有很多因素。有学生的主观原因，通常表现为对体育兴趣的削减、认识不清、没有养成体育习惯、体育技能缺乏、体质弱、担心受到伤害等方面；也有时间因素的原因，具体表现在学业负担重、学习压力大、个人生活习惯差。

表2-12 参加体育课兴趣被阻碍的原因设计表（N=188）

名称	条目及含义	N	百分比	排序
个体主观因素	觉得健康和锻炼没什么关系	91	48.40%	1
	因为我的运动能力差	45	23.94%	6
	因为我不知道如何锻炼身体	89	47.34%	2
	没有参加体育锻炼的习惯	82	43.62%	3
	因为缺少一起锻炼的同伴	69	36.70%	5
	不喜欢体育活动	76	40.43%	4
时间因素	学习任务繁重，抽不出时间参加体育锻炼	86	45.74%	1
	体育课常被文化课程占用	65	36.5%	4
	玩网络游戏或看节目占用了我课外时间	82	43.61%	2
	学校没有安排课外体育活动时间	78	42.02%	3
社会导向因素	因为没有体育单项奖，对我不构成激励作用	79	42.02%	3
	学校的多种奖励活动与体育成绩的关系不大	93	49.47%	1
	学校未对参加课外活动作硬性的规定	85	45.21%	2
	体育成绩在升学考试中所占分值小	57	30.32%	5
	学业紧张，家长不许我参加体育锻炼	72	38.30%	4

5.国家课程计划落实（开足开齐体育课）

表2-13 中学生对本校每周上体育课节数选择情况的统计（N=188）

	3节	2节	1节	经常停课	无体育课
频数	175	9	3	0	0
百分比	93.3%	5%	1.7%	0	0

鉴于种种原因，在开足开齐体育课方面，还是没能全部达标。

6.学生对上体育课的心情指数(体育课的吸引力)

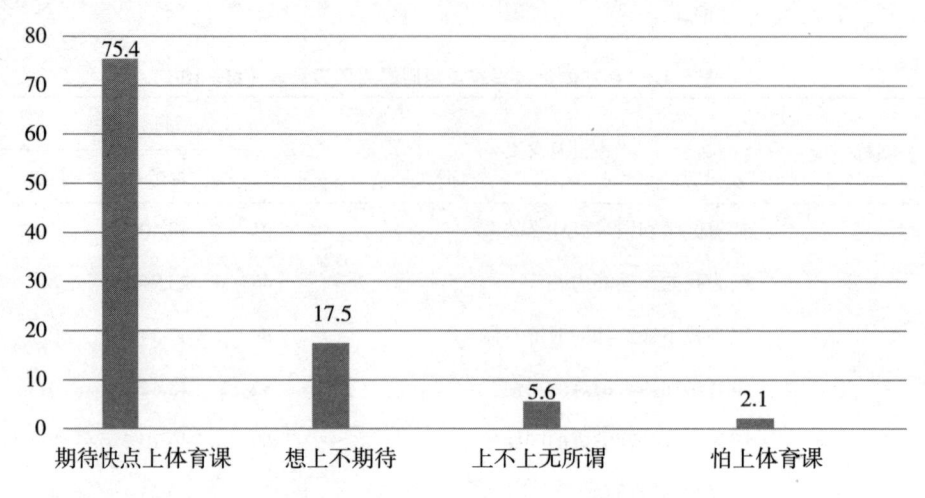

图2-9　学生对上体育课的心情指数

期待快点上体育课	想上不期待	上不上无所谓	怕上体育课
75.4	17.5	5.6	2.1

可见,大多数学生还是期待体育课的。

7.因天气等客观因素体育课被挤占

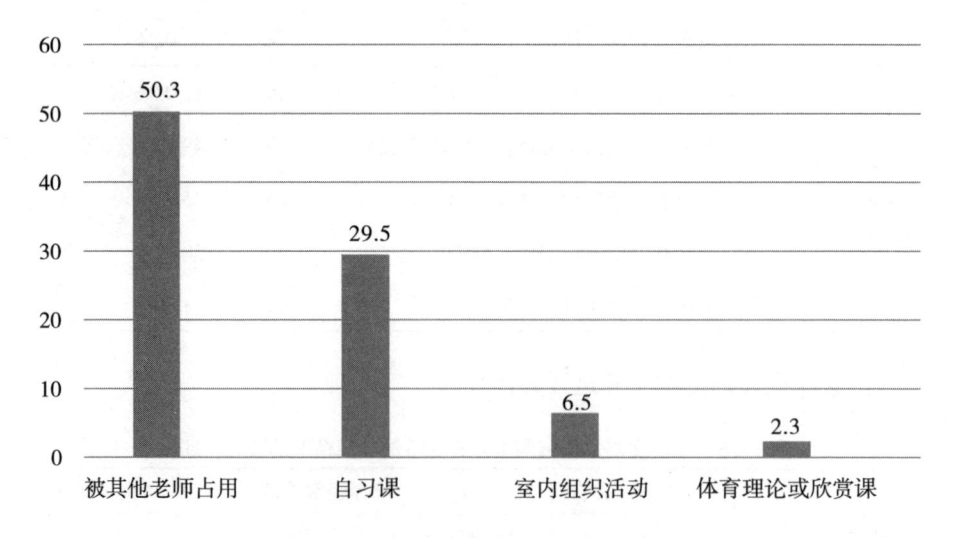

图2-10　因天气等客观因素体育课被挤占

被其他老师占用	自习课	室内组织活动	体育理论或欣赏课
50.3	29.5	6.5	2.3

可以看出,体育课被挤占的情况还是很突出。

（三）分析与结论

1. 严格落实国家课程计划，开足开齐体育课仍存有遗憾

调研数据反馈，中学阶段在落实课程计划方面还有瑕疵，93.3%的学生认为每周保证3课时；个别学校97.1%的学生反映学校仍实施2课时/周。

2. 学生对上体育课还是充满期待的

调研反馈学生对每周的体育课还是很期待的。然而，不容忽视的现象是有19.6%的学生虽然想上体育课但对体育课并不期盼，甚至有5.6%的学生认为上不上体育课无所谓。这些数据告诉我们，开足开齐体育课已不是最重要的事情，如何"开好体育课"将是体育教师和学校面临的最大挑战。

3. 体育课因客观因素被挤占仍是一个较突出的现象

在天气原因等客观因素导致体育课不能上的情况下，仍能组织学生活动的占6.5%，能够有效利用这个时间对学生进行体育基础理论知识讲解或进行体育欣赏课的仅占2.3%，而让给其他教师和变成自习课的占比高达50.3%和29.5%。有效利用风雨天，并通过多媒体技术对学生进行体育基础知识讲解（科学锻炼、运动损伤预防与自救、健身与营养以及体育比赛组织与欣赏等知识）是体育教师教学用书规定的内容，在执行过程中这一环节落实得并不理想。

4. 对学生体育锻炼行为状况的调查分析

分析得出，女生喜欢体育运动和对体育课感兴趣人数较少，男生稍多于女生，也不代表男生对体育运动和体育课感兴趣。且大多数学生不得不参加体育课的原因是因为体育加试对中考升学的影响，这必将导致学生参加课外体育锻炼的机会少、时间短，达不到青少年体育锻炼中科学锻炼的时间，进而导致身体素质下降，这是不容忽视的重要原因。

5. 体育课堂教学内容的随意性大

体育学科的系统性相对于语、数、外这样的学科比较弱，教师对教学内容把握不准确。从调研中可以看出，初中阶段的学生接触项目主要是受初中阶段体育考试政策的影响，包括实施的体育过程性考核。但不容忽视的一个现象是初中阶段体操教材和武术教材占比非常低，老师们担心安全问题，基本没上过此类课程，而体操教材具有独特的育人价值。这种因安全顾虑不敢在课堂上开展体操教学的后果是无法在以后弥补的。

调研还反馈出学生在初中阶段学习过的内容排序在前三项的，分别是田径类、基本体操类（队列）和民间传统体育项目类（跳绳）。这三大类项目从七年级到九年级内容保持基本一致，既有好处也会带来负面影响，即教学内容重复会让学生感到单调、乏味和枯燥，尤其在中学应试氛围的影响下，学生会失去进一步学习的兴趣和动力。同时，这三大类项目也说明其他技能类项目学习从项目种类到内容深度等方面的缺失，如体操、武术、健美操、球类等项目，相关素质和感觉培养缺失，影响终身体育习惯的养成。

6. 测试内容不全面，不足以体现全面监测体育教学质量的要求

《课标》中指出："体育与健康课程的教学质量和效果主要体现在学生体育与健康知识的掌握、运动技能的习得、体能的增强和学习行为的变化等方面。"而我们采用的测试只检验了学生体质健康状况这一块，而忽略了其运动技能的掌握程度，这是不科学的。

7. 测试的组织应优化

测试对象是由各校体育教师操作调取的，难免有个别教师没执行规定，抽调的是班级中运动成绩稍好的学生。今后，在测试方式的统一性和多样性相结合方面，还需要改进和完善。

8. 中学大课间活动内容总体而言缺少变化，表现形式相对单一

集中度最高的前五位选项是广播操、跑步、校园集体舞、跳绳和学校体育特色项目。由此可见，这些项目已成为基层学校大课间活动的常见锻炼内容。从调研中看，大课间活动内容和形式有一定程度上的更新，但更新率不高。

三、运用与反馈

结合新抚区教育的整体发展要求，徐海燕教研员积极摸索新抚区初中体育学科教学质量评价机制，并依据质量评价测试成绩，指导工作。

（一）明确坚持课堂教学发展学生体能与学习运动技能并重的教学思路，引领体育教育教学的健康发展

将测试的各种图表和成绩通过教研会和调研汇报之机进行反馈，这种针对

性很强的导向，让教师和学校领导以及教育局的相关领导了解了学校体育工作应该关注哪些、体育教学工作应该做好哪些，争取到学校领导的关注和关心，体育教师也就更有信心开展教学工作了。2019年全市体育加试中，新抚区六所中学的优秀率持续提升，其中育才中学九年级总人数215人，满分162人，满分率75.35%，位居全市第二。九年级三班满分率96.15%，这在全市实属少数。

各校由原来的从七年级到九年级就上体育加试项目（田径跑、跳、投），逐渐过渡到根据学校实际，开展特色教学。目前，区内十九中学、胜利中学的足球特色，五十中学的篮球特色的"一校一品"，二十二中学的跳绳、健美操、乒乓球校本特色，育才中学的以田径为龙头，篮足排为特色的"一校多品"结构已初步成型。

（二）以"将常规做到极致"为理念，更新教师的教学观念

一直以来，许多学校对体育教师的考评主要是看辅助学校做了哪些工作，辅导学生参加体育竞赛取得了哪些成绩，这种指导思想，造成了教师上课不认真，更多关注训练，关注学校管理工作。通过体育教学质量监测实施和反馈，学校领导和老师重新认识到体育教师的首要职责是教书育人，中心工作就是课堂教学，作为教研员在引领教学方面，要抓常规，并将常规做到极致，使教师深入到课堂教学的改革中，真正体现体育教师的价值和作用。

（三）提升认识，构建区域和"教会、勤练、常赛"学校体育教育模式

国家体育总局、教育部近期联合印发了《关于深化体教融合 促进青少年健康发展的意见》，强调了体育在培养青少年德、智、体、美、劳全面发展上的教育功能。通过"教会、勤练、常赛"三个环节，开展面向全体青少年的体育活动，进而达到育人的目的。

提高学生体质健康水平、运动技能水平，首先是要学生会，会才能去练，练了才能被激发。体育课要实现教的任务，教完后要通过校本课和大课间活动等途径去练和提高，还要有校园比赛和展示平台，以及区级以上的平台，体育课要把课内、课外与学校竞赛有机结合起来，共同实现"三位一体"的学校体育发展模式。在这种模式与理念支撑下，学校体育工作中的任何一个坏节都不

容忽视，都必须引起行政部门和学校领导的高度重视。

（四）重视学科培训，提升教师专业素养

1.教材培训，研究教法

《课标》指出，学校体育是终身体育的基础，运动兴趣和习惯是促进学生自主学习和终身坚持体育锻炼的前提，研究教学方法，可在教学中解决学生出现的问题，提高学生的学习兴趣，这方面对青年教师的帮助尤其有效。它有利于加强教学的针对性，不断提升教学的层次和水平，使教学走在发展的前面。

2.重视基本功的培训

要加强对学科老师的基本功培训活动，认真研究备课、微课、上课、评课、理论知识的掌握、专业技能的展示等。作为体育教师，还要经常组织比赛，让学生养成健身的好习惯，防止身体素质下滑。

正确优美的示范，能激发学生想学的欲望，是学生学会正确技术的保证，而体育教师更应该做规律运动的践行者。加强基本技能的培训迫在眉睫。

（五）提高体育课的运动量，发展学生体能与运动技能

要根据新抚区体育教学监测内容，制定出确实可行的本区初中体育学科教学量表，让教师可以根据量表所列内容上课，并开展相应测试。倡导教师引领学生以身体练习为主，规划有序的运动、有适宜的运动负荷，组织学生有组织、有目的地进行练习，加强课练环节，让学生锻炼身体。

（六）完善评价机制，提高评价的可行性

在实施体育课堂质量检测的过程中，一定要考虑除体能以外的如技能测评，或意志品质的测评，有了统一的标准会让体育教师们更好操作，也能让学生明明白白地学，仔仔细细地练，认认真真地考，为终身体育打下良好基础。

另外，学校也应通过体育课堂教学监测，对教学成果斐然的教师进行奖励，以激励教师在教学中投入更大的热情，更好地促进教师业务素养的提高，提高体育教学质量。

新抚区体育教学监测工作刚刚开展，为能达到检测、分析、反馈、改进、直到整体提高的目的，尚有很多需要提高和改进的方面，为了区域学校体育工作的持续发展，让我们共同努力！

乳山市中小学体育教学质量监测调研报告
（2020年）

一、调研概况

（一）体质健康监测的必要性

为了进一步贯彻落实国务院提出的深化教育改革、全面推进素质教育、促进我国基础教育的改革与发展的决定，同时能够在第一时间了解我市学校中小学生体质健康的发展趋势以及可能出现的新的健康问题，为学校的体育卫生工作提供科学的决策依据。2018年至2020年期间，乳山市教研中心以中小学体育素质抽测为依托，以课堂教学和成绩考核为抓手，将过程性评价和终结性评价相融合，不断探索创新，逐步提炼。针对先前市、校两级体育教学评价方案不健全带来的体育教师教学无成绩、业务考评差、"放羊式"教学及学生参与率低的问题，教研中心采取期中技能抽测与期末技能抽测相结合的形式，以《国家学生体质健康标准》中的评分标准为参考制定科学的考核标准，其最终目的是推动与配合全市中小学体质健康监测科学合理进行，加强全市中小学生体育运动参与，提高学生的身体机能水平与健康状况，使全市中小学素质教育能够得到深入开展。

（二）体质健康监测的开展

中小学体育素质抽测是全市素质教育工作的重要组成部分，也是《国家学生体质健康标准》在义务教育阶段学校层面的具体运用。通过中小学体育素质抽测可以充分贯彻落实第三次教育会议提出的体育教育要坚持"健康第一"的指导思想，促进学生积极参与锻炼行为，激发体育教师的课堂教学动力，增强学生身体素质，把学生培养为德、智、体、美全面发展的高素质人才。另外，通过中小学体育素质抽测也可以让学生充分了解自身体育与健康状况，并以此来监测个体的体质与健康状况的变化程度。同时，对于中小学生来说，体育素质抽测的开展也有利于增强学生的体育锻炼意识、培养良好的体育锻炼习惯，也能从一定程度上提升学生对于体育学科的重视。

（三）监测内容与评分标准

监测对象，采用随机抽样的方法抽取乳山市所有学校初中与小学各360名学生，男女比例适当。

监测的内容分为初中和小学两个层面。初中层面分别为形态指标（身高、体重、上臂部、腹部皮脂厚度、肩胛部）、素质指标（50米、跳绳、立定跳远、实心球）和技能指标（篮球、排球、足球、技巧）；小学层面分别为形态指标（身高、体重、上臂部、腹部皮脂厚度、肩胛部）、素质指标（50米、跳绳、立定跳远）和技能指标（篮球、足球、技巧）。

表2-14 体育健康监测指标一览表

类别	测试指标	仪器名称（型号）
形态	身高、体重、肩胛部、腹部皮脂厚度、上臂部	根据全国体质健康测试统一规定选择和使用检测器材
素质	初中：50米、跳绳、立定跳远、实心球 小学：50米、跳绳、立定跳远	
技能	初中：篮球、排球、足球、技巧 小学：篮球、足球、技巧	

说明：按照《国家学生体质健康标准》中的标准进行评价。

二、调研结果与分析

（一）学生身体素质现状

1.学生身体形态指标现状

表2-15 初中生身体形态指标统计表（N=360）

	男（2020） M±SD	与2019年 对比	女（2020） M±SD	与2019年 对比
身高（cm）	170.12±8.56	+3.11	163.72±8.28	+2.58
体重（kg）	64.13±13.26	+6.38	54.95±10.63	+3.81

表2-16　小学生身体形态指标统计表（N=360）

	男（2020）M±SD	与2019年对比	女（2020）M±SD	与2019年对比
身高（cm）	140.12±7.82	+2.98	145.36±7.28	+3.18
体重（kg）	31.12±9.28	+5.38	32.52±8.96	+4.76

表2-17　初中生身高标准体重指数指标评定表（N=360）

性别		BMI指数	肥胖	超重	正常	营养不良
男生	人数N1	21.22±7.58	24	43	94	19
	百分比		13.3%	23.9%	52.2%	10.6%
	与2019年对比		−1.5%	−1.2%	+3.6%	+1.1%
女生	人数N2	20.52±6.82	28	51	79	22
	百分比		15.6%	28.3%	43.9%	12.2%
	与2019年对比		−1.4%	−1.6%	+5.3%	+1.3%

表2-18　小学生身高标准体重指数指标评定表（N=360）

性别		BMI指数	肥胖	超重	正常	营养不良
男生	人数N1	15.82±6.13	21	45	90	24
	百分比		11.67%	25.0%	50.0%	13.3%
	与2019年对比		−1.3%	−1.1%	+3.8%	−1.2%
女生	人数N2	15.71±6.52	27	55	82	16
	百分比		15.0%	30.6%	45.6%	8.9%
	与2019年对比		−1.5%	−1.4%	−5.1%	−1.2%

从数据可以看出，本区域中学生已经进入快速发育期，是人体最为重要的生长高峰期，这一阶段人的身体各部位进入快速发育阶段。这种变化常常是在不经意间短时间内突然变化的。也说明学生学习压力过大、睡眠时间太少，明显影响了学生的身体形态的发展。

2.身体素质测试情况

表2-19 初中学生身体素质的测试结果

指标	男 M ± SD	2019年对比	女 M ± SD	2019年对比
立定跳远（cm）	203.13 ± 20.42	+1.3	175.30 ± 21.32	−1.2
跳绳（次）	151 ± 21.15	+8.2	145 ± 13.59	+3.5
50米（s）	7.5 ± 1.85	−1.1	8.5 ± 1.26	+1.7
实心球（m）	8.52 ± 2.65	+1.4	6.59 ± 3.25	−1.6

表2-20 小学学生身体素质的测试结果

指标	男 M ± SD	2019年对比	女 M ± SD	2019年对比
立定跳远（cm）	153.36 ± 19.62	+2.9	139.41 ± 22.32	+1.3
跳绳（次）	148 ± 15.36	+5.2	151 ± 14.21	+2.6
50米（s）	11.98 ± 1.95	−1.2	12.12 ± 1.51	+1.1

以上数据可以说明，我市初中学生男生身体素质情况较以往水平有所提升，但提升幅度较小；我市初中女生身体素质情况总体来说较以往水平有所提高，但个别项目水平有所下滑，比如与2019年比较，女生实心球平均水平下滑1.6m，立定跳远较2019年水平有所下滑，平均下滑1.2cm。

（二）学生技能水平现状

学生技能的测试情况采取专家打分技评的形式进行。为确保考核的公平、公正性，我们提前从高中遴选优秀体育骨干教师组成评委库，并在考核当天从评委库中随机抽取评委，最大限度地避免了关系考核、人情考核。评分标准从1~10分技评打分，去掉最高、最低分后取专家打分平均分。

表2-21 初中生技能测试结果

指标	男 M ± SD	2019年对比	女 M ± SD	2019年对比
篮球	8.1 ± 1.3	+1.2分	7.6 ± 1.1	−0.6分
排球	7.9 ± 1.1	+0.5分	8.1 ± 0.8	+1.1分
足球	8.2 ± 1.2	+1.3分	7.9 ± 1.5	+1.2分
技巧	6.9 ± 2.1	−1.2分	7.1 ± 1.3	−1.2分

表2-22　小学生技能测试结果

指标	男 M ± SD	2019年对比	女 M ± SD	2019年对比
篮球	7.8 ± 1.6	+1.5分	7.9 ± 1.2	+1.4分
足球	7.5 ± 1.7	+1.6分	7.3 ± 1.8	+1.6分
技巧	8.2 ± 1.2	+1.5分	8.1 ± 1.1	+1.3分

从以上数据可以看出，初中生技能测试结果总体技能掌握情况要好于2019年，但个别项目存在倒退情况，比如初中女生篮球的平均分较2019年降低0.6分；初中技巧方面整体情况有所下滑，可能与教师技巧授课水平或者不重视有关。小学整体技能水平都呈现上升趋势。

（三）乳山市中小学生体育锻炼行为的现状

1.学生对体育锻炼的喜好表现

表2-23　初中生对参与体育锻炼的喜欢程度情况统计表（N=360）

	男 N	%	女 N	%	总数 N	%
很喜欢	82	45.6%	78	43.3%	160	44.4%
较喜欢	75	41.7%	74	41.7%	149	41.4%
一般	12	6.6%	14	7.8%	26	7.2%
较不喜欢	8	4.4%	9	5.0%	17	4.7%
很不喜欢	3	1.6%	5	2.8%	8	2.2%

表2-24　小学生对参与体育锻炼的喜欢程度情况统计表（N=360）

	男 N	%	女 N	%	总数 N	%
很喜欢	91	50.6%	89	49.4%	180	50.0%
较喜欢	78	43.3%	77	42.8%	155	43.1%
一般	8	4.4%	7	3.9%	15	4.2%
较不喜欢	2	1.1%	5	2.8%	7	1.9%
很不喜欢	1	0.6%	2	1.1%	3	0.8%

调查显示，体育运动被绝大多数学生所喜爱，特别是男生投入到体育运动

活动中的人数明显多于女生，参与运动的热情也高于女生。同时，小学生的体育热情也要高于初中生，这可能与初中生的学业压力较大有关。

2.学生参与体育课动机

表2-25　初中生参与体育锻炼的出发点表现统计表（N=360）

	男		女		总数	
	N	%	N	%	N	%
锻炼身体，增强体质	11	6.1%	7	3.9%	18	5.0%
减轻学习压力	15	8.3%	11	6.1%	26	7.2%
与同学一起玩	23	12.8%	39	21.7%	62	17.2%
体育考试或达标	82	45.6%	95	52.8%	177	49.2%
学习运动技能	10	5.6%	8	4.4%	18	5.0%
课程要求，不得不上	39	21.7%	20	11.1%	59	16.4%

表2-26　小学生参与体育锻炼的出发点表现统计表（N=360）

	男		女		总数	
	N	%	N	%	N	%
锻炼身体，增强体质	23	12.8%	17	9.4%	40	11.1%
减轻学习压力	39	21.7%	25	13.9%	64	17.8%
与同学一起玩	82	45.6%	86	47.8%	168	46.7%
体育考试或达标	20	11.1%	18	10.0%	38	10.6%
学习运动技能	11	6.1%	18	10.0%	29	8.1%
课程要求，不得不上	5	2.8%	16	8.9%	21	5.8%

通过对该样本调查，说明学生参与体育锻炼的动机存在一个误区，初中生体育锻炼动机大部分是为了体育考试和达标，而小学生体育锻炼动机大部分是与同学一起玩。

3.男女生参与课外体育锻炼的时间和频率

表2-27　初中生每周参与课外体育锻炼的频率和时间统计表（N=360）

锻炼的次数	偶尔	1~2	3~4	5次以上	—
百分比（%）	38.3	40.7	12.6	8.4	—
参加体育活动的时间（分钟）	1~15	16~30	31~60	60~90	90以上

续表

锻炼的次数	偶尔	1~2	3~4	5次以上	—
百分比（%）	20.5	41.6	17.8	11.4	8.8
锻炼持续的时间段	上午	早晨	下午	晚间	—
百分比（%）	9.7	20.3	58.4	11.6	—

表2-28　小学生每周参与课外体育锻炼的频率和时间统计表（N=360）

锻炼的次数	偶尔	1~2	3~4	5次以上	—
百分比（%）	25.3	45.6	23.2	5.9	—
参加体育活动的时间（分钟）	1~15	16~30	31~60	60~90	90以上
百分比（%）	16.5	43.5	18.4	16.8	4.8
锻炼持续的时间段	上午	早晨	下午	晚间	—
百分比（%）	8.6	18.3	58.4	14.7	—

通过被测学生每周参加课外锻炼的频数调查，清楚地表明学生参加体育锻炼的单次时间短，一周参加活动的次数少。中小学生偶尔和每周1—2次参加体育锻炼比重较大，并且大部分时间是下午锻炼较多。

4.影响乳山市中小学生体育体质健康水平的因素分析

表2-29　参加体育课兴趣被阻碍的原因设计表（N=720）

名称	条目及含义	N	百分比	排序
个体主观因素	觉得健康和锻炼没什么关系	348	48.40%	1
	因为我的运动能力差	172	23.94%	6
	因为我不知道如何锻炼身体	341	47.34%	2
	没有参加体育锻炼的习惯	314	43.62%	3
	因为缺少一起锻炼的同伴	264	36.70%	5
	不喜欢体育活动	291	40.43%	4
时间因素	学习任务繁重，抽不出时间参加体育锻炼	329	45.74%	1
	体育课常被文化课程占用	363	36.5%	4
	玩网络游戏或看节目占用了我的课外时间	314	43.61%	2
	学校没有安排课外体育活动时间	303	42.02%	3

续表

名称	条目及含义	N	百分比	排序
社会导向因素	因为没有体育单项奖，对我不构成激励作用	303	42.02%	3
	学校的多种奖励活动与体育成绩的关系不大	356	49.47%	1
	学校未对参加课外活动作硬性的规定	326	45.21%	2
	体育成绩在升学考试中所占分值小	218	30.32%	5
	学业紧张，家长不许我参加体育锻炼	276	38.30%	4

影响乳山市中小学生体育体质健康水平的因素较多。有学生的主观原因，通常表现为对体育兴趣的削减、认识不清、没有养成体育习惯、体育技能缺乏、体质弱，担心受到伤害等方面；也有时间因素的原因，具体表现在学业负担重、学习压力大、个人生活习惯差。

（三）具体实施方法

1.期中技能抽测突出过程考核，确保常态长效

"期中技能抽测"既是教研中心评价教师教学效果的有效手段，也是一种过程性抽查督导形式，能够以"上发条""紧链子"的方式，推动学校、体育教师组织好各类室外活动，让学生主动、积极参与各类运动，提高身心健康水平。在抽测中较好地坚持了科学、严实、公正原则，具体做法有以下六项。

第一项：确定考核项目。考核项目的确定，实际是引导教师在教学中要在哪个方面用力的问题，是"风向标"，主要是以课程标准、教材内容和《国家学生体质健康标准》为依据。例如，本学年初中从50米跑、立定跳远、双手前抛实心球、1分钟跳绳、技巧五项中随机抽取两项进行测试；小学从50米跑、立定跳远、一、二年级投沙包，三至五年级掷实心球、1分钟跳绳、技巧五项中随机抽取两项进行测试。这些考查项目较全面地兼顾了学生的基本素质和基本技能。另外，初中还与中考体育项目接轨，能够全面反映教师的教学情况和学生的学习效果。

第二项：制定考核标准。考核标准的制定主要参考《国家学生体质健康标准》中的评分标准；技巧项目召集骨干教师结合我市教学实际水平共同进行研究制定，较为科学。

第三项：组织考核评委。为确保考核的公平、公正性，我们提前从高中遴选优秀体育骨干教师，组成评委库，并在考核当天从评委库中随机抽取评委，最大限度地避免了关系考核、人情考核。

第四项：安排异校监督员。监督员的职责是监督评委在考核过程中是否按规定程序公正、公平的操作，并在考核结束时对评委做出客观的评议，评议结果由带队领导带回教研中心。

第五项：严格组织考核。召开初中、小学教导主任会议，严密布置测试事宜，抽签确定测试项目根据配档组织评委按照考核流程进行严格考核。一是按程序确定测试学生：由测评小组组织评委按照网上下发名单抽取参加测试的学生。二是按规范程序进行测试：首先，要求学校在测试前一天必须科学、合理地设置测试区，测试区须画上整齐的标线、安放标志牌并对外封闭；测试时只允许参加测试的学生、评委、监督员进入，其他人员不得进入。其次，根据抽取的学生对照上报的花名册和学籍卡逐一核对学生的身份，核对无误后，评委严格按照测试方法进行，全市统一标准，统一尺度。最后，测试结束时由评委认真记录学生测试成绩，由教师核对无误后签字，并交评委、监督员确认签字。

第六项，进行赋分排名。组织评委对测试结果进行算分，并根据分数全市排队按照考评细则分三档，给单位进行赋分，并列入单位的综合督导评估考核中。

期中技能抽测不仅能提高学校、教师的重视程度，调动教师上课的积极性，而且能有力地促使教师在课堂教学中想尽办法、用尽心思去调动学生参与练习的积极性。

2.期末技能抽测突出全面考核，抬升整体水平

期末技能抽测与期中技能抽测基本相同，但期末抽测能够更加全面评价教师教学效果，主要体现在"三个更加"上：一是项目设置上更加丰富，比期中抽测增加一些项目，突出了终结性评价的全面性。二是项目抽取更加科学，设置了必测项目和选测项目，让学生特长得到充分展示（如50米必选，1分钟跳绳、立定跳远、双手头上前抛实心球为选测，学生可根据自身特点选择一项

适合自己的项目参加测试。篮球、排球、足球由测评小组临时抽项进行测试）。三是抽取的项目更多，更能客观反映出学生的学习水平和掌握情况，使学校更加注重社团和兴趣小组建设，使学生全面发展，并有特长。

以上考核结束后，教学研究中心根据《音体美学科教学工作指导意见》分档给全市各学校赋分。各学校再根据教研中心的考核结果对本校任课教师的教学成绩进行考核，规定对考核第一的教师在教师节时进行政府表彰。

（四）分析与结论

2018年至2020年期间，乳山市教研中心共对全市18所初中与19所小学的学生身体素质进行抽测，抽测范围主要以素质和技能两大方面进行考核。根据学生的身体发育情况差异和体育教学进度的不同，素质抽测与技巧考核在不同年级的考量方法上也存在一定的差异。例如，2020学年初中从50米跑、立定跳远、双手前抛实心球、技巧、1分钟跳绳五项中随机抽取两项进行测试；小学从50米跑、立定跳远，一至二年级投沙包，三至五年级掷实心球、1分钟跳绳、技巧五项中随机抽取两项进行测试。同时，由于市直学校与乡镇学校的生源以及师资力量存在一定差异，我们将抽测组别分为市直学校组与乡镇组进行排名。以下是我市近三年的体育素质抽测的主要情况与存在的问题。

第一，在校学生身体素质较以往水平有所提高。通过中小学体育素质抽测的大力开展，体育教研员牵头各学校教导主任、体育组长，加强对学校体育工作开展管理与监督，规范一线体育教师的体育课堂教学行为，使得每一节体育课能够上好、上足，同时，体育素质抽测的开展关乎每一名体育教师的教学成绩，更有利于激发与调动教师的授课动机，使教师在学生体育锻炼中充分起到引领与带动作用。

第二，各学校内部学生之间身体素质水平仍存在一定差距。通过三年体育素质抽测数据分析发现，通过随机抽样抽测到的班级学生身体素质水平仍然存在一定的差异，其中小学阶段以50米跑、跳绳项目差距明显，初中阶段以立定跳远和前抛实心球项目差距明显。抽测到的学生中成绩好的接近满分，成绩差的同学也就勉强及格。由此可见，在各学校内部的学生之间仍然存在一定差别。

第三，不同学校之间学生身体素质水平存在较大差异。通过数据统计分析发现，不同学校之间的体育抽测成绩分数差异较为明显，就2018—2019学年度体育学科素质抽测考核成绩分析结果可以发现，乡镇初中学校体育抽测成绩分数最高的学校是海阳所镇中心学校，体能项目得分90.94分、技能项目得分80.84分、平均87.41分，而体育抽测成绩排在末尾的乡镇学校是大孤山镇中心学校，体能项目得分76.75分、技能项目得分72.00分、平均74.38分。由此可见，不同学校体育抽测成绩差距较为明显，这可能与生源和教师的重视程度都存在一定的关系。

第四，市直学校与乡镇学校学生身体素质差距明显减小。通过三年的体育抽测成绩发现，较以往乡镇学校与市直学校的学生身体素质差异而言，乡镇与市直的学校学生身体素质情况差距正在逐渐减小，有些乡镇学校的体育抽测水平甚至已经超过市直学校，2019—2020学年度体育学科素质抽测考核成绩分析结果可以发现，乡镇初中抽测水平排第一位的下初镇中心学校素质项目得分100分、技能得分89.25分、平均94.63分，已经超越市直府前路学校的89.04分。由此可见，通过每年体育素质抽测的监测与推动以及各学校近年来对体育成绩的重视，乡镇学校学生的身体素质相比较之前显然已经产生较大的提升，正在逐渐拉开与市直学校的差距。

第五，学生的技能掌握水平较以往有较大的提高。抽测项目技能方面设置的主要目的是使学生在体育课程的学习过程中掌握一项或者多项体育技能，比如篮球、足球、排球、技巧等，而体育素质抽测的技能方面就是随机抽取一项技能中的一个技术动作进行展示，比如篮球的行进间低手上篮等。通过近三年技能抽测的数据分析发现，大部分学生已经可以掌握学习的运动技能，并且动作示范或者实际操作的标准水平得到明显的提升。因此，体育素质抽测对于学生运动技能的掌握是有一定促进作用的。

第六，学生的肥胖问题得到了一定的改善，但形势依然严峻。近年来，随着生活水平的逐渐提升，学生的肥胖问题日益严重，越来越多的学生体重超标，产生"不爱动""跑不动"和"跳不动"的情况。体育素质抽测的主要目的就是响应国家素质教育的号召，增强学生的体质，减少肥胖学生的出现。通过近三年体育素质抽测可以看出,学生的身体形态明显发生改善,肥胖学生正在逐渐变少,但是每个班级仍存在体重严重超标的学生。因此,今后的素质抽测项目与内容的设置将更加倾向于速度、弹跳与灵敏类的项目,尽可能改善当前存在的肥胖问题。

三、运用与反馈

体育的基本特性是运动,只有运动起来体育才有活力,才能达到强身健体的目的。因此,体育教学必须重视学生的运动参与,让学生会运动、爱运动,并在合理、有趣的运动中体验获得感和成就感。针对三年来体育素质抽测过程中呈现出的现状与存在的一些问题,应该以问题为导向,从以下几个方面重点着手:

第一,加强素质宣传教育,提高学生的体育锻炼参与动机。教育部门以及学校领导层面应该加强素质教育理念的宣传工作,尤其是学生的身体健康教育更应该排在首位。学生通过长期宣传教育的渲染能够更多地了解体育锻炼行为对身体健康带来的诸多益处,只有学生的锻炼内部动机得到提升,学生才会自主、自发地参与到体育锻炼中去。

第二,科学合理地设置测试项目与抽测内容。在今后的素质抽测项目内容的安排上,应当成立专家组针对往年不同年级阶段的学生在哪方面体育项目测试中存在短板,这学期的体育抽测项目应该重点进行考察,比如上学期抽测八年级素质中心肺耐力方面的学生明显存在水平不足,则下学期的测试项目就应该重点进行考核。

第三,加强各学校体育课堂实施效果的监测。当前,学生身体素质训练的主要途径就是体育课,体育课开展的好坏将直接关系到学生的身体素质情况。今后,教研中心将实行推门听课制度,以有利于提高教师的重视程度,使教师想方设法调动学生运动参与的积极性,丰富体育教学思路和措施。全市"推门听课"活动结束后,教研员根据量化分数对各学校进行排名,结果列入年终督导评估考核。

第四,关注学生终身体育意识的养成。基层教学在立足学校实际的基础上，除了要关注区域性运动项目的发展，更要根据学生的运动兴趣，侧重学生感兴趣的运动项目教学，注重培养学生终身体育锻炼的意识。今后抽测项目的选考项目的设置要更关注那些适宜长期体育锻炼的项目，如篮球、排球、足球、羽毛球、乒乓球、中长跑、健身操等。体育素质抽测就是为了促进体育教学，遏制学生身体素质水平下降的情况，所以更应该关注学生身体素质的后续发展，培养终身体育的意识。

关于中小学体育教学质量监测指标体系的调查（2020年）

为了构建中小学体育教学质量监测指标体系，我们研制了专家调查问卷，采用德尔菲法进行研究。问卷经过效度检验，内容效度、结构效度平均分在4.35以上，问卷效度较高。问卷经过"再测信度"进行信度检验。两次测量结果间的相关性分析，得出斯皮尔曼相关系数均在0.840以上，问卷信度较高。通过微信、QQ等联系了部分高校体育学科专家、中小学体育教研员、中小学体育特级教师、体育学科正高级教师、各级体育名师等以"问卷星"的方式发放问卷。截至2020年12月6日，共有204名各级专家、教师参与调查。具体情况如下：

一、被调查者的基本情况

被调查者来自全国25个省市自治区，其中77%以上来自一线中小学体育教师，另有教研部门的教研员、高校的教授及科研院所的专家，并且96%以上的被调查者具有大学本科以上学历。另外，被调查者中73%的人员根据实践经验对监测指标进行判断，83%以上的被调查人员认为熟悉中小学体育教学质量检测指标。因此，该调查能比较概括地反映出全国中小学体育教学质量监测所需调查的情况。

具体调查情况如下：

1.被调查者所在单位情况

被调查人员来自小学63人，占比30.88%；中学97人，占比47.55%；高校16人，占比7.84%；科研院所3人，占比1.47%；教学研究部门19人，占比9.31%，其他单位6人，占比2.94%，如图2-10。

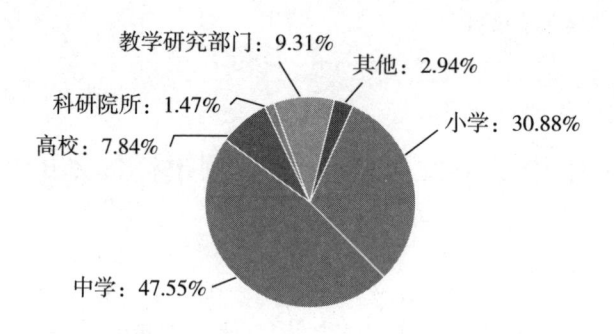

图2-10 被调查者所在单位情况

2.被调查者所在省市情况

204名被调查者来自全国25个省市自治区，其中山东省83人、浙江省28人、江苏省19人、安徽省13人，如图2-11。

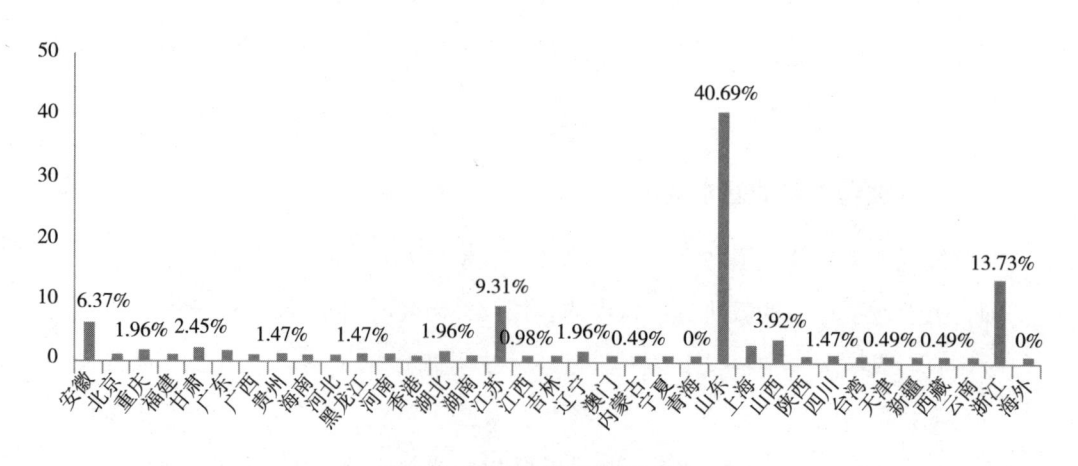

图2-11 被调查者所在省市情况

3.被调查者的身份情况

被调查者中教师159人，占比77.94%；教研员26人，占比12.75%；校长（院长）14人，占比6.86%；其他5人，占比2.45%，如图2-12。

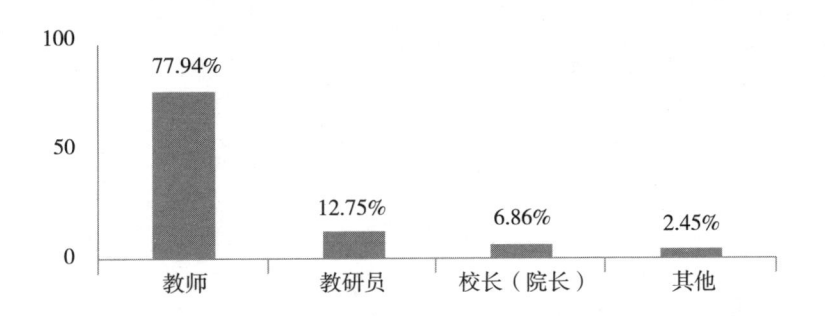

图2-12　被调查者身份情况

4.被调查者学历情况

被调查者学历是本科的147人，占比72.06%；硕士研究生43人，占比21.08%；博士研究生7人，占比3.43%，专科7人，占比3.43%，如图2-13。

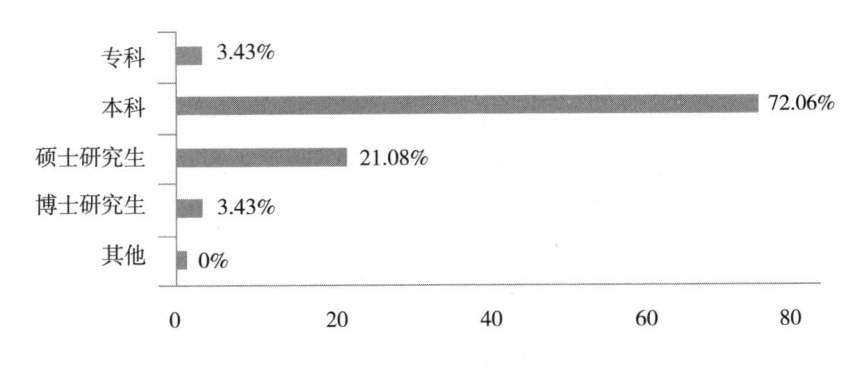

图2-13　被调查者学历情况

5.被调查者对本评价指标体系中的指标判断依据主要来源情况

被调查者对本评价指标体系中的指标判断依据主要来源于实践经验的150人，占比73.53%；主要来源于理论分析的41人，占比20.1%；主要来源于同行了解的8人，占比3.92%；主要来源于直观选择的5人，占比2.45%，如图2-14。

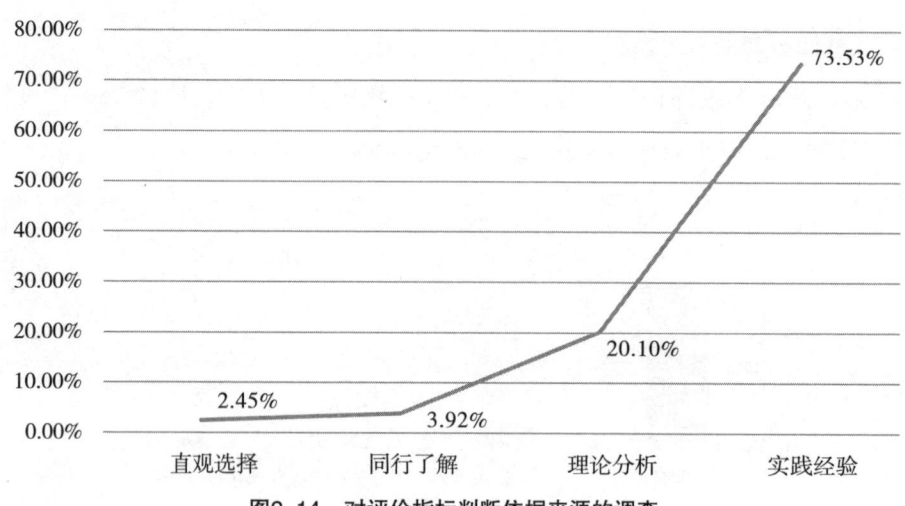

图2-14 对评价指标判断依据来源的调查

6.被调查者对中小学体育教学质量评价领域熟悉程度的情况

被调查者中46人认为非常熟悉，占比22.55%；86人认为比较熟悉，占比42.16%；39人认为熟悉，占比19.12%；32人不太熟悉，占比15.69%；1人认为很不熟悉，占比0.49%，如图2-15。

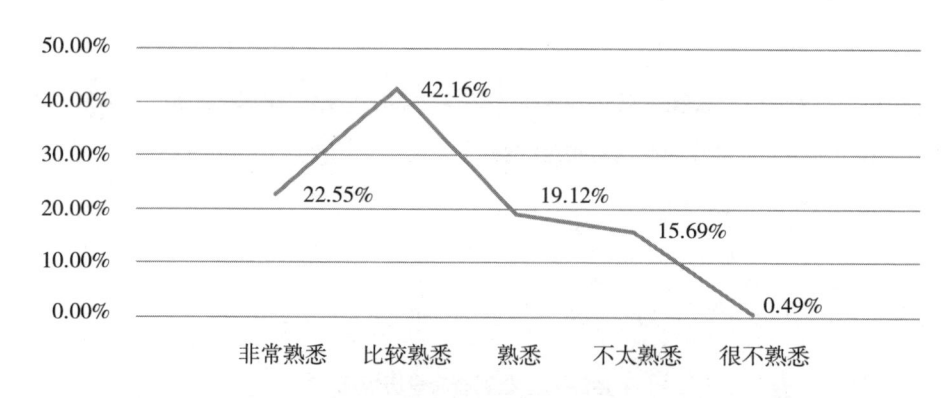

图2-15 对中小学体育教学质量评价领域熟悉程度的情况

二、被调查者对体育教学质量评价相关概念的认知情况

调查显示，84%以上的被调查人员能区分"体育教学评价"和"体育教学质量评价"；71%以上的被调查人员认同"体育教学质量是学生体育学习效果的

集中体现";69%以上的被调查人员认同"体育教学质量评价最终指向学生运动技能与体能变化的评价",说明被调查者对本评价体系的相关概念和评价的指向的认同度较高。

(一)对体育教学评价和体育教学质量评价二者关系的调查情况

被调查者认为体育教学评价和体育教学质量评价二者关系是一回事的28人,占比13.73%;认为不是一回事的172人,占比84.31%;不清楚二者的关系的4人,占比1.96%,如图2-16。

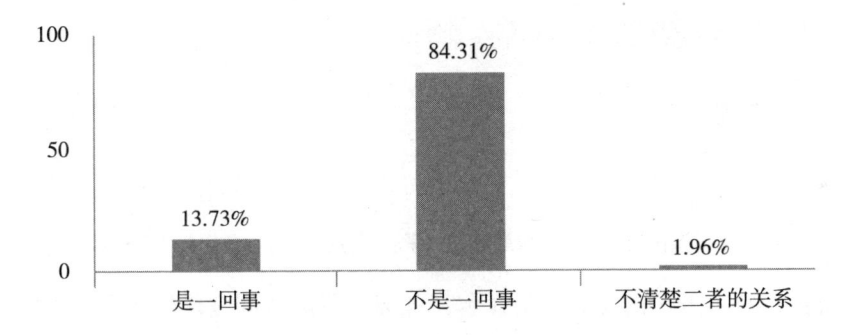

图2-16 对教学评价与质量评价关系的调查

(二)对体育教学质量是学生体育学习效果的集中体现的说法认同度的调查情况

被调查者中对体育教学质量是学生体育学习效果的集中体现的说法145人认同,占比71.08%;56人不认同,占比27.45%;3人表示不清楚,占比1.47%,如图2-17。

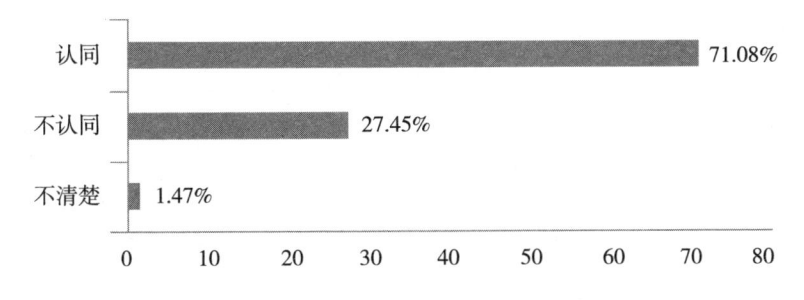

图2-17 体育教学质量是学生体育学习效果的集中体现的说法认同度调查

（三）对体育教学质量评价最终指向学生运动技能与体能变化的评价的调查情况

被调查者对体育教学质量评价最终指向学生运动技能与体能变化的评价142人认同，占比69.61%；59人不认同，占比28.92%；3人表示不清楚，占比1.47%，如图2-18。

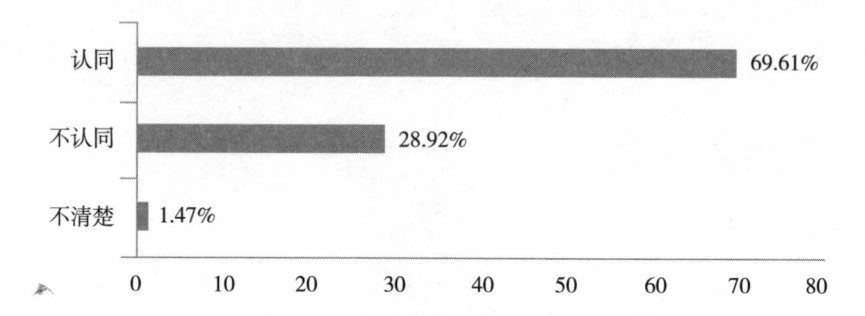

图2-18 体育教学质量评价最终指向学生运动技能与体能变化的评价调查

对被调查者身份的交叉分析显示，各类身份的认同度比较一致。教师、教研员、校长（院长）认同度分别达到71%、65%、71%，如图2-19。不同工作单位的被调查者的交叉分析也同样显示出其认同度的一致性，小学、中学、高校、科研院所、教学研究部门、其他单位的被调查者的认同度分别是：73%、72%、50%、67%、58%、83%，如图2-20。

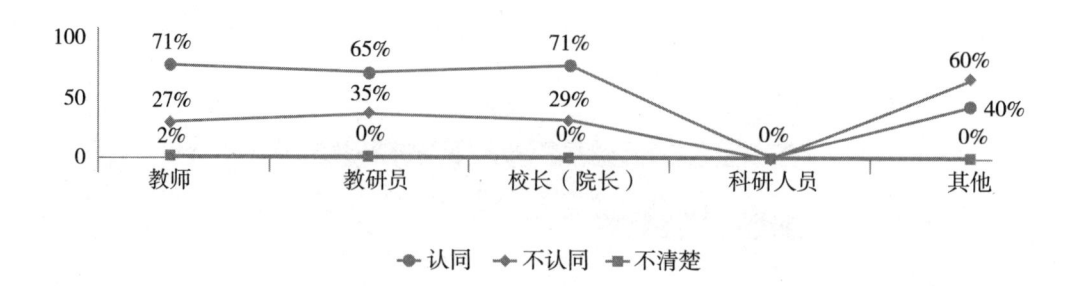

图2-19 不同身份被调查者对指向运动技能与体能变化的评价认同度的交叉分析

```
100                                                                              83%
         73%        72%
                                50%                          58%
 50      24%        27%                      33%             42%
          3%         1%         0%           0%              0%         17%
  0                                                                      0%
         小学       中学       高校       科研院所    教学研究部门    其他

              ● 认同    ◆ 不认同    ■ 不清楚
```

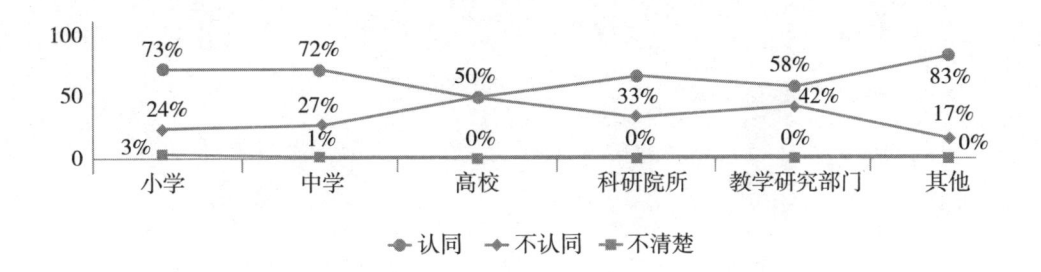

图2-20　不同工作单位被调查者对指向运动技能与体能变化的评价认同度的交叉分析

三、被调查者对体育教学质量评价体系各指标的意向

调查显示，被调查者对中小学体育教学质量监测指标体系的一级指标（运动能力、运动素质）、二级指标（运动能力：低策略运动能力、高策略运动能力；运动素质：力量素质、速度素质、耐力素质、柔韧素质、灵敏素质）、三级指标（体操、武术、球类；立定跳远、垒球、实心球掷远、握力、1分钟仰卧起坐、男生引体向上、50米跑、100米跑、50米×8往返跑、男生1000米跑、女生800米跑、坐位体前屈、1分钟跳绳等）的认可度较高。

（一）被调查者对一级指标的意向情况

91%以上的被调查者认为一级指标运动能力很重要，92%以上的调查者认为一级指标运动素质指标很重要。说明被调查者对一级指标的认可度非常高。

对一级指标是否需要增加指标的调查结果显示，被调查者中有16人（占比7.84%）建议增加健康行为、运动参与、心理健康、体育品德等非运动指标，但因其可观测性的原因，暂不考虑纳入。具体情况如下：

1.对中小学体育教学质量监测一级指标——运动能力指标重要性的认识

被调查者中115人认为非常重要，占比56.37%，72人认为很重要，占比35.29%；14人认为一般重要，占比6.86%；2人认为不太重要，占比0.98%；1人认为非常不重要，占比0.49%，如图2-21。

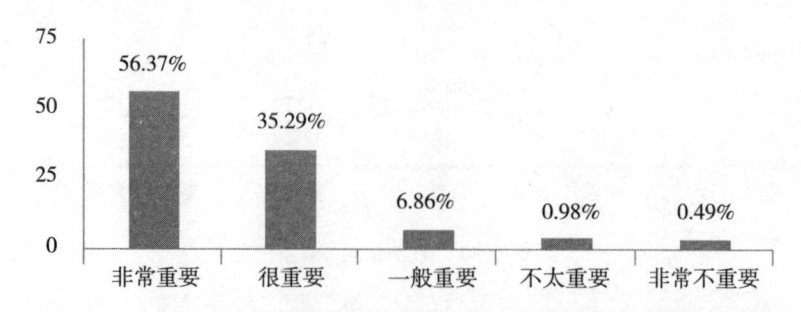

图2-21　对中小学体育教学质量监测一级指标——运动能力重要性的认识

2.对中小学体育教学质量监测一级指标——运动素质指标重要性的认识

被调查者中133人认为非常重要，占比65.2%；56人认为很重要，占比27.45%；13人认为一般重要，占比6.37%；认为不太重要和非常不重要的各有1人，各占0.49%，如图2-22。

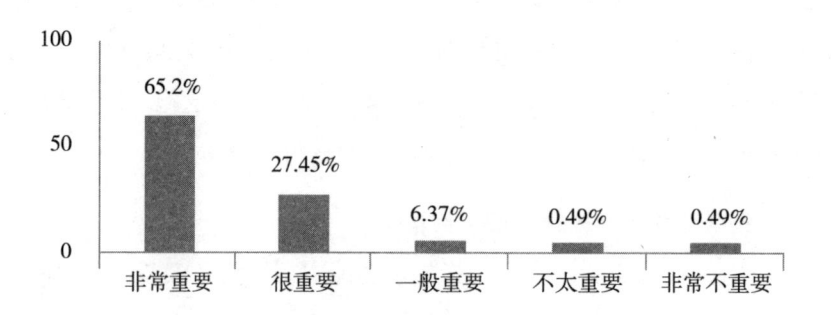

图2-22　对中小学体育教学质量监测一级指标——运动素质重要性的认识

（二）被调查者对二级指标的意向情况

对二级指标的调查结果显示：73%以上的被调查者认为二级指标低策略运动能力很重要；80%以上的被调查者认为二级指标高策略运动能力很重要；84%以上的被调查者认为二级指标力量素质很重要；84%以上的被调查者认为二级指标速度素质很重要；88%以上的被调查者认为二级指标耐力素质很重要；80%以上的被调查者认为二级指标柔韧素质很重要；86%以上的被调查者认为二级指标灵敏素质很重要。整体上看，被调查者认为运动素质层面指标的重要性高于运动能力层面的指标。而运动素质层面按被调查者的认可程度依次为：

耐力、灵敏、力量和速度、柔韧。说明被调查者普遍认为应该重视学生心肺功能的锻炼和在复杂条件下随机应变，迅速、准确、协调地改变身体运动能力的提高。

对二级指标是否需要增加指标的调查结果显示，被调查者中有8人（占比3.92%）建议增加：生存自救、合作运动能力、运动期望、运动方法等指标。因其可观测性的操作性的原因，暂不考虑纳入。具体情况如下：

1.对中小学体育教学质量监测二级指标——运动能力——低策略运动能力（指的是运动技能操作成功的重要因素是动作本身的质量，主要要求操作者怎么做，对该做什么动作的知觉和决策要求比较低，如，举重、游泳、体操等）指标重要性的认识

被调查者中63人认为非常重要，占比30.88%；86人认为很重要，占比42.16%；50人认为一般重要，占比24.51%；5人认为不太重要，占比2.45%，如图2-23。

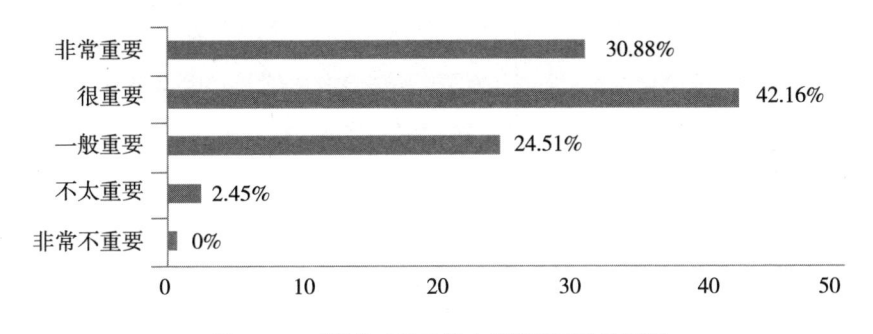

重要程度	占比
非常重要	30.88%
很重要	42.16%
一般重要	24.51%
不太重要	2.45%
非常不重要	0%

图2-23 对低策略运动能力指标重要性的认识

2.对中小学体育教学质量监测二级指标——运动能力——高策略运动能力（指的是运动技能操作成功的重要因素是决策在什么情况下做什么动作，例如羽毛球比赛中，杀球、勾球、放球等基本动作是每个羽毛球运动员都掌握的，要知道在什么情况下使用什么动作才是比赛取胜的关键）指标重要性的认识

被调查者中96人认为非常重要，占比47.06%；68人认为很重要，占比33.33%；36人认为一般重要，占比17.65%；3人认为不太重要，占比1.47%；1人认为非常不重要，占比0.49%，如图2-24。

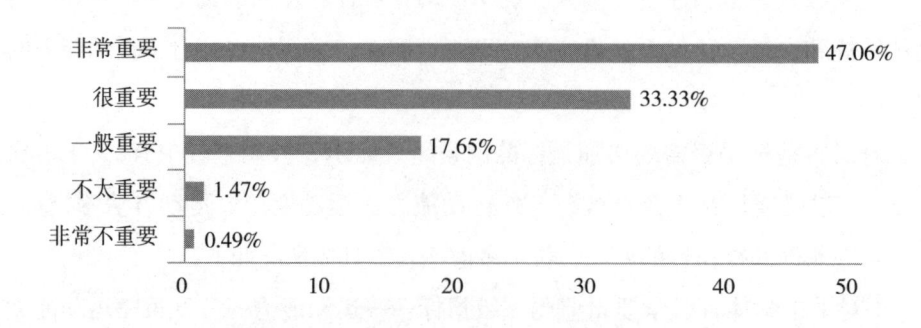

```
非常重要  ▇▇▇▇▇▇▇▇▇▇▇▇▇▇▇ 47.06%
很重要    ▇▇▇▇▇▇▇▇▇▇▇ 33.33%
一般重要  ▇▇▇▇▇▇ 17.65%
不太重要  ▏1.47%
非常不重要 ▏0.49%
         0   10   20   30   40   50
```

图2-24　对高策略运动能力指标重要性的认识

3.对中小学体育教学质量监测二级指标——运动素质——力量素质指标重要性的认识

被调查者中100人认为非常重要，占比49.02%；73人认为很重要，占比35.78%；28人认为一般重要，占比13.73%；1人认为不太重要，占比0.49%；2人认为非常不重要，占比0.98%，如图2-25。

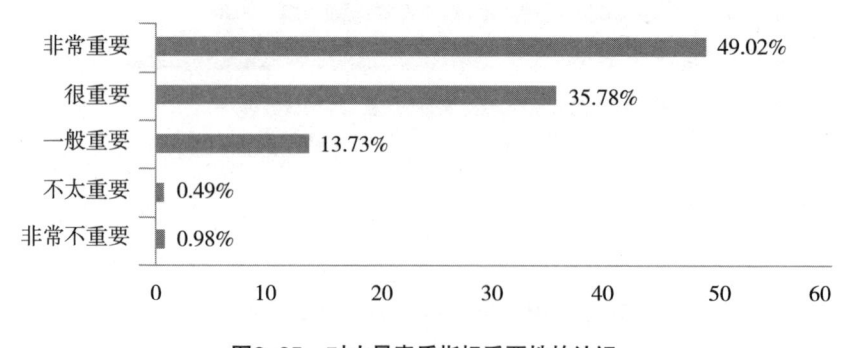

```
非常重要  ▇▇▇▇▇▇▇▇▇▇▇▇▇▇ 49.02%
很重要    ▇▇▇▇▇▇▇▇▇▇▇ 35.78%
一般重要  ▇▇▇▇ 13.73%
不太重要  ▏0.49%
非常不重要 ▏0.98%
         0   10   20   30   40   50   60
```

图2-25　对力量素质指标重要性的认识

4.对中小学体育教学质量监测二级指标——运动素质——速度素质指标重要性的认识

被调查者中99人认为非常重要，占比48.53%；77人认为很重要，占比35.75%；25人认为一般重要，占比12.25%；1人认为不太重要，占比0.49%；2人认为非常不重要，占比0.98%，如图2-26。

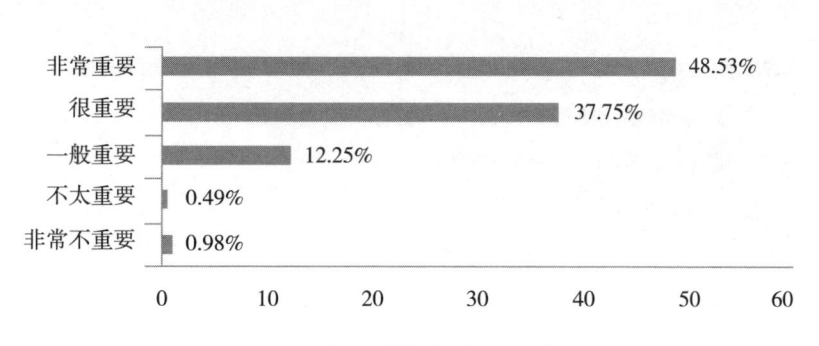

非常重要	48.53%
很重要	37.75%
一般重要	12.25%
不太重要	0.49%
非常不重要	0.98%

图2-26 对速度素质指标重要性的认识

5.对中小学体育教学质量监测二级指标——运动素质——耐力素质指标重要性的认识

被调查者中105人认为非常重要，占比51.47%；76人认为很重要，占比37.25%；21人认为一般重要，占比10.29%；0人认为不太重要，占比0%；2人认为非常不重要，占比0.98%，如图2-27。

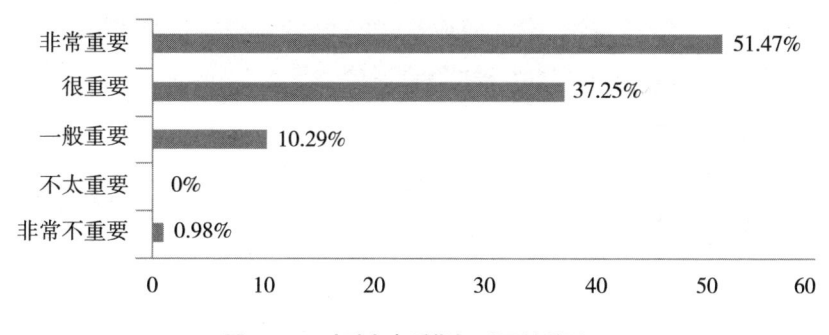

非常重要	51.47%
很重要	37.25%
一般重要	10.29%
不太重要	0
非常不重要	0.98%

图2-27 对耐力素质指标重要性的认识

6.对中小学体育教学质量监测二级指标——运动素质——柔韧素质指标重要性的认识

被调查者中96人认为非常重要，占比47.06%；69人认为很重要，占比33.82%；37人认为一般重要，占比18.14%；各有1人认为不太重要和非常不重要，各占比0.49%，如图2-28。

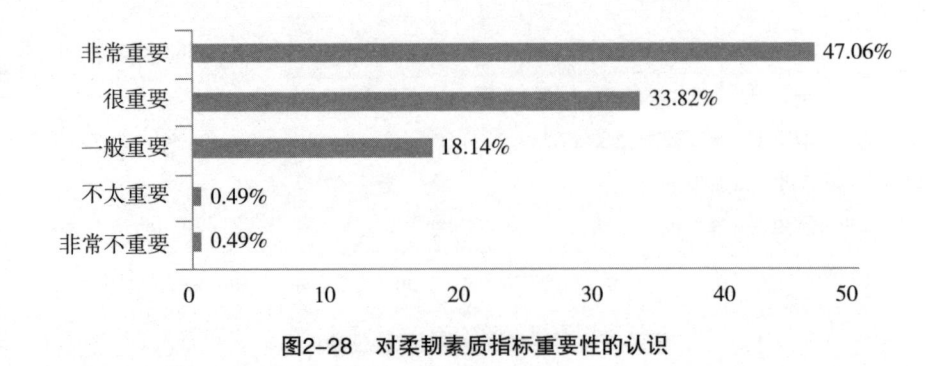

```
非常重要           47.06%
很重要          33.82%
一般重要    18.14%
不太重要 0.49%
非常不重要 0.49%
    0    10    20    30    40    50
```

图2-28　对柔韧素质指标重要性的认识

7.对中小学体育教学质量监测二级指标——运动素质——灵敏素质指标重要性的认识

被调查者中100人认为非常重要，占比49.02%；76人认为很重要，占比37.25%；26人认为一般重要，占比12.75%；0人认为不太重要，占比0%；2人认为非常不重要，占比0.98%，如图2-29。

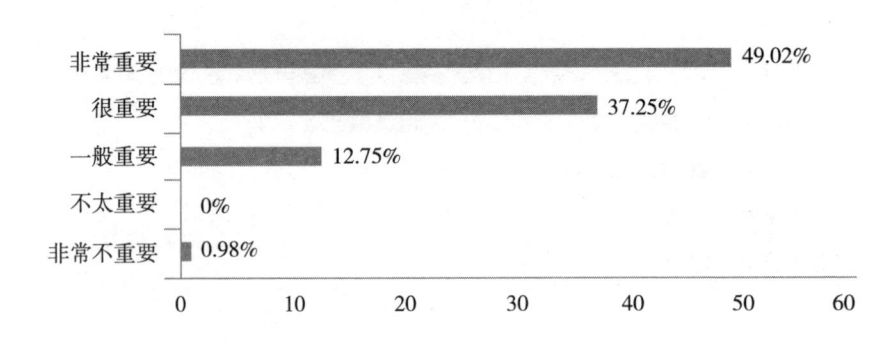

```
非常重要           49.02%
很重要          37.25%
一般重要   12.75%
不太重要 0%
非常不重要 0.98%
    0    10    20    30    40    50    60
```

图2-29　对灵敏素质指标重要性的认识

（三）被调查者对运动能力层面三级指标的意向情况

对三级指标低策略运动能力层面的调查结果显示，72%以上的被调查者认为三级指标体操指标很重要；51%以上的被调查者认为三级指标武术（单人套路动作）指标很重要；80%以上的被调查者认为三级指标球类（基本技术）指标很重要。说明被调查者对低策略运动能力层面的三级指标的认可度依次为：球类（基本技术）、体操、武术。

对低策略运动能力层面的三级指标是否需要增加指标的调查结果显示，被调查者中有5人（占比2.45%）建议增加健美操、体育舞蹈、街舞、民间体育项目、团队合作性项目等。可以考虑增加地方性体育特色项目。

对三级指标高策略运动能力层面的调查结果显示，81%以上的被调查者认为三级指标球类（比赛）指标很重要；55%以上的被调查者认为三级指标武术（对练）指标很重要。说明被调查者对低策略运动能力层面的三级指标球类（比赛）的认可度高于武术（对练）。

对高策略运动能力层面的三级指标是否需要增加指标的调查结果显示，被调查者中有6人（占比2.94%）建议增加两人以上配合战术、韵律操、对抗性练习、各类团队项目等。因其操作层面的因素，暂不考虑。

具体调查情况如下：

1.对体操指标重要性的认识

被调查者中67人认为非常重要，占比32.84%；81人认为很重要，占比39.71%；50人认为一般重要，占比24.51%；5人认为不太重要，占比2.45%；1人认为非常不重要，占比0.49%，如图2-30。

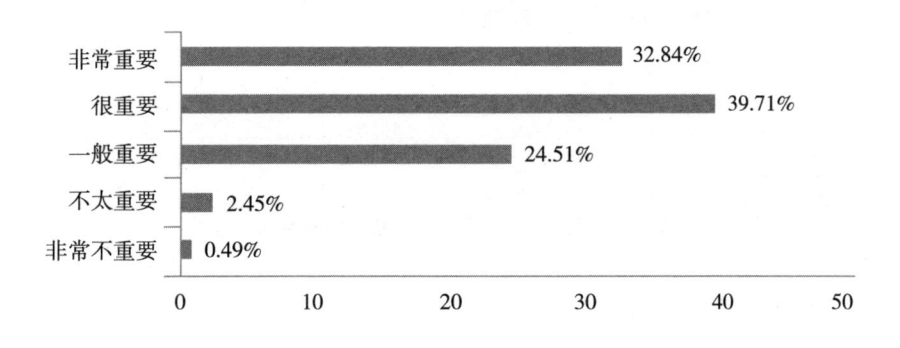

图2-30 对体操指标重要性的认识

2.对武术（单人套路动作）指标重要性的认识

被调查者中37人认为非常重要，占比18.14%；68人认为很重要，占比33.33%；82人认为一般重要，占比40.2%；17人认为不太重要，占比8.33%，0人认为非常不重要，占比0%，如图2-31。

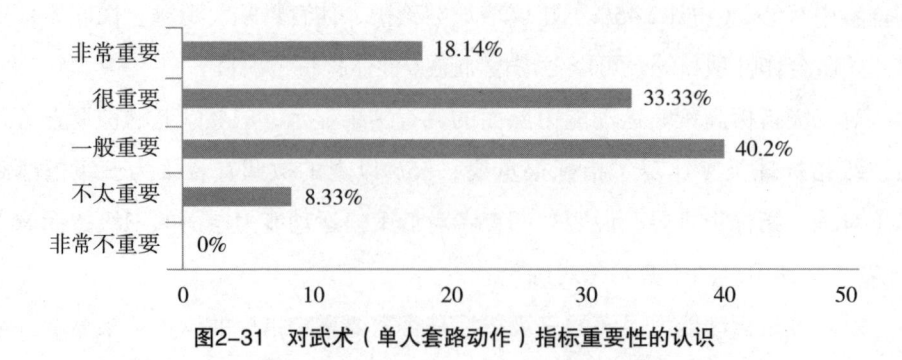

```
非常重要        18.14%
很重要          33.33%
一般重要        40.2%
不太重要        8.33%
非常不重要      0%
        0    10   20   30   40   50
```

图2-31　对武术（单人套路动作）指标重要性的认识

3.对球类（基本技术）指标重要性的认识

被调查者中85人认为非常重要，占比41.67%；79人认为很重要，占比38.73%；37人认为一般重要，占比18.14%；3人认为不太重要，占比1.47%，0人认为非常不重要，占比0%，如图2-32。

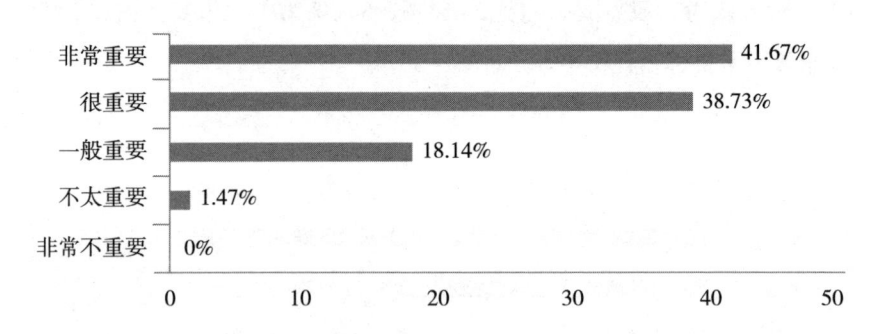

```
非常重要        41.67%
很重要          38.73%
一般重要        18.14%
不太重要        1.47%
非常不重要      0%
        0    10   20   30   40   50
```

图2-32　对球类（基本技术）指标重要性的认识

4.对球类（比赛）指标重要性的认识

被调查者中100人认为非常重要，占比49.02%；66人认为很重要，占比32.35%；35人认为一般重要，占比17.16%；2人认为不太重要，占比0.98%；1人认为非常不重要，占比0.49%，如图2-33。

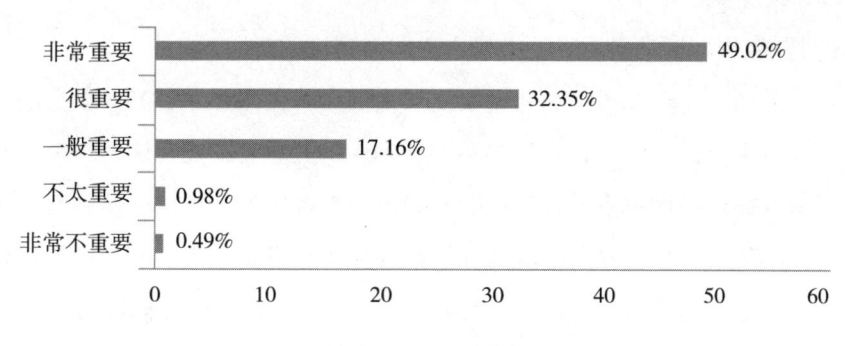

图2-33 对球类（比赛）指标重要性的认识

5.对武术（对练）指标重要性的认识

被调查者中48人认为非常重要，占比23.53%；65人认为很重要，占比31.86%；70人认为一般重要，占比34.31%；18人认为不太重要，占比8.82%；3人认为非常不重要，占比1.47%，如图2-34。

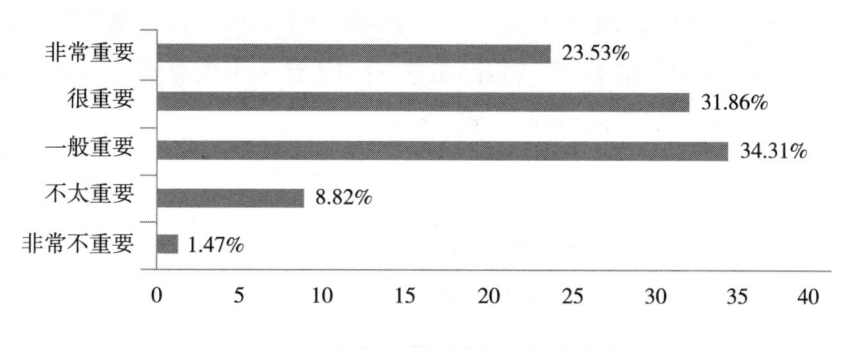

图2-34 对武术（对练）指标重要性的认识

（四）被调查者对运动素质层面三级指标的意向情况

调查结果显示，被调查者对运动素质层面三级指标的认可度较高的依次为：50米跑、男生1000米跑女生800米跑、1分钟跳绳、立定跳远和50米×8往返跑、男生引体向上和100米跑、1分钟仰卧起坐、实心球、垒球掷远、坐位体前屈、握力。

具体情况如下：

1.对三级指标运动素质——力量素质层面指标的意向

对三级指标运动素质——力量素质层面的调查结果显示，79%以上的被调查者认为三级指标立定跳远指标很重要；74%以上的被调查者认为三级指标实心球、垒球掷远指标很重要；75%以上的被调查者认为三级指标仰卧起坐指标很重要；69%以上的被调查者认为三级指标握力指标很重要；77%以上的被调查者认为三级指标男生引体向上指标很重要。按照其认可度依次为：立定跳远、男生引体向上、仰卧起坐、实心球、垒球掷远、握力。

对运动素质——力量素质层面的三级指标是否需要增加指标的调查结果显示，被调查者中有5人（占比2.45%）建议增加俯卧挺身、俯卧撑、核心力量、摸高跳等。可以考虑增加摸高跳的指标。

具体情况如下：

（1）对立定跳远指标重要性的认识

被调查者中87人认为非常重要，占比42.65%；76人认为很重要，占比37.25%；33人认为一般重要，占比16.18%；7人认为不太重要，占比3.43%；1人认为非常不重要，占比0.49%，如图2-35。

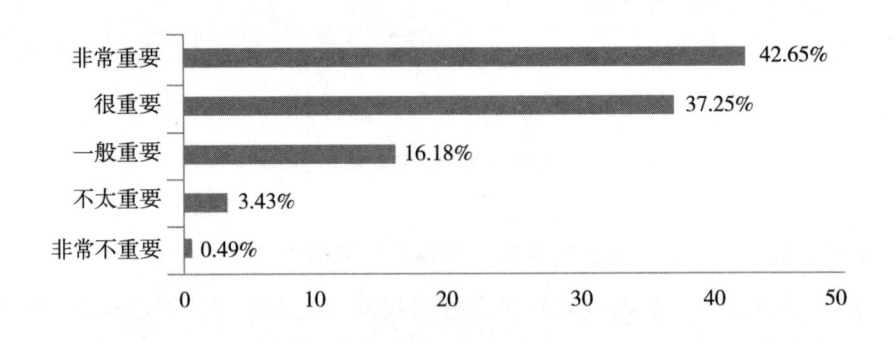

图2-35 对立定跳远指标重要性的认识

（2）对实心球、垒球掷远指标重要性的认识

被调查者中74人认为非常重要，占比36.27%；77人认为很重要，占比37.75%；41人认为一般重要，占比20.1%；10人认为不太重要，占比4.9%；2人

认为非常不重要，占比0.98%，如图2-36。

```
非常重要      36.27%
很重要        37.75%
一般重要      20.1%
不太重要      4.9%
非常不重要    0.98%
```

图2-36　对实心球、垒球掷远指标重要性的认识

（3）对1分钟仰卧起坐指标重要性的认识

被调查者中72人认为非常重要，占比35.29%；82人认为很重要，占比40.2%；42人认为一般重要，占比20.59%；6人认为不太重要，占比2.94%；2人认为非常不重要，占比0.98%，如图2-37。

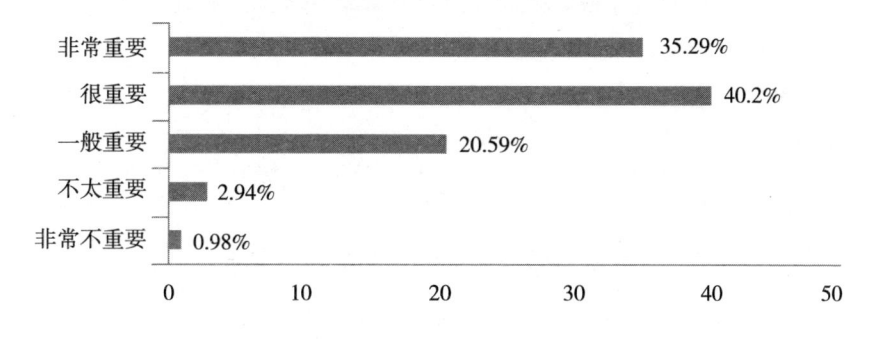

```
非常重要      35.29%
很重要        40.2%
一般重要      20.59%
不太重要      2.94%
非常不重要    0.98%
```

图2-37　对仰卧起坐指标重要性的认识

（4）对握力指标重要性的认识

被调查者中57人认为非常重要，占比27.94%；85人认为很重要，占比41.67%；54人认为一般重要，占比26.47%；8人认为不太重要，占比3.92%，0人认为非常不重要，占比0%，如图2-38。

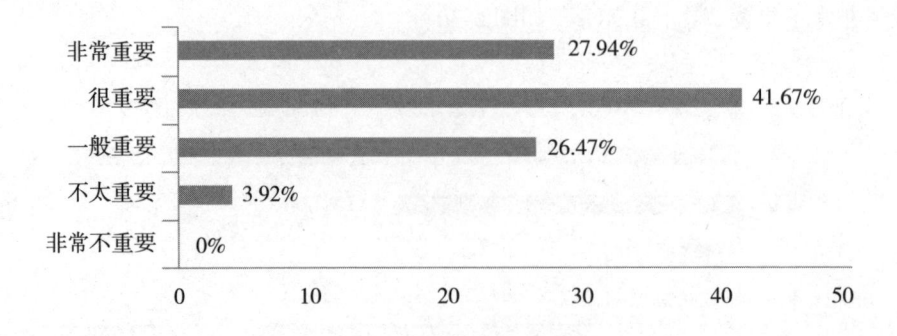

图2-38　对握力指标重要性的认识

（5）对男生引体向上指标重要性的认识

被调查者中76人认为非常重要，占比37.25%；82人认为很重要，占比40.2%；39人认为一般重要，占比19.12%；7人认为不太重要，占比3.43%，0人认为非常不重要，占比0%，如图2-39。

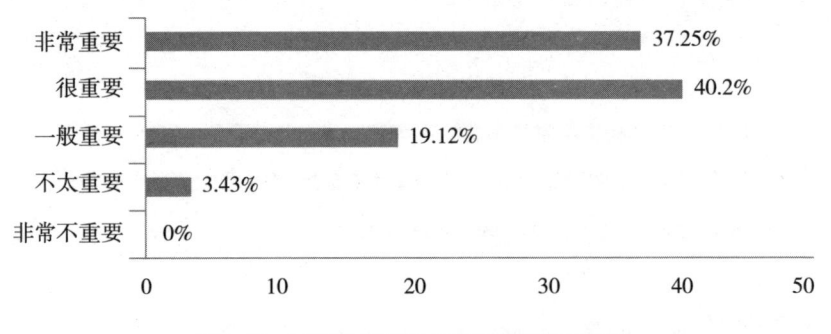

图2-39　对男生引体向上指标重要性的认识

2.对三级指标运动素质——速度素质层面指标的意向

对三级指标运动素质——速度素质层面的调查结果显示，84%以上的被调查者认为三级指标50米跑指标很重要；77%以上的被调查者认为三级指标100米跑指标很重要。被调查者对50米跑的认可度较高。

对运动素质——速度素质层面的三级指标是否需要增加指标的调查结果显示，被调查者中有8人（占比3.92%）建议增加：200米跑、跳绳、接力跑、球类的冲刺跑、障碍跑、反应跑等。因其操作层面不如50米跑等，暂不考虑增加。

具体情况如下：

（1）对50米跑指标重要性的认识

被调查者中90人认为非常重要，占比44.12%；83人认为很重要，占比40.69%；28人认为一般重要，占比13.73%；2人认为不太重要，占比0.98%；1人认为非常不重要，占比0.49%，如图2-40。

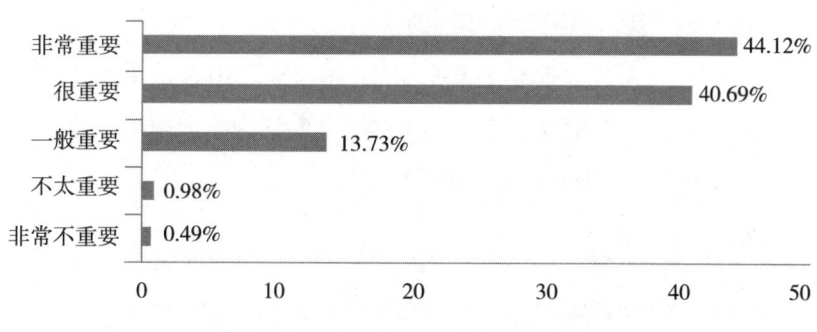

图2-40 对50米跑指标重要性的认识

（2）对100米跑指标重要性的认识

被调查者中80人认为非常重要，占比39.22%；79人认为很重要，占比38.73%；41人认为一般重要，占比20.1%；4人认为不太重要，占比1.96%，0人认为非常不重要，占比0%，如图2-41。

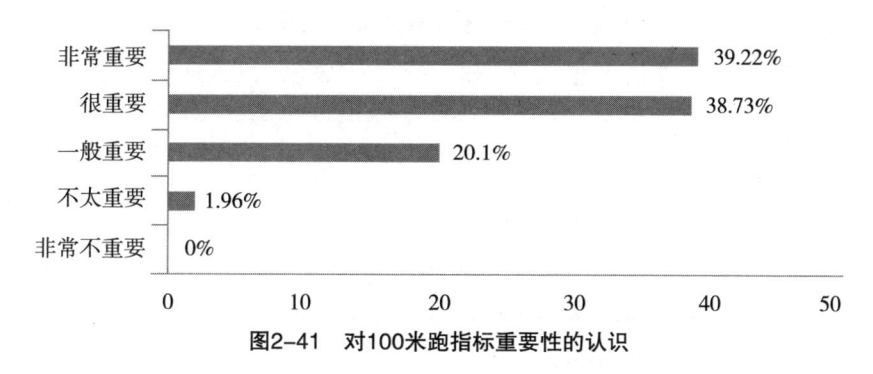

图2-41 对100米跑指标重要性的认识

3.对三级指标运动素质——耐力素质层面指标的意向

对三级指标运动素质——耐力素质层面的调查结果显示，79%以上的被调查者认为三级指标50米×8往返跑指标很重要；83%以上的被调查者认为三级指标男生1000米跑、女生800米跑指标很重要。被调查者对男生1000米跑、女生

800米跑指标的认可度较高。

对运动素质——耐力素质层面的三级指标是否需要增加指标的调查结果显示，被调查者中有10人（占比4.90%）建议增加3000米跑、4分钟跳绳、游泳等指标；可以考虑增加游泳、3（或4）分钟跳绳的指标。

具体情况如下：

（1）对50米×8往返跑指标重要性的认识

被调查者中82人认为非常重要，占比40.2%；80人认为很重要，占比39.22%；40人认为一般重要，占比19.61%；1人认为不太重要，占比0.49%；1人认为非常不重要，占比0.49%，如图2-42。

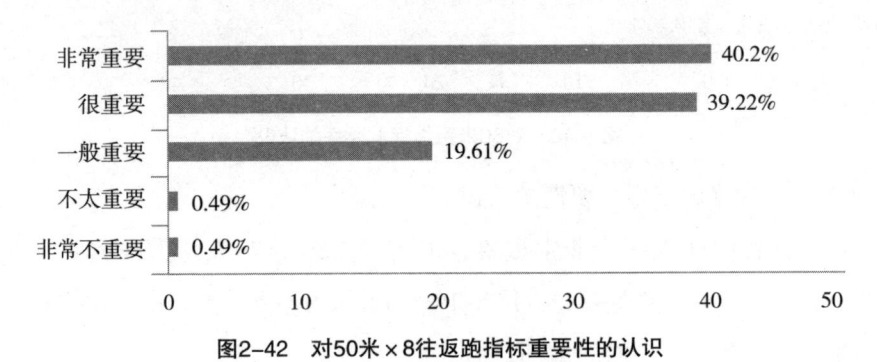

图2-42 对50米×8往返跑指标重要性的认识

（2）对男生1000米跑女生800米跑指标重要性的认识

被调查者中99人认为非常重要，占比48.53%；71人认为很重要，占比34.8%；29人认为一般重要，占比14.22%；3人认为不太重要，占比1.47%；2人认为非常不重要，占比0.98%，如图2-43。

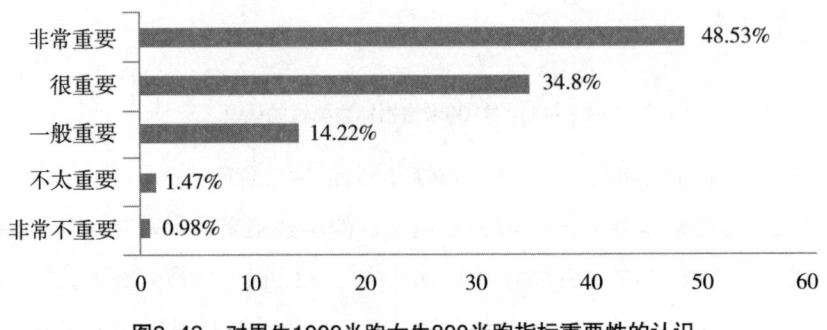

图2-43 对男生1000米跑女生800米跑指标重要性的认识

4.对三级指标运动素质——柔韧素质层面指标的意向

对三级指标运动素质——柔韧素质层面的调查结果显示，71%以上的被调查者认为三级指标坐位体前屈指标很重要。

对运动素质——柔韧素质层面的三级指标是否需要增加指标的调查结果显示，被调查者中有13人（占比6.37%）建议增加横叉、纵叉、握杆转肩等指标。基于可操作性的因素，暂不考虑增加上述指标。

对坐位体前屈指标重要性的认识具体如下：

被调查者中73人认为非常重要，占比35.78%；73人认为很重要，占比35.78%；49人认为一般重要，占比24.02%；9人认为不太重要，占比4.41%，0人认为非常不重要，占比0%，如图2-44。

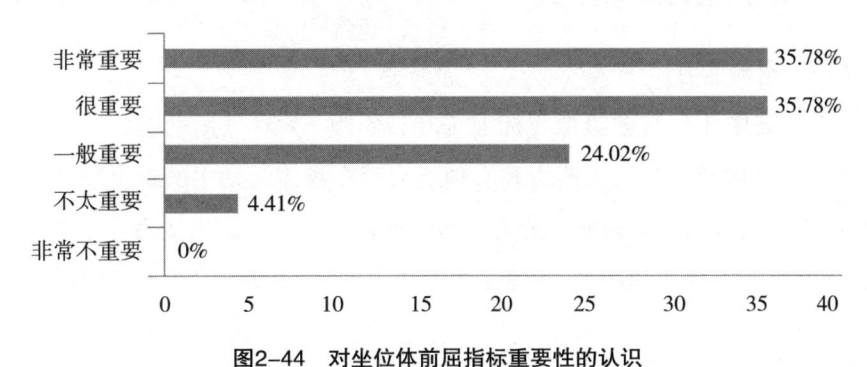

图2-44 对坐位体前屈指标重要性的认识

5.对三级指标运动素质——灵敏素质层面指标的意向

对三级指标运动素质——灵敏素质层面的调查结果显示，82%以上的被调查者认为三级指标1分钟跳绳指标很重要。

对运动素质——灵敏素质层面的三级指标是否需要增加指标的调查结果显示，被调查者中有11人（占比5.39%）建议增加：短距离折返跑、单位时间内抓住自由落体的小棒的次数、三角移动口令变换动作、舞蹈类、T字跑、S型跑、8字跑等指标。可以考虑增加三角移动、T字跑等指标。

对1分钟跳绳指标重要性的认识如下：

被调查者中86人认为非常重要，占比42.16%；82人认为很重要，占比40.2%；30人认为一般重要，占比14.71%；4人认为不太重要，占比1.96%；2人

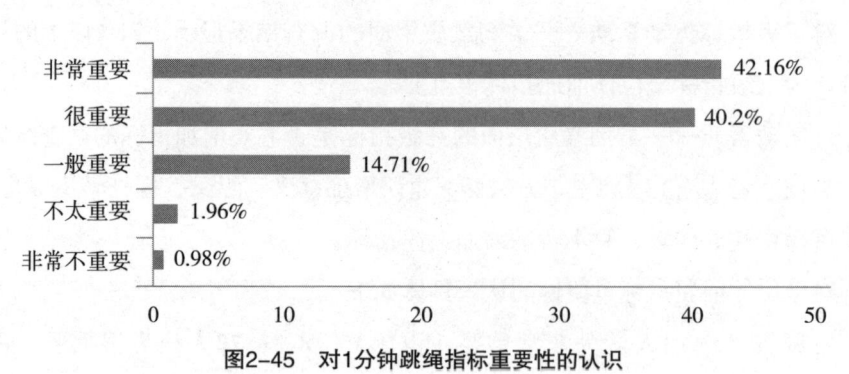

认为非常不重要，占比0.98%，如图2-45。

```
非常重要    42.16%
很重要      40.2%
一般重要    14.71%
不太重要    1.96%
非常不重要  0.98%
```

图2-45　对1分钟跳绳指标重要性的认识

四、关于相关概念的界定

（一）运动能力

《普通高中体育与健康课程标准（2017年版）》对"运动能力"的界定是"运动能力是体能、技战术能力和心理能力等在身体活动中的综合表现，是人类身体活动的基础。运动能力分为基本运动能力和专项运动能力。基本运动能力是从事生活、劳动和运动所必需的能力；专项运动能力是参与某项运动所需要的能力。运动能力具体的表现形式为体能状况、运动认知与技战术运用、体育展示与比赛"。

《学校体育学》对"运动能力"的界定是"人体在运动中掌握和有效地完成专门动作的能力"。

《中国学前教育百科全书·教育理论卷》对"运动能力"的界定是"指个体借助骨骼、肌肉和相应的神经系统活动完成一系列外显动作的能力"。

百度百科对"运动能力"的界定是"运动能力是指人参加运动和训练所具备的能力，是人的身体形态、素质、机能、技能和心理能力等因素的综合表现"。

从上述界定可以看出，"运动能力"涵盖了"素质""体能"等方面。

（二）运动技能

《普通心理学》对"运动技能"的界定是"也叫操作技能。指主体运用已有的知识经验，借助骨骼肌肉和相应的神经过程来实现的"。

《心理学大辞典》对"运动技能"的界定是"运动技能是指通过学习而形成的有法则的操作活动方式。调节、控制着操作动作的执行，是一种动作经验而非认知经验，同时又有别于心智技能，具有物质性、外显性与展开性。可分为初级操作技能和高级操作技能两类。初级操作技能指通过一定练习或模仿形成的仍带有明显意识控制特点的技能，高级操作技能则指经过反复练习使其基本成分达到自动化水平的技能"。

百度百科对"运动技能"的界定是"指人体运动中掌握和有效地完成专门动作的一种能力。包括大脑皮质调节下不同肌肉群间的协调性，即指在空间内正确运用肌肉工作的能力。按条件反射学说的观点，是一种复杂的一个动作接连一个动作的肌肉所感觉的运动条件反射。它的形成要经历肌肉感觉不明、分化、巩固稳定和自动化的过程，而这几个过程前后相连，在运动条件反射形成过程中逐渐过渡。运动技能的形成和发展受许多因素的影响，如教学训练的方法、运动员的训练程度、学习目的性和自觉积极性，以及身体健康程度"。

《体育科学词典》对"运动技能"的界定是"按一定的技术要求，完成某种动作的能力"。

《运动生理》对"运动技能"的界定是"运动技能是运动员在运动学习的主动目的性导向与规范基础上，以机体自身初始状态水平为基础，以训练负荷为信息输入载体，以能级（强度）与时间矢量值为参照系，导致神经网络各级水平发生相应的自组织变化，最终以人体自身机能与结构的协同适应效应，使整个泛脑网络产生的新的有序模式"。

《人体生理学》对"运动技能"的界定是"指在运动过程中按一定技术要求完成的随意运动行为。"

《学校体育学》对"运动技能"的界定是"表现在外部的，以完善合理方式组织起来并顺利完成某种活动任务的复杂的肢体动作系统"。

综上所述，运动技能是运动能力的下位概念。为了与指标体系中的"运动素质"进行区分，我们将指标体系中的一级指标的"运动能力"修订为"运动技能"。

为方便理解，我们选择"指人体运动中掌握和有效地完成专门动作的一种能力"的界定。

（三）体能

《运动训练学》对"体能"的界定是"体能是通过力量、速度、耐力、协调、柔韧、灵敏等运动素质表现出来的人体基本的运动能力，是运动员竞技能力的重要构成因素。体能水平的高低与人体的形态学特征以及人体的机能特征有着密切的相关性。人体的形态学特征是其体能的质构性基础，人体的机能特征是其体能的生物功能性基础"。

《科学大众》对"体能"的界定是"体能是人体在先天遗传因素的基础上，通过后天有效的运动训练而获得的在身体形态，身体机能，运动素质和身体健康等方面表现出来的一种综合性的能力"。

《体育科学研究》对"体能"的界定是"体能是指人体通过先天遗传和后天训练获得的在身体形态、生理机能和运动素质方面所表现出来的具有一定方向性和相对稳定性的一种综合能力，它是竞技能力的重要组成部分"。

《普通高中体育与健康课程标准（2017年版）》中，"课程基本理念"指出要"强调体能、运动技能和体育文化学习"。因此，我们将指标体系中的"运动素质"指标调整为"体能"指标。

我们选择《运动训练学》对"体能"的定义：体能是通过力量、速度、耐力、协调、柔韧、灵敏等运动素质表现出来的人体基本的运动能力。

附件一　中小学体育教学质量监测指标体系（初稿）

一级指标	二级指标	三级指标	权重	项目标准
运动能力	低策略运动能力	体操	0.4	运动技能测试标准
		武术（单人套路动作）		
		球类（基本技术）		
		其他（游泳、地方特色项目）		
	高策略运动能力	球类（比赛）		
		武术（对练）		
		其他（地方特色项目）		
运动素质	力量素质	立定跳远	0.6	国家学生体质健康测试标准
		垒球、实心球掷远		
		握力		
		1分钟仰卧起坐		
		男生引体向上		
		其他		
	速度素质	50米跑		
		100米跑		
		其他		
	耐力素质	50米×8往返跑		
		男生1000米、女生800米跑		
		其他		
	柔韧素质	坐位体前屈		
		其他		
	灵敏素质	1分钟跳绳		
		其他		
其他	其他	其他		其他

附件二 中小学体育教学质量监测指标体系（修订稿）

一级指标	二级指标	三级指标	权重	项目标准
运动技能	人体运动中掌握和有效地完成专门动作的一种能力。	基本技能：球类（基本技术）／体操／武术（单人套路动作）／其他（地方特色项目） 专项技能：球类（比赛）／武术（对练）／其他（地方特色项目）	0.4	依据运动技能测试标准
体能	通过力量、速度、耐力、协调、柔韧、灵敏等运动素质表现出来的人体基本的运动能力。	力量素质：立定跳远／男生引体向上／1分钟仰卧起坐／实心球、垒球掷远／握力／其他（摸高跳） 速度素质：50米跑／100米跑／其他 耐力素质：50米×8往返跑／男生1000米、女生800米跑／其他（游泳、3分钟跳绳） 柔韧素质：坐位体前屈／其他 灵敏素质：1分钟跳绳／其他（1分钟双摇跳绳、三角移动、T字跑）	0.6	依据国家学生体质健康测试标准
其他	其他	其他	其他	其他

实验区中小学体育教学质量监测报告
（2020年）

　　为了真实客观地评价课题组研究的"中小学体育教学质量监测机制研究"的效果，课题组通过采集数据、问卷调查等，比对课题实验区（山东省威海市文登区）与其他区市中小学生体质健康水平及相关情况，反馈研究成效。现对相关情况报告如下：

一、实验区（山东省威海市文登区）学生的体质健康水平明显领先

　　课题组对2020年11月威海市教育局官方采集的数据进行了分析，课题组通过比较认为，该数据的采集过程公平、公正，透明度高、准确性高、可信度高。分析结果显示，实验区中小学生的体质健康水平明显领先于其他区市。

　　（一）数据的来源

　　2020年11月5日至19日，威海市教育局采取委托第三方的办法对各区市中小（中职）学校学生按照国家学生体质健康标准测试项目进行抽测复核（威海地区义务教育是五四学制）。

　　抽测复核项目包括：身高、体重、肺活量、50米、坐位体前屈、1分钟仰卧起坐、1分钟跳绳、50米×8往返跑等8项（小学五年级、初中一年级）；身高、体重、肺活量、坐位体前屈、800米（女）、1000米（男）、引体向上（男）、仰卧起坐（女）、立定跳远等9项（初二以上及高中段各年级）。

　　抽取学生办法：全市共计抽测39所（3所九年一贯制学校）学校8960人，其中文登（含南海）、荣成、乳山3个区市每市抽取小学、初中、高中各2所（城区、城乡各1所），环翠、高区、经区、临港区每个区市小学、初中各2所（城区、城乡各1所），局属高中段学校全部抽测。

　　小学抽五年级，初中、高中段各年级全抽。所有年级以自然班级为单位抽取，每个年级抽测2个班级90人（每组45人），不足部分由市教育局从同年级其

他班级按学籍名单顺序补充，学校从每个年级抽取80人（每个组选40人）作为样本参加测试，抽测学生名单市教育局提前2天通知各学校。

测试方式：设备、测试（技术）人员等全部聘请第三方专业机构实施，所有抽测项目均采用教育部公布的正规测试仪器测试，测试成绩由仪器采集、实时传输，确保整个测试公平、公正、透明。

抽测复核的内容，能较全面地反映学生的体质健康水平，抽取学生、采用第三方实施测试、应用智能化设备采集相关数据，确保了整个复核抽测工作的公平、公正性及数据的真实性、可靠性，具有极高的研究分析价值。

（二）数据分析

威海市教育局2020年中小学生体质健康抽测复核报告显示：辖区对中小学校实施体育教学质量监测的文登区的抽测复核成绩明显高于其他区市。其中复核成绩的优秀率超过其他区市至少12个百分点，良好率超过其他区市至少11个百分点，成绩遥遥领先，如表2-30。

表2-30　各区市抽测复核成绩各率情况

	优秀率	良好率	及格率	不及格率
全市	4.42%	18.63%	52.00%	27.88%
文登区	17.42%	38.05%	37.81%	6.72%
××市	5.23%	26.95%	53.75%	14.06%
××区	3.00%	18.50%	53.00%	25.50%
××区	2.13%	17.75%	50.25%	29.88%
××区	2.13%	15.88%	58.00%	24.00%
××市	1.56%	16.17%	59.53%	22.73%
××区	1.50%	18.63%	52.00%	27.88%

注：鉴于隐私保护，我们对关于威海市教育局2020年中小学生体质健康抽测复核数据的单位名称，除全市、文登区之外的区市名称做了匿名处理，敬请谅解。

对抽测复核成绩的优良率的对比也可以发现，文登区中小学抽测成绩优良率高达55.47%，领先其他区市至少23个百分点，高于全市优良率至少32个百分点，如图2-46；文登区中小学抽测成绩合格率高达93.28%，领先其他区市至少7个百分点，高于全市合格率至少18个百分点，如图2-47；文登区中小学抽测成绩平均分高达79.4分,领先其他区市至少5分,高于全市平均分至少9分,如图2-48。可见,文登区中小学生体质健康的水平在全市各区市中明显居于领先优势。

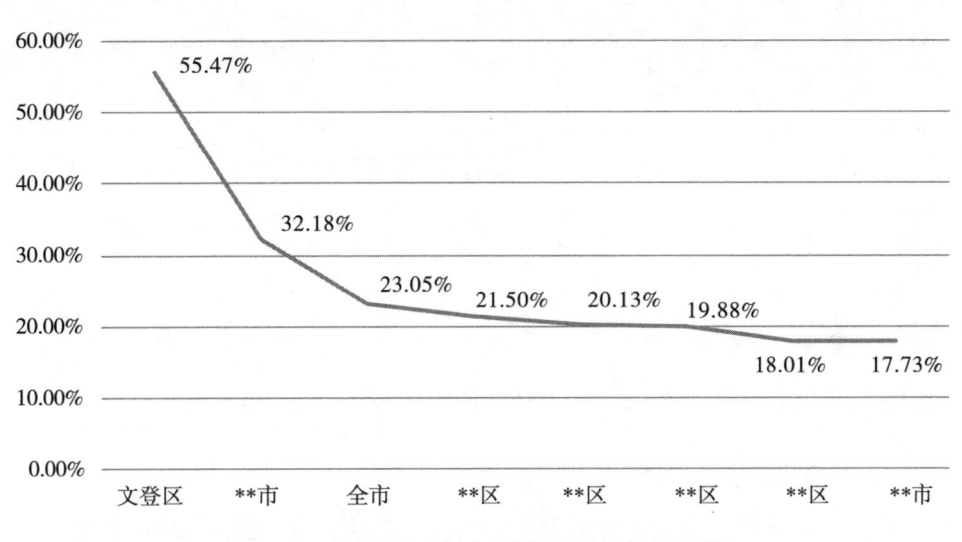

图2-46　各区市中小学生抽测复核成绩优良率对比

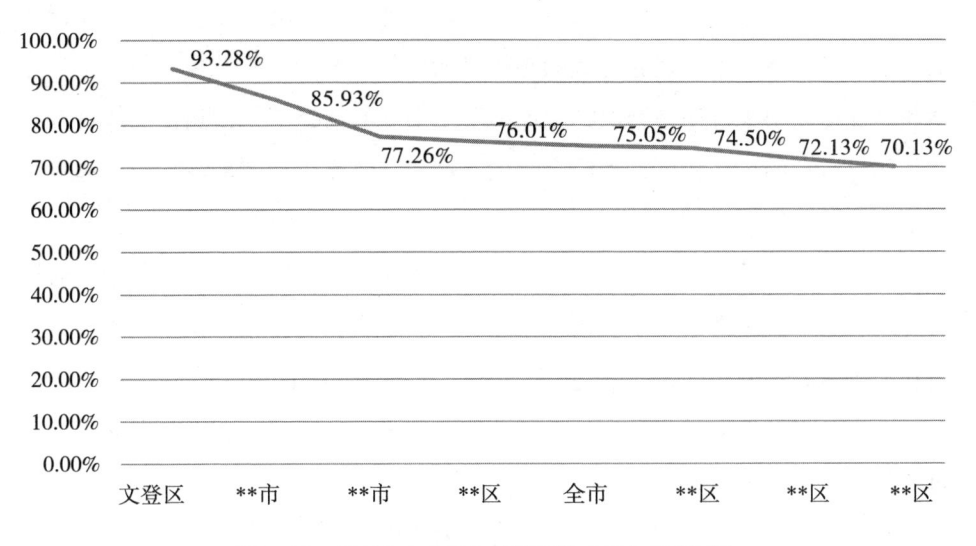

图2-47　各区市中小学生抽测复核成绩合格率对比

101

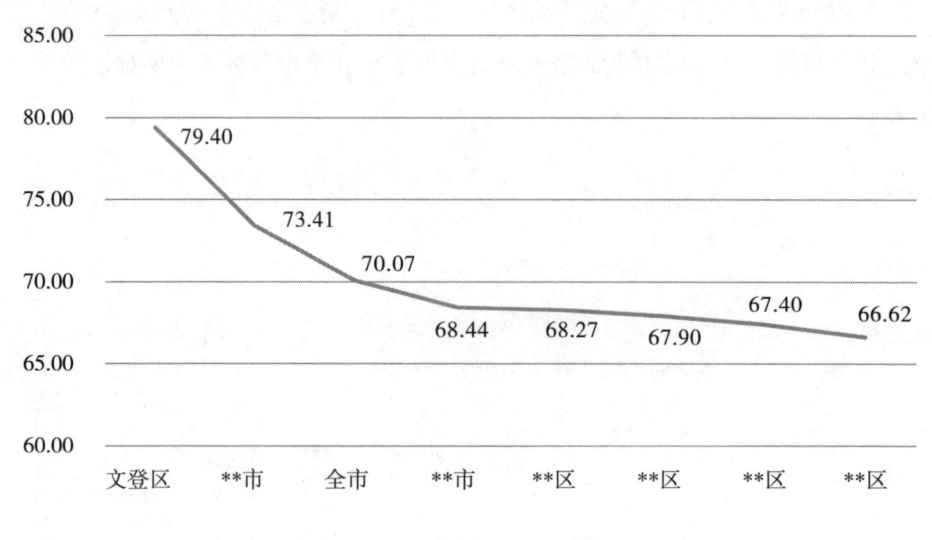

图2-48 各区市中小学生抽测复核成绩平均分对比

（三）抽测复核的建议

第一，应该进一步完善全市中小学生体质健康监测体系，加强区市级、校级监测网络的建设，加强健康数据的采集和监测，进一步提升各区市和学校体质健康数据测试的准确性。

第二，建议将"学生每天60分钟中、高强度体力活动"作为一项重要指标纳入学校工作考评中。建立有效的考核奖惩机制，不达标的学校在教育工作评估和评优评先中实行一票否决。在保障卫生安全的前提下，适当提高体育课和课外体育活动的运动密度，保障合理的运动量和强度，切实提高学生身体素质水平。

第三，将学生健康教育作为重要环节纳入体质健康监测相关工作中。通过有组织的、形式多样的、系统的宣传教育，使学生获得健康知识，树立健康价值观，培养健康生活行为，达到预防疾病、增强体质的目的。

第四，指导学生膳食平衡，合理营养，加强运动时间，有效改善学生营养过剩的现状，尤其是男生。

第五，提高体育课堂质量。强化身体素质的锻炼内容和时间，加强学生的柔韧、力量素质训练，从而促进全区中小学生身体素质全面发展。

第六，针对全市学生力量较弱爆发力不足情况希望在课上课下加强力量训练模块（蛙跳、俯卧撑、引体向上、哑铃课程等），把力量板块作为学年重点模块进行有效跟进。

尽管实验区（山东省威海市文登区）中小学生体质健康抽测成绩良好，但仍存在很多问题需要进一步去研究、解决。抽测复核报告也进一步指出："进一步完善全市中小学生体质健康监测体系""建立有效的考核奖惩机制，不达标的学校在教育工作评估和评优评先中实行一票否决"，等等，进一步凸显了"监测机制"对学生体质健康水平的重要作用。

二、实验区（山东省威海市文登区）学生运动技能水平较高

"中小学体育教学质量监测机制研究"实验区（山东省威海市文登区）侧重监测学生的体质健康水平及运动技能，引领体育教学重视发展学生体能，提高学生运动技能水平。经课题组调研，没找到能进行学生运动技能水平做对照的市区，很少有市区对中小学生较大面积地进行体育教学学生运动技能水平的测试。实验区2019年体育教学质量监测中小学（义务教育学段）学生运动技能水平部分的测试成绩统计，如表2-31。

表2-31 实验区中小学生运动技能水平监测成绩

年级	内容	技巧	武术	排球
小学三年级	监测人数	246	284	266
	人均得分	76.09	81.31	73.26
小学四年级	监测人数	273	263	276
	人均得分	74.78	82.82	71.30
初中一年级	监测人数	633	633	—
	人均得分	74.26	84.58	—

监测项目情况：小学三年级技巧是后滚翻，武术是少年拳第一套，排球是30秒软排自垫球（男女生80分的评分标准是13个）；小学四年级技巧是联合动作（前滚翻—交叉转体180°—后滚翻—跪跳起），武术是少年拳第一套，排球是自垫球（男女生80分的评分标准是13个）。初中一年级监测了2个项目，技巧

内容是前滚翻直腿坐—肩肘倒立—向前落下成蹲立—前滚翻—站立，武术内容是健身拳。从得分情况可见，一是运动技能项目得到很好的教学，二是学生的运动技能水平总体上较高。

对各学校学生运动技能人均得分的曲线分析（如图2-49至图2-52，鉴于隐私保护，我们隐去各学校的名称）可以发现，小学、初中各学校的运动技能成绩总体比较好，并且城市和农村学校看不出显著性的差异，但各学校的发展是不均衡的。比如，小学三年级运动技能成绩高的学校89.54分，成绩低的学校60.77分，存在近30分的差距；小学四年级运动技能成绩高的学校90.32分，成绩低的学校61.89分，也存在近30分的差距；初中一年级体操（技巧）运动技能成绩高的学校90.77分，成绩低的学校56.36分，存在近35分的差距；初中一年级武术（健身拳）运动技能成绩高的学校90.13分，成绩低的学校68.10分，存在22分的差距。差距的存在，说明各学校体育教师师资及体育教学管理等有明显的差异。但无可置疑的是，实验区中小学（义务教育）各学校在常态的体育教学中都不同程度地强化了运动技能的教学，并且促进了学生运动技能水平的提升。

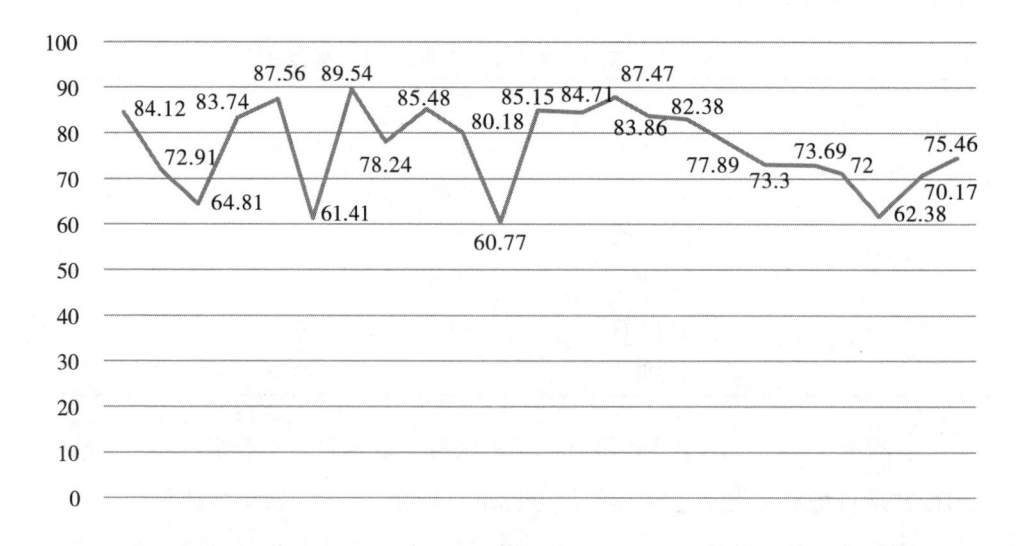

图2-49　实验区小学各学校三年级学生运动技能监测成绩

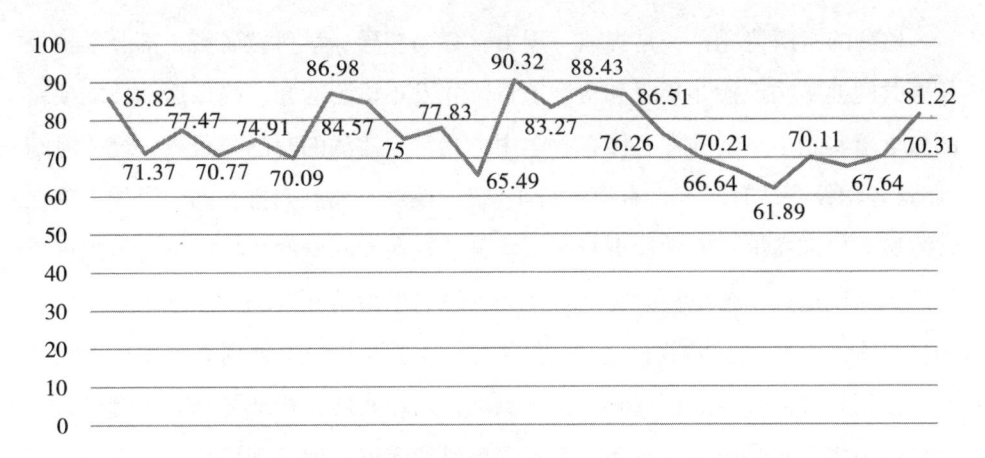

图2-50　实验区小学各学校四年级学生运动技能监测成绩

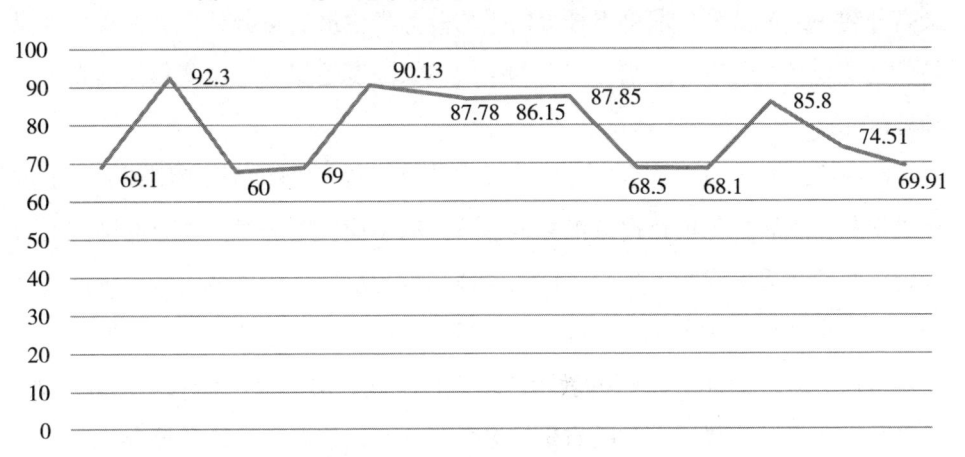

图2-51　实验区初中各学校一年级学生武术（健身拳）运动技能监测成绩

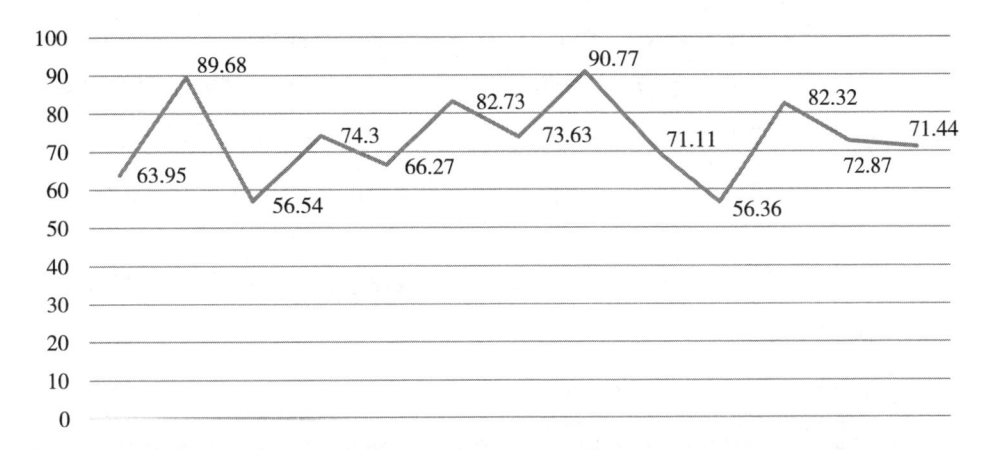

图2-52　实验区初中各学校一年级学生体操（技巧）运动技能监测成绩

监测的组织情况：一是提前一周由教育局领导、学科教研员、部分学校校长等共同抽签确定检测年级和检测项目，并发布检测通知，确保运动技能项目的教学落实到中小学的常态体育教学中；二是定监测的时间与地点，统一时间（制订各学校测试时间表，有序进行）、统一地点（地点安排在高中学校，确保被测试学校都在第三方学校进行测试，各学校参加测试的学生由学校组织班车接送到测试地点，名单按教育局备案的班级名单检索并现场对照学籍照片核对学生身份）、统一场地器材、统一监测人员，小学和中学分别集中用1—2天时间，使用教育部公布的正规测试仪器测试，运动素质、排球垫球等的测试成绩由仪器采集、实时传输，技巧、武术等项目的测试由评委现场评分，去掉一个最高分和一个最低分，取剩下评分的平均分为学生最后得分，现场公布，确保整个测试公平、公正、透明。严密的组织最大限度地保证了监测数据的真实性和可信性。

监测成绩的运用：学生的各项测试成绩根据教育局的考核细则评分标准换算成得分，然后将各项目得分汇总成总分，取学校被监测学生总分的平均值为该校体育教学质量成绩，各中小学按学段、城乡组别进行排名，最后根据教育局对各中小学校办学水平考核办法一一赋分，计入学校考绩。学校也根据该成绩对被监测班级的体育教师的教学成绩进行考核，因为监测的只是部分年级，所以学校会组织外聘评委对所有班级进行监测，并依据学校的考核办法，对没被教育局监测到的班级的体育教师教学成绩计绩。此举是监测机制最为重要的一个环节，最大限度地调动了学校、体育教师、学生对体育教学质量的重视。

威海市体育中考改革后，实验区又将初中一至三年级（五四学制）每学年的体育成绩列入学业水平成绩，并作为体育中考的一部分（过程性考核）计入中考总分，更是进一步促进了实验区整个初中学段的体育教学质量的提升。

三、实验区（山东省威海市文登区）体育教师群体对体育教学质量监测制度满意度较高

中小学校实行体育教学质量监测对学生体质健康水平的提升起到了立竿见影的显著效果。实验区（山东省威海市文登区）教师群体对体育教学质量监测

制度实行满意度的调查结果也显示，实验区中小学分管体育工作的领导、体育组长、体育教师对实行体育教学质量监测制度满意度较高。

课题组对体育教学质量监测制度满意度的调查结果显示，实验区参与调查的分管学校体育工作领导的22人中，只有1人表示不满意，分管领导的满意度达95.45%；参与调查的学校体育组长30人中，只有3人表示不满意，体育组长的满意度达到90%；参与调查的学校体育教师128人中，有4人表示其他意见，有15人表示不满意，体育教师的满意度达到85.16%，如图2-53。总满意率达到87.22%。不管是从提升学生体质健康水平的视角，还是从体现体育教师的价值、提高体育教师职业幸福感指数、提升学校体育工作水平的视角，实验区中小学校分管体育工作的领导、体育组长、体育教师对体育教学质量监测的实施比较认可。

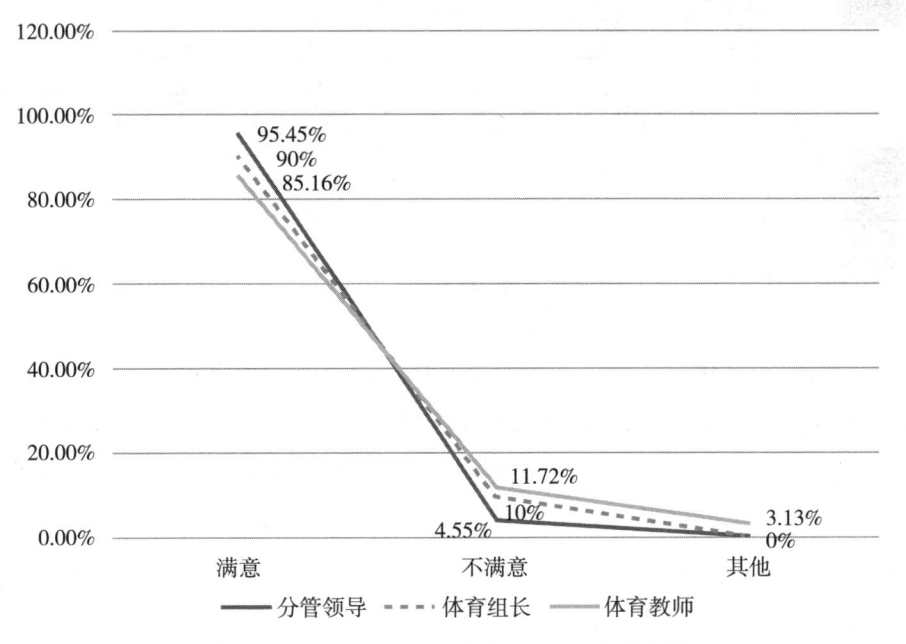

图2-53　实验区各群体对体育教学质量监测满意度的调查

教育局对学校体育工作考核主要提升了哪项指标的调查结果显示，实验区被调查的181位老师中28人认为提升了学校体育代表队运动员的成绩，占比15.47%；有102人认为教育局对学校体育工作的考核提升了学生的体质健康水平，占比56.35%；有36人认为提升了学生的运动技能水平，占比19.89%；有9人认为提高了学校大课间体育活动的质量，占比4.97%；有6人认为促进了其他方面的活动的开展，占比3.31%，如图2-54。

实验区教育局对学校体育工作的考核中，明确指向了体育教学质量，并侧重于学生体质健康水平的权重。调查显示，考核制度调动了体育教师工作的热情和积极性，对教育局的考核规定和考核带来的良好效果，认同度较高。

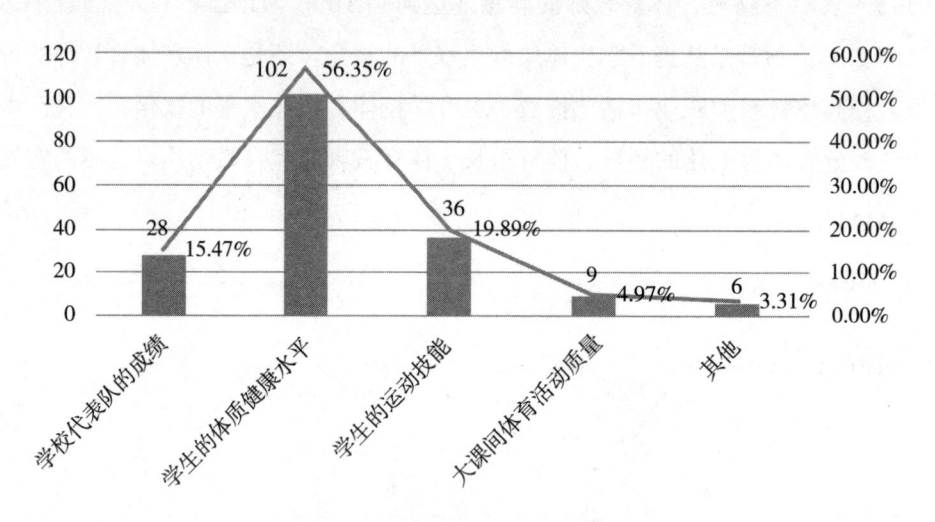

图2-54 教育局考核学校体育工作指标倾向性的调查

对学校考核体育教师教学成绩主要指标的调查结果显示，实验区（山东省威海市文登区）参与调查的181名体育教师和分管体育工作的学校领导中有39人指出学校是以带队参加上级比赛的成绩为主对体育教师的教学成绩进行考核，占比21.55；其他区市参与调查的353名体育教师和分管体育工作的领导中有194人做出同样的表示，占比54.96%。实验区被调查者中有22人指出是以学生体质测试成绩为主，占比12.15%，其他区市有9人做出同样的表示，占比2.55%。指出是以学生体质测试成绩和学生运动技能测试成绩为主进行考核的，实验区101人，占比55.80%；其他区市是105人，占比29.75%；选择其他指标的，实验区19人，占比10.50%，其他区市45人，占比12.75%，如图2-55。

统计结果显示，实验区参与调查的有55.80%以上体育教师所在的学校以学生体质健康水平和运动技能水平为主考核体育教师的教学成绩，从中也可以看出实验区教育局对学校体育工作的考评倾向于此。而非实验区的中小学校，参与调查的有54.96%的体育教师所在学校以体育教师带队参加上级比赛的成绩为主考核体育教师的教学成绩，占了多数，与实验区的考核倾向性泾渭分明。也可以看出，目前大多数中小学校的体育工作仍倾向于竞技比赛。

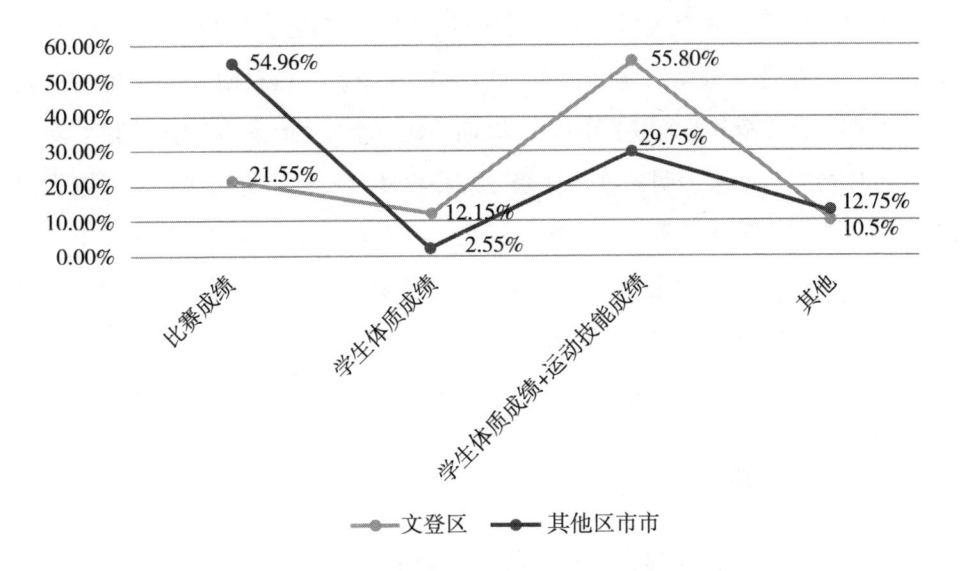

图2-55　学校考核体育教师教学成绩主要指标的调查

　　综上所述，实验区实行中小学体育教学质量监测，学生体质测试成绩明显优于对比区市，学生的运动技能测试成绩也处于较高水平，实验区体育教师对实行体育教学质量监测的认可度较高。实行体育教学质量监测，对提升学生体质健康水平和运动技能水平、优化体育课堂教学、提升体育教师职业幸福指数等起到重要的促进作用。监测工作之所以起到了立竿见影的效果，重要的是监测成绩计入辖区中小学校办学水平的考核、计入学校对体育教师的教学成绩的考核，其反馈、评价和激励机制发挥了重要作用，值得进一步推广应用。

区域推进中小学体育教学质量监测研究报告
（2021年）

  运用问卷调查与专家访谈的方法，在查阅国内外大量文献的基础上，对山东省荣成市中小学体育教学质量的现状及发展趋势等方面进行深入调研剖析，就进一步完善体育教学质量监测机制、对管理体制、教材研发、学生运动技能、竞赛项目设置等方面进行探讨，以期构建一个完善的体育教学质量监测机制并推广行之。结果表明：学习文登区中小学体育教学质量监测机制可以为山东省荣成市中小学体育教学带来更好的发展；有利于体育教学的优化，丰富了学生运动技能；满足学生身心健康发展，并为其培养终身体育意识打好基础，加快全民健身的进程；同时为培养竞技体育后备人才奠定坚实的基础，为威海市培养出更多的优秀运动员。

一、研究背景

（一）全面贯彻落实国家政策，实现体育强国目标

  《"健康中国2030"规划纲要》提出"在2030年最终实现人民身体素质明显增强、健康生活方式得到全面普及等战略目标"，标志着人们对身体健康发展的需求已上升为国家战略高度，我国开始进入大健康发展的时代。在"健康中国"的时代背景下，学校的体育教学环节必须符合国家相关规定，学校要重视学生体质健康监测活动，开齐开足开好体育课，保证每天一小时校园体育活动高质量开展，学生体质健康水平达到国家标准。

（二）山东省荣成市中小学体育教学质量发展的需要

  "少年强，则国强"，青少年儿童的身心健康发展对一个国家、民族的未来发展有着重要的意义。通过对近几次《中国学生体质健康监测结果公告》分析得出，我国近年来学生的体质整体下滑，学生肥胖率升高、近视率持续增长、

生理和心理亚健康等问题依然凸显。在深入调查山东省荣成市中小学体育教学质量情况时，也发现其中存在的问题：部分学校领导的支持程度不到位；中小学体育教师缺乏，教师专业能力比较弱；部分学校没有开齐开足体育课，学生对体育课的认知程度较低；教学场地匮乏，设施陈旧等突出问题。为了山东省荣成市中小学体育教学质量能够有更长远的发展，山东省荣成市中小学学习文登区中小学体育教学质量监测机制，在管理体制、教材研发、竞赛项目设置、宣传等方面进行不断优化，让山东省荣成市中小学体育教学质量的发展更加科学合理。

二、研究目的与研究意义

（一）研究目的

本文通过对山东省荣成市各中小学的调查研究，了解山东省荣成市中小学体育教学质量的现状，找出其制约教学质量的影响因素，根据原因及其他具体相关因素，配合学习文登区的体育教学质量监测机制，找到解决问题的手段，最后总结出一套适合山东省荣成市中小学的较为全面、适合推广的质量监测体系，使体系日趋完善。同时，通过分析山东省荣成市中小学体育教学质量客观特征，从学校领导落实、教师专业能力、学生全面发展以及推动体育竞赛发展的角度依次分析教学质量监测机制的必要性和意义。以切实可行的教育措施指导中小学体育教师和学生在教育教学实践活动中转变体育健康教育观念，扩大山东省荣成市中小学健康体育的普及和影响范围。

（二）理论意义

在国家逐年加强对学校体育重视的背景下，为山东省荣成市各部门对中小学体育教学的规划提供部分理论参考，完善体育教学目标，促进山东省荣成市中小学体育的发展；同时为山东省荣成市中小学体育教学质量推广研究方面提供理论依据。

三、研究对象与方法

（一）研究对象

随机抽取山东省荣成市中小学300名在校生作为实验对象，用同样的方法随机抽取300名在校生作为对照对象。实验时间为2019年9月至2021年2月。实验组按照文登区体育教学质量监测模式进行课堂体育教学和开展体育活动，对照组则用常规教学模式进行教学和开展活动。实验后对两者的实验结果进行比较分析。实验前对实验组与对照组学生的体育常识、体育意识、体育技能、身体形态（身高、体重）、身体机能（肺活量、台阶实验）、身体素质（50米跑、立定跳远、立位体前屈、男生引体向上、女生仰卧起坐、1000米跑）进行测验，并通过显著性检验，均无显著性差异（P＞0.05），满足实验条件。

（二）研究方法

1.文献资料研究法

查阅了近几年国内的相关文献资料。国内有体育教学质量监测的教学资料32篇，体育类调研报告资料21篇，学校体育教育资料8篇。

2.问卷调查结合面访座谈法

向300名中小学生发放300份问卷，回收294份，其中有效问卷291份，有效率97%，并与部分学生面谈。

3.测验法

对学生身体和运动技术方面的指标进行统一测试。

4.数理统计法

采用SPSS11.0 for Windows对所测数据进行统计分析。

四、研究结果与分析

（一）体育教学质量监测机制有利于优化体育教学，提高学生身体素质和运动技能水平

文登区体育教学质量监测机制有利于体育教学的优化，提高学生身体素质和提升运动技能水平。其显著特点就是统一中小学教材教学内容；开齐开足体

育课，让学生对体育课的认知程度提升，让学生真正热爱体育。人的各种活动无不与其动机、兴趣等因素有关，而人的动机、兴趣是建立在是否需要的基础上，没有需要，当然谈不上产生动机和兴趣，更不会有行为。体育教学监测机制最大限度优化教学模式，摒弃陈旧教学理念，满足了学生在运动上的需要，为学生自学、自练和自我创造、参与竞赛、实现自我价值、培养竞争意识等创造了良好的环境与条件。学生自觉自愿地参与体育运动，既锻炼了自己的体能基础，也让运动技能得到提升。学生运动员也在新模式下在教师或体育骨干的指导下迅速提高了运动技术水平。

由表2-32可知，对照组学生的身体素质、身体机能的测试结果与实验组学生相比均有显著差异。这主要是实验组在实施体育教学质量监测机制后，教师根据监测的多类型、多层次组织形式，确定了多层次、多维度的体育教学目标，改进教学方法与手段，调动了学生学习积极性，教学相长，促进课堂教学质量的提高。

表2-32 实验后实验组与对照组的身体素质、身体机能比较

组别	实验组 X	实验组 S	对照组 X	对照组 S	P
50米跑/秒	7.9	0.3	8.3	0.9	<0.05
立定跳远/厘米	236.16	19.97	232.28	21.14	<0.05
立位体前屈/厘米	12.13	6.97	10.5	6.62	<0.05
1000米跑/秒	240.19	22.36	248.36	26.68	<0.05
仰卧起坐/次（女）	39.5	5.9	34.9	5.7	<0.05
肺活量/毫升	3396	409	3357	438	<0.05
台阶指数	60.9	5.7	49.3	6.4	<0.05

（二）体育教学质量监测机制有利于自身锻炼能力的提高

学生自身锻炼能力是指学生在锻炼中所具备的运用自己掌握的体育知识、技能和技术，充分发挥自己机能水平的活动能力。学生自身锻炼能力的培养对于其提高身体素质、增强体质，掌握科学锻炼方法，养成经常从事体育锻炼的习惯，促使体育生活化、终身化、社会化以及提高全民健康水平都有重要的现

实意义。

表2-33 学生自身锻炼能力自评调查表

项目	能独立完成 实验组（%）	能独立完成 对照组（%）	需帮助完成 实验组（%）	需帮助完成 对照组（%）	不能完成 实验组（%）	不能完成 对照组（%）
制定计划 安排锻炼时间	210 70	59 19.7	64 21.3	219 73	26 8.7	22 7.3
选择编排 锻炼内容	238 79.3	39 13	62 20.6	229 76.3	0 0	32 10.7
克服困难 坚持锻炼	271 90.3	22 7.3	26 8.7	36 12	3 1	242 80.6
检查评比 自我调控	250 83.3	27 9	35 11.7	34 11.3	15 5	239 79.7

可见，实验组学生与对比组学生相比较，四项指标中都有明显的差异。如在制定计划安排锻炼时间这一指标上，实验组学生有210人（占70%）能独立完成，而对照组学生只有59人（占19.7%）能独立完成。在克服困难坚持锻炼这一指标上，实验组学生有271人（占90.3%）能独立完成。而对照组只有22人（7.3%）能独立完成。显而易见，经过近2年实验后，实验组的学生提高了学习积极性，能更加自觉地参加体育锻炼，最大化地提高了学习的效果。

表2-34 实验后实验组与对照组对体育课程态度和习惯养成方面的比较（%）

	对体育课的态度 喜欢	对体育课的态度 一般	对体育课的态度 不感兴趣	对课外体育活动的态度 喜欢	对课外体育活动的态度 一般	对课外体育活动的态度 不感兴趣	自觉参加课外体育活动的情况 每天去	自觉参加课外体育活动的情况 隔天去	自觉参加课外体育活动的情况 偶尔去	自觉参加课外体育活动的情况 从不去
实验组 N=300	85.7	14.3	0	85.6	14.4	0	75.1	18.6	6.3	0
对照组 N=300	30.8	40.3	28.9	27.3	31.5	41.2	22.6	17.8	18.4	41.2

由表2-34可知，实验组有85.7%的学生喜欢上体育课，而对照组的学生不喜欢上体育课的占30.8%，2个组别对体育课的态度有明显不同。实验组的学生在课余时间能自觉地参加课外体育活动，对照组的学生的自觉性则比较差。

表2-35　2019—2020年实验组初中阶段体质达标耐久跑项目测评成绩情况

年份	优秀率	及格率	平均分
2019年	19.8%	66.3%	67.9
2020年	31.3%	76.9%	78.5

耐久跑（见表2-35）是周期性很大的强度运动项目。初中阶段，耐久跑既能培养学生持久的奔跑能力和速度耐力，也可使其心肺功能得到提高，培养学生的意志品质。从2019—2020年山东省荣成市初中实验组学生测试成绩及格率变化可见，体育教学质量监测机制从一定程度上能提高了教学质量。

表2-36　2019—2020年小学实验组体质达标坐位体前屈项目测评成绩情况

年份	优秀率	及格率	平均分
2019年	27.8%	78.3%	84.9
2020年	31.6%	85.9%	94.2

小学阶段测试坐位体前屈（表2-36），测量小学生在静止状态下躯干、腰、髋等关节可能达到的活动幅度，反映小学生在2019年至2020年山东省荣成市实验组小学生体质达标成绩及格率变化，说明在体育教学质量监测机制实施后，使山东省荣成市中小学体育教学质量得到很大提升。

（三）体育教学质量监测有利于增强学生的终身体育意识

在对照组学生共300人的面访（问卷）调查中，其中男生176人、女生124人，最终调查得出体育教学质量监测为学生参与运动、自我健身创造了条件。体育教学质量监测机制在山东省荣成市中小学的推广实践，对体育教学质量的具体理论研究、学生体能提升和学生的健康成长有一定的理论价值和实践意义。

五、结论与建议

第一，体育教学质量监测机制形式灵活多样，教学内容丰富多彩，并能密切结合国家的需要和学生的需要，因此深受教师、学生的喜爱。体育与健康学科对学校体育提出了新要求，树立了"健康第一"的指导思想，提高了学生的身体健康、心理健康水平以及社会适应能力。体育教学质量监测机制以其独特的魅力，有助于学校体育与健康教育的实施。

第二，体育教学质量监测机制有利于培养学生锻炼的体育意识。科学化、系统化的教学模式也有利于体育教学的优化。

第三，体育教学质量监测机制作为一项牵动学校体育整体改革的研究，必将在提高山东省荣成市中小学体育教学质量，在提升中小学学生体育品质上起到重要作用。

第四，构建体育教学质量监测机制，要树立新的教育理念，要通过现有的体育教学质量监测机制比较研究，系统地研究山东省荣成市中小学体育的课程体系，构建有利于人才培养的中小学体育管理模式，为山东省荣成市中小学体育教学理论与实践提供研究基础。

第五，能够促进山东省荣成市中小学体育教学更好地发展，扩大体育教学的影响范围；有利于学生身心健康发展，为其培养终身体育意识打好基础，同时加快全民健身的进程。

第三章　中小学体育教学质量监测的机制

体育教学质量评价策略研讨综述

2019年5月27日19：30时至21：30时,《中国学校体育》杂志《草根争鸣》总第123期话题研讨——"如何评价体育教学质量"在山东省济宁市实验初中举行。全国教育科学"十三五"规划教育部重点课题"中小学体育教学质量监测机制的研究"（课题批准号：DLA170414）课题组骨干成员——山东省威海市教育名家（初中体育）工作室与山东省济宁市骨干教师团队共同主持了本期论坛，来自全国13个省市的一线骨干体育教师、体育教研员等450人参与了研讨。研讨主要围绕：体育教学质量评价应该关注哪些教学现象？评什么？体育教学质量如何评？如何发挥体育教学质量评价对提升体育教学质量的导向作用？如何发挥体育教学质量评价对促进体育教师专业发展的引领作用等4个问题展开。

一、体育教学质量评价研讨工作概况

（一）推敲教学质量评价　引发深入思考探究

本期主持团队围绕体育教学质量评价展开了思考和讨论，在课题组专家华东师范大学体育与健康学院汪晓赞教授的指导下拟定了研讨提纲，申报《中国学校体育》杂志《草根争鸣》选题，在杂志社专家的审定下，最终确定了本期《草根争鸣》的研讨框架。

主持团队在讨论和修改研讨框架的过程中，以及在与相关专家进行的5轮论证和完善研讨提纲的过程中，不仅对研讨内容：体育教学质量评价什么、如何进行评价、评价的结果如何应用才能发挥其导向作用等进行确定，考虑更多

的是该选题研讨的点如何切入、问题如何表述才更贴近参与者的教学实践，能更好地引导参与研讨教师的积极发言，引发其对体育教学质量评价更深层次的思考和探究。

本期选题接地气，研讨问题深入浅出，通过研讨涌现了众多体现实践经验和深入思考的帖子，很好地达成了选题确定的研讨效果。

（二）精心筹备主持引导　把握话题研讨方向

为了更好地完成本期《草根争鸣》话题研讨的主持引导等工作，2019年5月21日主持团队在威海市第七中学举行研讨主持筹备工作会议，山东省威海市各区市体育教研员、威海教育名家（初中体育）工作室全体成员及课题组部分成员共20余人参加了本次会议。

会议上，威海市体育教研员吕晓峰老师介绍了选题的申报情况，对各区市以往参与《草根争鸣》的情况及取得的成绩进行了总结，表扬了文登、乳山、荣成等表现突出的区市，加深了与会者对选题的了解和参与《草根争鸣》研讨的认识。会议上按照《〈草根争鸣〉主持规范》的相关规定，对主持工作进行了详细的分工，并要求会后进一步整理相关资料及文稿，并在正式研讨前进一步检查、落实准备情况。会议要求各区市要利用文件通知、参与研讨计入教师继续教育学分、统计并公布参与名单等途径和形式进一步宣传，发动更多的教师参与研讨。

会议中，本期论坛主持人吕兵文老师引导与会者对研讨提纲进行了充分的讨论和争鸣，对各话题在研讨中将会出现的争鸣点制订了预设与引导预案，对结合实践谈观点的话题做了案例准备，以更好地引导参与者联系实践进行研讨。

筹备工作会议让主持团队成员明确了工作职责和任务，加深了对研讨提纲问题的理解和认识，统一了观点，明确了思路和研讨方向；也促进了宣传发动工作的开展，为本期论坛的话题研讨做好了充分的准备。

（三）互动交流观点碰撞　凝聚智慧引领评价

本期《草根争鸣》研讨伊始，热度就很高，研讨发帖目不暇接。随着互动交流的持续和深入，参与者逐步明确了体育教学质量评价的内容、方法等，研讨中呈现了很多可资借鉴的实践操作方法和策略，也提出了一些富有建设性的意见，为进一步开展体育教学质量评价提供了经验、思路和发展建议。

研讨中，为厘清体育教学质量评价的内容，在山东济宁市体育教研员黄巍老师的带领下，主持现场的教师们进行了激烈的研讨，引导参与者进一步确立了体育教学质量评价的重点。在主持团队有序的引导下，参与者围绕"体育教学质量评价应关注哪些教学现象、评什么""体育教学质量如何评价""如何发挥体育教学质量评价提升教学质量""如何发挥体育教学质量评价促进体育教师专业发展"4个话题，并结合案例进行了广泛的交流，短短2个小时的集中研讨就发帖1700余条，促进了参与者对体育教学质量评价的理解与互动交流。

通过研讨，参与者对体育教学的目的和任务有了更深刻的认识，增强了发展学生体质的使命感与责任感，也为各级各部门评价体育教学质量提供了现实的操作案例和评价策略。

本期《草根争鸣》活动的开展，也为教育部重点课题的研究拓宽了研究路径，凝聚了智慧，促进了中小学体育教学质量评价研究的深入开展。

二、关注学习效果、行政考核计绩、以评提质增效——体育教学质量评价策略研讨综述

科学全面地评价体育教学质量对于提高课堂教学质量、提升教师专业技能、促进学生健康全面发展等都有着非常重要的意义。本着可操作、可检测、可评价的原则，体育教学质量应该评什么、怎么评，及如何发挥评价的导向、引领作用等问题都值得深入探讨。

（一）体育教学质量评价应着眼学生的发展，关注学生的学习效果

在研讨关于体育教学质量评价内容的话题时，出现了很多观点，分歧主要在于没有很好地厘清"体育教学评价""学校体育工作评价""体育学习评价""体育教学质量评价""一节好课的评价"这五个评价的内涵及相互间的区别，进而出现了争议。体育教学质量的评价重在对学生学习效果的评价，所有的体育课堂教学的设计、组织形式、教法手段、练习密度、运动负荷的调控等都指向了学生的学习效果，学生体育学习效果的好坏反映出的是体育教学质量的高低，围绕学生体育学习的效果谈质量评价才更能凸显本期研讨的价值。因此，研讨中一些对备课、上课、教师的教以及学生的学等过程性评价的观点就不在本期研讨的范畴之内。

探讨体育教学质量评价关注的教学现象，大致有三类观点：一是从课的目标达成度的视角（浙江蒋世杰、山东阎冬青），即可以关注课的认知、技能、情感三个维度的教学现象。学生适宜的运动心率和出汗（体能）、运动技术的掌握与提高（知识和技能）、主动参与练习的表现（参与和态度）、和同学一起完成练习及与同学、老师交流自己的进步与不足的情况（情意与合作）；二是从课标的视角（浙江孟凡东、山东丛培刚），即运动参与、运动技能、身体健康、心理健康和社会适应四个维度的教学现象；三是从体育学科核心素养的视角（上海李文峰、山东李代勇），即运动能力、身体健康、体育品德三个维度的教学现象。

最终，研讨的观点逐渐统一到：体育教学质量的评价内容主要是学生的体质健康水平的发展和运动技能水平的提高，学生的学习态度与运动参与情况、学生的情绪表现与体育品德的养成情况也应该列入评价内容体系之中。如山东徐晓东提出"体育教学质量的关注点应该是在学生身上，也就是说无论什么样的教学策略的使用，都要看在学生身上的反应效度"；山东岳洪礼提出"体育教学应该以学生的发展为根本，要以学生在课堂学习中呈现的状态以及训练的效果做参照来评价课堂教学质量。其中，增强学生体质是最关键的，也是评价体育教学质量的主要标准"；山东于春鹏提出"体育教学质量评价，主要是检验通过教师的教和学生的学，学生到底学会了什么，达到什么程度，对于学生自己是否有所提高"。以上言论显示出参与研讨者对具备体育学科特点的质量评价比较到位的认识，体现了参与者对体育教学质量评价育人特质的理解和认同，反映出了参与者较高的教育理论研究水准。

（二）突出学生体能与技能、行政参与、考核计绩，增强评价的实效性

关于体育教学质量如何评的研讨，很多参与者将目光都停留在一堂体育课的教学质量上，并提出了评价目标达成度的评价方向和技能学习要有技评标

准、体能发展要有适宜的评分标准的评价工具，使得体育教师对一堂课的教学质量评价的可操作性有了方向。

实践中，对于学校、地区的体育教学质量评价更值得探讨。研讨中，参与者对评价办法的观点倾向于：评价内容要覆盖体育教学中各年级的基本技术、基本能力；评价的组织应由教师、学校、教育行政部门、第三方力量等共同组成；评价的方式主要是抽测；评价指标的权重应合理；评价的结果要纳入教师教学水平、学校办学水平、地区教育水平的考核之中。

部分参与者将自己本地的体育教学质量评价的实践做法分享出来，提供了可资借鉴的实操案例。如山东王怀利提出"威海市环翠区每年通过抽测的方式对辖区各校的体育教学质量进行评价，抽测关注点是学生体质健康水平和学生运动技能的掌握情况，同时对学校的体育特色项目推进情况进行考察，抽测的项目为体质测试项目＋学校特色项目（篮球、足球、排球、跳绳、武术）"；上海吕祥文提出"上海市闵行区每学年第二学期进行体质健康测试抽测和小学的技能抽测，体质抽测一般是从国家要求的里面抽三项。如这学期抽测的是耐力跑、引体向上（男生）、仰卧起坐（女生）和立定跳远。小学则是对上海每学期每个年级的必教内容进行抽测，今年抽测的是武术，对所教内容进行技评。此项工作是由教育局牵头，教师进修学院下属体质健康检测中心承办的，抽测结果作为学校年终考核必须项"；山东姜建明提出"文登区实施体育教学质量测试已十多年了，内容包括运动技能类：基本体操（队列队形、韵律舞蹈、广播操）、体操（技巧、器械体操）、球类（篮球、排球、足球）、武术等；运动素质类：跑、跳、投、跳绳、仰卧起坐等。先由学校检测督促，然后区级抽测考核计绩（全区统一确定测试年级，学校抽签决定测试班级，体育教师根据测试项目的数量随机分组，小组长从学年所有单元测试项目中抽签确定测试的项目）检测成绩纳入各校的办学水平考核"。

上述典型实操案例，以抽测的形式强化常态教学开好体育课、开齐教学内容，优先检测体能、技能项目突出了体育教学增强学生体质的根本任务，以将评价结果纳入学校办学水平考核的机制倒逼学校、体育教师优化体育教学，不断提升体育教学质量，力度大、实效性强、切实提高了评价的诊断、反馈、激励、发展的功效，值得借鉴、推广、学习。

（三）以学定教，以评促学促教，教学评一致

如何发挥体育教学质量评价对提升体育教学质量的导向作用？研讨中的观点集中于：体育教学质量评价的目标要明确、评价的内容要多样、评价方法要可操作、评价的结果要具有激励性，从而让师生明确努力方向、了解自己的优势与劣势、反思自己的教与学、树立学习榜样，并不断挖掘潜能，调整教与学的策略，改进、优化教与学，取得更好的发展。

山东欧阳健认为"教学质量评价可以监控教学活动有序开展，促进教师教学和学生学习"。山东金思宇认为"良好的评价体系可以促进设置更加合理的学习目标，让教学过程更具可操作性，而且更切合学生的实际情况，从而促进目标的达成度更高"。山东郭丹认为"济宁市提倡的'汗水＋笑声'，还有目前比较先进的体育教学思想'KDL'，都是对我们课堂切实有效的引领"。山东邹玲玲认为"文登区体育教学质量评价内容，涵盖田径、球类、体操、体育舞蹈、技能各个方面，以抽测的方式展开，避免了'考什么，教什么，练什么'的应试现象，促进学生运动技能和身体素质的全方位提升和发展，对体育课堂教学进行有效导向"。

无疑，启用体育教学质量评价机制，使评价结果对师生的教与学起到很大的激励作用（比如，影响到本人的升职、绩效或升学、学分），师生就能最大限度地依据评价标准及评价结果找到教与学的差距，用评价结果优秀的单位或个人做赶、比、超的目标，并将提升成绩作为常态课教与学的显性指标，激励自己积极教与学（教师也可以指导学生制订运动处方，有针对性地改善体质、提高运动技术水平），就能在一定限度上极大地发挥评价对提升质量的导向作用。

（四）自我剖析学习、组织专业研修、教学比武提升，以评价促专业发展

体育教学质量评价可以很好地促进学生体质的增强，更能有助于促进体育教师的专业发展。研讨中，参与者对质量评价的这一功效的认识高度一致。如何发挥体育教学质量评价对促进体育教师专业发展的引领作用？研讨中的观点

集中于自我反思、自我剖析、加强自身业务素质锻炼等，这是基于参与者立足自身提出的可行性建议。其实从其他的层面看，针对教学质量评价的内容、标准及评价后的结果暴露出的问题，更可以通过教研组的日常有针对性地听评课（针对某位教师、针对某个运动项目的教学、针对某个教学问题的解决等），区域教研部门的有针对性的业务研修、技能培训，或者组织教学比武来展示、促进、提升教师的业务水平和能力，这是发挥体育教学质量评价促进教师专业发展简单而有效的途径。

研讨中，涌现了不少可供学习、参考的观点。如山东姜英峰认为"体育教学质量评价是验证教师自我专业实践能力的一把刷子，倒逼体育教师加强专业学习和提升，专业得到提升和发展反过来又不断促进教学质量的提高。分析体育教学质量评价结果能发现教师专业水平的短板，继而有针对性地进行改进提高，从而促进体育教师专业发展"。山东曲文轲认为"首先教师要对体育教学质量评价做出全面认识并剖析产生问题的原因，其次结合教研组的谈论对教学做出优化策略"。浙江省秋玮认为"有评价必有结果，无论是结果的好坏，都会带动教师对自身教学的反思和成长"。山东刘新军认为"评价反馈能够引起我们的思考，成功或失利都能从自身的知识储备、教学的组织实施等方面进行反思总结，促进专业发展"。

通过研讨，参与者对体育教学质量评价有了更多更深刻的理解和认识，通过分享案例，在评价的实操层面有了学习和借鉴，并对课堂教学有了进一步的思考和觉醒，对自身的专业成长也萌发了更高的要求，必将对推进中小学体育教学改革，提高体育教学质量起到很好的促进作用。

体育教学质量有效评价的四要素

体育教学质量是学校体育教学体系评价的核心内容，是评价阶段性教与学成效的体现，而评价的最关键因素是学习主体学习效果的呈现度。对体育教学质量评价进行准确定位，并全方位评价，对引领体育教学的方向、发挥对学生的育人功能尤为重要。

一、明确以学生发展为中心点，让体育教学质量评价指向靶心

体育教学质量是以学生持续发展为中心。因而，体育教学质量的评价应以学生学习体育与健康知识、技能和方法为主要内容，以增进学生健康，增强学生体能，培养学生坚强的意志品质、合作精神、交往能力和终身体育意识为主要目标，应指向学生运动技能、身体健康、运动参与等学习目标的达成。比如，在质量评价操作过程中，从学生发展的视角更应该多关注学生阶段性具体指标的进步和进步幅度。

二、把握体育教学基准点，让体育教学质量评价目标明确

体育教学最根本的基准点，一是运动技能（学科本质），二是体能发展（运动技能的基础）。

就体育教学而言，其教育的本质就是在立德树人的前提下发展学生的体能、提升学生的运动技能水平，让学生在拥有健康体魄的基础上塑造优良的体育品德。

因而，体育教学质量应立足于教育培养人的根本目标，即学生多维学习目标的达成。体育教学质量评价的落脚点，应重点放在学生的体能发展和运动技能的提升上，重点关注学生体育学习的过程和发展的延伸性，加强学生体育锻炼行为和健康水平的提升。

三、立足教学实施着力点，让体育教学质量评价全面覆盖

体育课堂教学、阳光大课间活动、课余体育训练，是体育教学实施的根本途径，其中体育课堂教学是体育教学质量实施的基本途径，阳光大课间是体育教学质量展示的重要途径，课余体育训练是体育教学质量提升的助推剂。

因而，对体育教学质量进行评价一定要全面，要涵盖学生体育参与的全部内容。如，在对学校阳光大课间活动教学质量进行评价时，首先要明确是对学校、年级、班级的体育教学质量的评价，还是对教师、学生个人的体育教学质

量的评价，从哪几个方面评价，是对参与度和目标达成的评价，还是对参与过程和学习结果的评价，由谁去评价、怎么去评价、采取什么样的奖惩办法等。重点放在哪个方面，对学生、教师、班级或年级的作用是个性化的或者是整体化的，要全方位考虑，精细化操作。

四、抓住教学评价关键点，让体育教学质量评价准确有效

（一）体育教学质量评价目标要准确

体育教学质量评价目标必须要明确，要聚焦学生、指向学生的学习行为、关注学生学习目标的达成。

要明晰学习目标，即学习达到什么程度；要明确学习结果，即学生通过努力目标是否能够完成；要制订教学质量检测的内容和标准，即用什么样的方法去检测评价学习效果等。如，在进行篮球原地单手肩上投篮教学质量评价时，既要有对投篮姿势技能学习目标的评价，也要有对投篮命中率技能学习结果的评价。这样才能有效地监测体育教学质量的有效性、查缺教学质量的缺口，督促教师教学能力的提升，促进教学质量的提高。

（二）体育教学质量评价内容要全面

首先，评价内容表述要准确即学习内容是什么，通过所学内容名称能够让学生了解所学动作基本概念，并知道自己为什么要学，即学习的价值和学后怎么去用。如，在进行足球脚内侧传接球教学时，首先要让学生知道学习的内容是足球传接球、传球的部位是脚内侧，并通过实践让学生知道足球脚内侧传接球要快、稳、准，主要适用于短距离传接球配合等。

其次，评价内容既要涵盖学生运动技能掌握、体能发展层面，也要有体育与健康基础知识、体育道德层面等。

再次，评价内容的选定要有差异性，同一学习内容，不同学段、不同年级学习内容的选择要考虑学生现有学习基础，评价要有明确的具体内容和难度的规定。在检测教学质量效果的同时也能激励、促进学生体育运动能力和水平的提升。

（三）体育教学质量评价方法要得当

首先，评价方法的制订要符合学生年龄、学段特点，适合基本学情，即运动能力、运动水平特点，评价方法的实施要有步骤、有层次，多体验、重合作，评价方法上还应有明确的课堂检测内容和学生自我评价的标准、手段等。

其次，评价体系指标要分层，要明确评价操作方式，结合学生年龄特征制定可行性的评价方式。对体育教学质量进行评价，如，小学学段可倾向于学生的基本运动能力、体能的检测，初中学段可倾向于学生运动技能、知识与方法掌握的检测，高中学段可倾向于运动技能的应用和体育道德品质的检测。

（四）体育教学质量评价过程要可行

对体育教学质量进行评价，首先要考虑评价的时间安排，包括学习的阶段、评价的次数、完成一次评价所需的时间，以及天气、气候等因素，其次要考虑实施评价所需的场地器材因素，要在现有的条件下保证评价过程的顺利实施，再次要有翔实的评价方案，除了评价什么内容、评价方法、谁来评价等确定以外，还要建立完整的评价标准，并对评价结果进行预设等。

表3-1 小组评价完成技能的质量标准

动作等级名称	技术质量评价标准			
	优	良	及格	有待进步
挺身式跳远	助跑发挥速度好，起跳准确充分，挺身动作正确、完整、协调，收腹举腿、前伸小腿落地动作顺序合理，效果好	助跑发挥速度较好，起跳充分，起跳腾空挺身动作较充分，落地动作较积极，缓冲较顺利	助跑发挥速度一般，起跳不够积极，腾空步的动作不充分，落地缓冲较好	助跑不连贯，起跳不够积极，腾空做不出挺身动作，落地缓冲效果不明显

（五）体育教学质量评价价值要延伸

教学质量评价要在全面的基础上具有一定的区分度，要注重评价的实效性，把握评价的阶段性、发展性。评价既要考虑学生基本学情，又要对学生的长期发展具有延伸性，要发挥体育教学长效的育人功能，体现体育教学质量评价的价值。

体育教学质量评价既要有统一的评价标准，又要对学生的身体形态、运动能力、技能水平等客观因素给予差异性评价，避免"一刀切"的评价指标对学生发展造成不利影响。因而，教学质量的评价要评价角度广、评价方式多，尽量要做到因人而异、因内容而异，注重学习过程和学生的阶段发展。

综上所述，体育教学质量评价最根本的目的是检测学生体育学习目标的达成和促进学生持续地发展。最直接的目的是通过评价结果反馈与指导阶段性课堂教学中学生学习的效果，也是实现对教师的专业化发展水平的监测。因而，对体育教学质量的评价必须是多元的、开放的，是渐进的、发展的。应重视学生体育学习的成长变化，注意评价的时机、评价的角度，以鼓励性的评价方法与手段为主，合理地使用结果性、诊断性评价，注重学生的情感体验、技能形成与运用等。

选定内容　周密组织　规范操作　务实评价
——乳山市义务教育体育教学质量评价的实践与思考

据不完全统计，基层部分中小学校在相当长一段时间内，体育教学的质量评价往往采取模糊性评价的方式。模糊性评价存在较大主观性，难以相对公正地评价教师劳动，体育教师意见较大，极易挫伤教师工作的积极性。尤其是体育教师要与本校其他学科教师共同进行综合性考核排序时，"教学质量"指标一虚一实的差异就成了不可回避的矛盾。同时，每学年基于教育主管部门对学校体育教学质量评估的需要，于是产生了如何科学合理地评价体育学科教学质量的问题。乳山市义务教育体育教学质量的评价围绕评价什么、如何组织、数据的有效运用等方面进行了多年的实践探索和总结，已经形成了相对完整的评价操作体系。

一、评价内容的确定

教育主管部门主要通过测试学生体能和运动技能评价考核学校和教师体育

教学质量水平。体能测试围绕《国家学生体质健康标准（2014年修订）》（以下简称《标准》）各年级项目确定，运动技能测试围绕体育与健康教科书中的学习内容确定，凡是教学参考书有明确测试标准的运动技能项目都在测试范围之内，适当调整或删减部分难度较大的测试内容。

（一）划定范围与抽测结合

学年初，市教研中心划定每个年级的测试范围。比如，体能测试内容涵盖了《标准》中的柔韧、耐力、速度、力量、灵敏等多个大类，每类划定1至2个项目；运动技能测试范围在球类、田径、体操、武术中各确定1至2个项目。学期末正式测试前抽选确定测试内容，从前述两大类中抽选1至2个体能项目和1至2个运动技能项目作为最终评价内容。

（二）优势分析

一是导向性，评价项目范围较全面，技能与体能并重，能较好地引领授课内容的全面性，切实重视学生的全面发展，进而提升体育教学质量。二是规范性，期末抽选的方式可以倒逼学校加强日常体育教学管理，规范教师教学行为，避免教学的随意性。三是适切性，一方面，评价项目不完全照搬教学参考书，根据学生基础、现实条件等选定；另一方面，考虑学科测试存在易受场地、器材等其他诸多因素干扰的特点，评价过程组织有一定难度，每学年评价项目最多4个。

（三）建议

一是评价范围及项目确定一定要适宜。因为范围划得较小，会出现测试什么就上什么内容，体育课成了训练课的问题，影响学生综合素质的提高。范围过大，项目过多，易出现学生难以完成学习任务的问题。二是正式测试项目的抽选确定工作不宜过早，以有效防止学校体育教学投机和功利问题的产生。

二、评价的组织

（一）评价步骤

第一步，自我评价。各学校所有教学班根据学期初测试项目范围进行自评，并按照成绩从高到低排序，经学校签章，报市教育局。第二步，确定评委。教育局派巡视员一名，每校派评委数名，由教育局分配至不同学校，异校测评。第三步，抽选班级。由教育局按统一规律组织抽签决定学校全体或部分体育教师的测评班级；第四步，实地评价。各学校提前一周按要求布置场地、器材等，确保达标。按照中考体育的测试操作进行测评，上、下学期期末各一次，确保公正、公开、公平。

（二）优势分析

一是操作性。学校自评后，教育局组织评委同步抽评，保证体育教学评价的全员参与和测评结果的权威性。二是严密性。异校测评加强了测评的公正性，也便于相互监督、相互学习。三是公平性。参照中考体育的测试操作，使评价更公开、公平。

（三）建议

一是抽选班级学生全部参加测评。如果按总分和某单项分别排序，在某班级中抽取一定比例的学生会存在较大差异，会造成一定程度的不公平。二是评价时间要同步。采取固定评委逐个学校评价的方式，往往时间过长，对先测评的学校或教师不公平，且易受天气差异、评委被干扰等因素影响，造成新的不公平。

三、数据的有效运用

教育主管部门在进行学校体育教学质量评估时，上述抽测数据按高低排序，合理使用即可。但在校内体育教师与其他学科教师所有任教班级学生数据进行横向比较时，由于数据不全面，有一定操作难度。通常可采取两种方式：一是全部体育教师参与抽选测评。每位教师均有一个体育教师的位次比，可按照位次比插入本校其他教师"教学质量"排序中，获得个人相应的教学质量评价得分。二是部分体育教师参与抽选测评。学校需要组织校内所有体育教师进行同项目二次自测，然后进行横向比较，从而使未参加上级抽测的体育教师获得相应教学质量得分。

四、思考

（一）高度重视

作为评价体育教师劳动的最重要方式和评估学校体育教学工作重要组成部分，科学合理地对体育教学质量进行阶段性评价，是给予体育同等学科地位，规范各校日常体育教学和激励教师工作积极性的重要举措。只有教育主管部门与学校均能够积极推进和认真实践此项工作，并充分发挥其杠杆作用，才能使体育教学质量的提升获得最基本的行政保障。

（二）全面灵活

体育与健康课程标准作为开展体育教学的依据，学生在"运动参与、运动技能、身体健康、心理健康和社会适应"四个方面学习目标的实现与否是评价体育教学质量的根本。体能与运动技能目标相对于其他方面学习目标而言，较为显性，易于评测，便于操作，在基层的认可度相对较高。虽然未必全面科学，但却抓住了主要矛盾，相对客观公正，解决了一些现实问题，对学生发展是有利的。因此，也不失为务实有效的体育教学质量评价方式。不过，从严格意义上来说，体育教学质量的高低往往反映了体育教学目标达成的优劣，又不应仅仅关注体能和运动技能两个方面。同时，体育教学质量评价的是"学生学习的结果"，而非"体育教学过程"，而仅仅重视结果，过分依赖于教育主管部门"阶段性"的"他评"，对学生发展来说也是片面的。因此，一是教学质量评价还要关注运动参与、心理健康与社会适应等方面学习目标的达成度，如将该目标进行具体细化；二是要采取多元评价方式。体育教师和学校要经常进行教学质量"自评"，将教学过程与阶段性质量评价相结合，定性与定量相结合，从而真正有效防偏，全面促进学生的健康成长。

体育教学质量多级评价的实施策略

体育教学质量的高低受教师水平，课程内容、学生投入等许多因素影响，而评价作为提高体育教学质量的一个重要手段，其实质是以体育学科的性质及在课程教育体系中地位为出发点，找到一个合理的方式对于体育教学质量水平来逐级监管，最终达到以学生掌握学科知识程度作为一个重要的指标，从而来提高体育教学质量。

山东省威海市文登区教研中心以操作技能为主，包括现场演示、动手操作、实地考察、口头问答等为基本形式，对辖区内所属中小学，进行质量监督评价，涵盖了体育教学工作中的三项重要工作：体质监测、课程教学、体育中考。监管则是通过"监管单位—学校—教师"管理，即"教研中心对学校进行监督考核—学校考核体育教师—体育教师测试学生"，最后落实到约束体育教师、提高学生学业达成水平，达到提高体育教学质量的目的。

一、评价内容

依据《国家学生体质健康标准（2014年修订）》（简称《标准》）、《文登区义务教育学段艺术与体育学科教学质量评价实施细则》（以下简称《细则》）中规定的各水平段单元学练内容。以三、五年级水平为例。

（一）《标准》评价内容

具体见表3-2。

表3-2 《标准》评价内容

组别	评价指标（测试项目）	分值
所有年级	BMI	15
	肺活量	15
小学五年级	50米跑	20
	坐位体前屈	10
	1分钟跳绳	10
	1分钟仰卧起坐	20
	50米×8往返跑	10

（二）《细则》评价内容

1.运动技能

队列：（横队）齐步走、跑步走—立定、向左转走、向右转走、向后转走。

体操：（垫上技巧）前滚翻—交叉转体180°—后滚翻—跪跳起。

武术：少年拳第一套。

球类：篮球三步上篮、排球自垫、足球运球绕杆射门。

2.运动素质

50米、400米、跳远、掷沙包、1分钟跳绳、仰卧起坐。

二、评价指标

（一）《标准》指标

表3-3 《标准》指标

等级	得分	肺活量 男	肺活量 女	50m跑 男	50m跑 女	1分钟跳绳 男	1分钟跳绳 女	仰卧起坐 男	仰卧起坐 女	50米×8往返跑 男	50米×8往返跑 女
优秀	100	2900	2250	8.4	8.3	148	158	50	48	1′36″	1′41″
	95	2800	2150	8.5	8.4	143	151	47	46	1′39″	1′44″
	90	2700	2050	8.6	8.5	138	144	44	44	1′42″	1′47″
良好	85	2450	1950	8.7	8.8	132	136	41	41	1′45″	1′50″
	80	2200	1850	8.8	9.1	126	128	38	38	1′48″	1′53″

（二）《细则》指标

1.运动技能评价指标

表3-4 五年级篮球三步上篮（距离从三分线开始、时间1分钟）

成绩		优（90~100分）	良（80~89分）	中（70~79分）	差（70分以下）
达标	男	投中7个球	投中5个球	投中3个球	投中0个球
	女	投中5个球	投中3个球	投中1个球	投中0个球
技评		运球动作协调连贯，三步上篮动作连贯、流畅，做到一大、二小、三高跳，投篮动作准确、标准	运球动作连贯，三步上篮动作准确，投篮命中率较高	运球动作基本连贯，三步上篮步数正确，投篮能命中	运球动作不连贯，三步上篮不流畅，命中率很低

2.运动素质评价指标

表3-5　小学五年级运动能力测试评分表

得分	50米 男	50米 女	400米 男	400米 女	跳远（米）男	跳远（米）女	掷沙包250克 男	掷沙包250克 女	1分钟跳绳 男	1分钟跳绳 女	仰卧起坐 男	仰卧起坐 女
100	8″4	8″3	1′17	1′21	3.41	3.2	32.9	21.6	148	158	50	48
90	8″6	8″5	1′20	1′25	3.27	3.04	30.7	19.7	138	144	44	44
80	8″8	9″1	1′24	1′29	3.12	2.88	28.4	17.8	126	128	38	38

三、评价方法

《义务教育体育与健康课程标准（2011年版）》中指出，体育与健康学习评价是达成学习目标的重要手段，提倡以多元的内容、多样的方法、多元的评价标准构成科学的评价体系。合理选择体育与健康学习评价内容包括：①体能；②知识与技能；③态度与参与；④情意与合作。同时，教育部印发《国家学生体质健康标准（2014年修订）》（简称《标准》），要求学校每年对全体学生体质监测，根据学生总分评定等级。只有达到良好及以上的学生，方可参加评优与评奖。

因此，发挥评价机制的监管作用：建立"学生—体育教师—学校—教研中心"多级评价体系，即"教研中心对学校进行考核—学校对体育教师进行考核—教师对学生进行课堂检测"，约束体育教师教学行为，达到提高体育教学质量的目的。

一级评价：学生学业达成评价——由体育教师对学生的学习情况进行考核评价，并计入学生的学业成绩卡。

评价方法：①学生自我体育鉴定：在单元教学任务完成后，学生每人一张学习表现卡，主要以课堂参与和表现、情感体验为主，根据内容对自我及他人进行评价，以等级的形式记录学生的自我评价。②教师对学生的检测：在全区统一教学进度下，每一单元完成后，教师对全体学生进行单元检测，成绩记录在学习卡上，并同时记录教师的评价。

二级评价：教师教学质量评价——第一学期末，各学校结合国家学生体质健康数据上报工作，组织对全校学生进行测试，教师任教班级的成绩计入教师的年度考核。

评价方法：对校内平行班级，要安排2名以上教师进行教学（没有平行班级的，以伙伴校范围进行测试）。测试时，要求学生全员参与。测试内容是《标准》中的2至3项，评价标准执行《标准》。

三级评价：学校体育质量评价——学年末，教育主管部门对学校进行体育教学质量考核评价，并计入学校的年度工作考核。

评价方法：教学质量检测评价，即每年6月，教研中心统一安排人员到各学校，进行体育教学质量评价检测。全区统一确定测试年级，学校抽签决定测试班级，从学年所有单元测试项目中抽签确定测试内容。计分方法：总分（100分）＝运动技能类平均分×50％＋运动素质类平均分×50％。运动技能类（100分）、运动素质类（100分）依据《细则》评分标准予以赋分。

四、评价结果的运用与反馈

一级评价利用较强的可量化、可观测、可操作性，便于认知和达成，有助于学生理解和掌握基本的运动知识和技能，提高学生的运动能力。学期末，根据学生学习表现卡的记录，综合评定学生成绩。

二级指标则更多的是约束教师的课堂教学行为，在对教师的考核中，实得分＝班级平均分/平行班最高分×100。该分是教师考核中教学成绩分数，占总考核成绩的40％。

三级指标则是逐级落实，主管部门评价学校—学校评价教师—教师评价学生，提高认识，强化意识，提高教学质量。教研中心对学校的考核：在学年末，教研中心综合各学校在两个学期中的测试成绩，以终结性评价＝第一学期体质监测单元测试＋第二学期运动技能测试，评价学校体育教学综合质量。该考核是教育主管部门的最终评价。

五、实施多级评价的意义与作用

（一）多级评价多级重视

各级考核均涉及自身的业绩考核。各学校按测试成绩排名计绩，校级对教师的教学测试作为教学成绩纳入个人年终考核。学生成绩要作为学业指标，记录在成长袋，作为学业综合评价的依据。每级评价所涉及的个体均与考核成绩直接挂钩，能够促使被评价个体由思想上的重视转变成行动上的落实。

（二）全面评价关注差异

用平均分＋优秀率＋良好率＋及格率的方式，对班级学生测试成绩进行计算。成绩计算方式的改变，促使教师在教学过程中要全面关注各水平间（优秀、良好、及格）学生数量的变化，积极思考教学策略，使用多样化的手段，提高和督促低水平学生向高水平进取。有效避免拔尖教学、斩头去尾等不利于关注个体差异的教学行为。

（三）重视评价提高质量

抽测成绩的好坏，直接关系到教师的教学成绩考核，同时也关系到学校的教育教学质量评估。因此，各学校对学科专业教师的配备和课程计划的落实，都引起了普遍重视。而且该项指标也成为教师考核的重要标准，能够让教师的教学行为由"要我教"变成"我要教"，主动挖掘教学策略，积极钻研教材，研究教法，提高课堂教学效率，努力将学生的学习行为由"要我学"变成"我要学"。最终让课程计划得到全面落实，课程实施水平得到全面提升，全面提升体育教学质量。

中小学体育教学质量监测机制的研究

体育教学质量的监测，指的是体育教学结果的监测，即监测学生通过参与体育运动的学练等最终的结果的情况，包括对运动知识、技能的掌握情况和运用能力以及体能的变化等。目前，体育中考的实施，对提高初中毕业生的体质健康水平起到了有目共睹的成效，但中小学其他年级学生的体质健康水平仍不容乐观，并且初中毕业生升入高一年级一学期后，体质健康水平有明显的下滑。以体育中考、体育学业水平检测等体育教学质量监测的机制来提升学生体质健康水平和运动技能水平已被实践证明是切实可行并行之有效的，应该加强实施和推广。

一、研究目的

本研究试图构建、完善中小学体育教学质量监测机制，以进一步规范、优化中小学体育教学，切实促进中小学生体质的增强。

二、研究方法

（一）文献资料法

通过中国知网检索，查阅体育教学质量监测领域的研究文献，了解该领域研究现状及研究趋势，为本研究的开展奠定理论基础。

（二）调查法

利用"问卷星"制订中小学体育教学质量监测问卷，面向全国对中小学体育教师进行中小学体育教学质量监测相关意向的调查。

（三）实验法

运用中小学体育教学质量监测机制对实验区（山东省威海市文登区）中小学进行为期一年的体育教学质量监测，对照未进行体育教学质量监测的区域中小学学生体质健康水平，研究实施体育教学质量监测对学生体质健康的影响。

（四）数理统计法

学生体质健康数据：采用《国家学生体质健康测试标准（2014）》中的三至九年级学生体质健康测试指标，对学生进行体质健康测试，包括：50米、1分钟跳绳、1分钟仰卧起坐；50米、立定跳远、引体向上（男生）、1分钟仰卧起坐（女生）、1000米（男生）、800米（女生）。运用SPSS21.0软件对实验区和对照区的实验前、后测试数据进行统计分析。

三、结果与分析

（一）学生体质健康水平显著提高

本研究对实施体育教学质量监测和未实行体育教学质量监测的区市学校在校生的相关体质健康测试数据进行了统计，其中小学5个区市11所学校2422名学生（见表3-6），中学4个区市7所学校1181名学生（见表3-7），统计分析得出，小学三至六年级的1分钟跳绳（三年级：T=11.827，P=0.000，P<0.05；四年级：T=11.102，P=0.000，P<0.05；五年级：T=16.247，P=0.000，P<0.05；六年级：T=12.665，P=0.000，P<0.05）、1分钟仰卧起坐项目（三年级：T=6.258，P=0.000，P<0.05；四年级：T=15.528，P=0.000，P<0.05；五年级：T=18.444，P=0.000，P<0.05；六年级：T=3.976，P=0.000，P<0.05）实验区学生与对照区学生存在显著性差异，且实验区学生成绩均值明显高于对照区学生，而50米跑成绩，实验区学生与对照区学生没有显著性差异。说明实行体育教学质量监测对小学生的1分钟跳绳和1分钟仰卧起坐成绩起到了积极的促进作用。

表3-6　实验区与对照区小学生体质健康水平测试数据独立样本T检验

年级	项目	是否实验	N	均值	标准差	T值	P值
三	50米	实验	172	16.9215	79.24132	1.727	0.085
		对照	489	10.7386	1.06198		
	1分钟跳绳	实验	172	116.64	32.602	11.827	0.000
		对照	489	78.14	38.064		
	仰卧起坐	实验	172	31.63	11.942	6.258	0.000
		对照	489	25.00	12.019		
四	50米	实验	234	10.7485	6.59429	1.305	0.193
		对照	481	10.1825	1.02875		
	1分钟跳绳	实验	234	130.03	31.683	11.102	0.000
		对照	481	101.66	32.841		
	仰卧起坐	实验	234	39.06	9.352	15.528	0.000
		对照	481	26.39	10.644		

续表

年级	项目	是否实验	N	均值	标准差	T值	P值
五	50米	实验	282	9.8813	1.14213	−1.814	0.070
		对照	419	10.0289	0.99384		
	1分钟跳绳	实验	282	139.09	31.457	16.247	0.000
		对照	419	97.76	34.032		
	仰卧起坐	实验	282	45.40	11.155	18.444	0.000
		对照	419	28.40	12.482		
六	50米	实验	240	9.8374	1.01214	1.158	0.248
		对照	102	9.6833	1.35618		
	1分钟跳绳	实验	240	124.53	35.300	12.665	0.000
		对照	102	70.37	38.179		
	仰卧起坐	实验	240	33.94	12.703	3.976	0.000
		对照	102	28.34	9.751		

对中学生的测试数据统计分析可得，七年级的50米跑（T=3.283，P=0.001，P<0.05）、立定跳远（T=16.234，P=0.000，P<0.05）、女生1分钟仰卧起坐（T=6.285，P=0.000，P<0.05）、男生1000米跑（T=−2.593，P=0.000，P<0.05）、女生800米跑（T=−4.826，P=0.000，P<0.05）均存在显著性差异，且立定跳远、女生1分钟仰卧起坐、男生1000米跑、女生800米跑项目实验区学生测试成绩均值明显高于对照区学生；八年级的立定跳远（T=72.654，P=0.000，P<0.05）、男生引体向上（T=2.969，P=0.003，P<0.05）、女生1分钟仰卧起坐（T=4.998，P=0.000，P<0.05）、男生1000米跑（T=−2.279，P=0.024，P<0.05）、女生800米跑（T=−2.396，P=0.017，P<0.05）均存在显著性差异，且立定跳远、男生引体向上、女生1分钟仰卧起坐、男生1000米跑、女生800米跑项目实验区学生测试成绩均值明显高于对照区学生；九年级的立定跳远（T=−33.273，P=0.000，P<0.05）、男生引体向上（T=2.467，P=0.014，P<0.05）、女生1分钟仰卧起坐项目（T=−2.232，P=0.027，P<0.05）均存在显著性差异，且立定跳远、男生引体向上、女生1分钟仰卧起坐项目实验区学生测试成绩均值明显高于对照区学生。

表3-7　实验区与对照区中学生体质健康水平测试数据独立样本T检验

年级	项目	是否实验	N	均值	标准差	T值	P值
七	50米	实验	270	9.4849	1.48805	3.283	0.001
		对照	281	9.1191	1.10710		
	立定跳远	实验	196	164.5153	24.11351	16.234	0.000
		对照	194	66.2357	81.21643		
	引体向上	实验	144	1.6181	2.40628	−0.145	0.885
		对照	152	1.6579	2.32779		
	仰卧起坐	实验	126	38.198	11.8639	6.285	0.000
		对照	125	30.208	7.8589		
	1000米	实验	158	4.3558	0.66050	−2.593	0.000
		对照	154	4.7490	0.65154		
	800米	实验	112	3.7944	0.47606	−4.826	0.000
		对照	127	4.1255	0.57226		
八	50米	实验	191	9.2730	1.43764	0.769	0.442
		对照	256	9.1768	1.20491		
	立定跳远	实验	99	171.5152	22.87649	72.654	0.000
		对照	96	1.8576	0.25162		
	引体向上	实验	92	3.9783	4.12171	2.969	0.003
		对照	132	2.4394	3.32985		
	仰卧起坐	实验	99	39.808	8.6008	4.998	0.000
		对照	124	34.726	6.5845		
	1000米	实验	92	4.5796	0.86573	−2.279	0.024
		对照	131	4.8447	0.83936		
	800米	实验	99	3.7924	0.45240	−2.396	0.017
		对照	125	3.9498	0.53027		
九	50米	实验	202	8.7258	3.68313	1.962	0.051
		对照	249	8.2048	0.91717		
	立定跳远	实验	73	11.0607	44.32853	−33.273	0.000
		对照	95	197.9263	20.95550		
	引体向上	实验	114	3.9737	3.57093	2.467	0.014
		对照	137	2.9912	2.53074		

续表

年级	项目	是否实验	N	均值	标准差	T值	P值
九	仰卧起坐	实验	88	35.386	8.6893	−2.232	0.027
		对照	112	37.857	6.4149		
	1000米	实验	114	4.0057	0.56832	0.663	0.508
		对照	137	3.9215	1.25441		
	800米	实验	88	3.7485	0.55372	−0.002	0.998
		对照	112	3.7487	0.43903		

实验研究表明，实行体育教学质量监测对学生的体质健康水平起到了积极的促进作用。

（二）体育教师对体育教学质量监测的意向调查

问卷调查结果显示，全国14个省市的中小学体育教师、教研员987人参与了本问卷调查。高达90.17%的被调查者认为进行体育教学质量监测是必要的（见图3-1），有83.99%的被调查者认为进行体育教学质量监测对自己的课堂教学有促进作用（见图3-2），进一步表明，在现行教育评价机制下，体育教学质量监测机制的缺失必定会对体育教学质量产生不良的影响，导致放羊教学、低效教学。实行中小学体育教学质量监测，必然会引领体育教学的改革，优化体育教学，促进体育教师研究学生、研究教学内容、研究教学方法，提高教学质量。

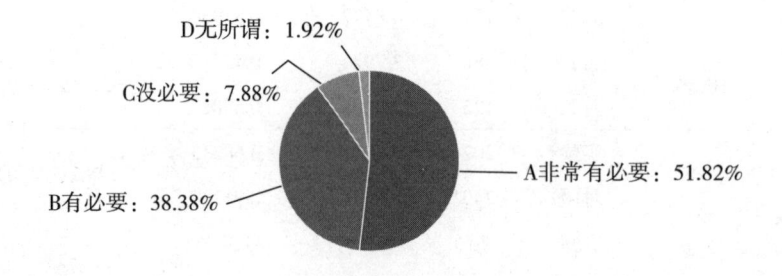

图3-1 对中小学体育教学质量进行监测必要性的调查

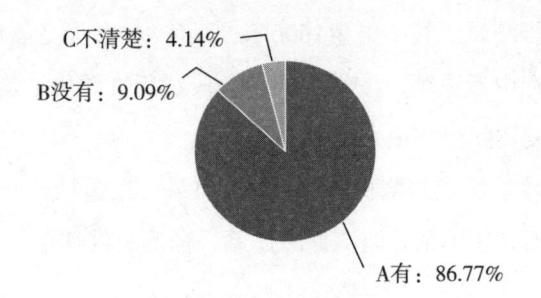

图3-2 体育教学质量监测对自己的课堂教学作用的调查

（三）构建中小学体育教学质量的评价机制

中小学体育教学质量监测应与体育中考、学生体质健康水平测试、学校体育特色发展等有机结合。体育教学质量监测助推学生体育中考成绩、学生体质健康水平测试成绩的提升，体育中考引领、倒推体育教学质量监测体系的完善，三者相辅相成，彼此关联，如图3-3。

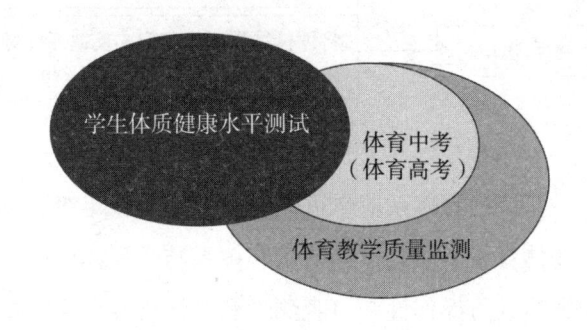

图3-3 体育教学质量监测、学生体质健康水平测试、体育中考三者的关系

将体育中考的考试内容涵盖整个体育教学，体育教学质量监测直接关联体育中考。这一机制将整个体育教学有机地整合在一起，比如，体育中考采取过程性评价与专项运动技能评价相结合的办法。过程性评价包括"运动参与"和"体质健康测试"，专项运动技能评价指的是"运动技能测试"。过程性评价内容：运动参与、体质健康测试。过程性评价分值按比例分配在初中各年级。运动技能评价内容：由教育局和学生本人在田径、游泳、篮球、足球、排球、体操、武术、健美操、乒乓球、羽毛球、网球、跳绳、掷实心球等组成的模块中

分别选出四项进行测试。其中男生1000米、女生800米为必测项目。总体评价：学生毕业时的体育中考成绩，按学生初中学段过程性评价＋运动技能评价成绩之和进行评定，按实际得分记入中考成绩。

中小学体育教学质量监测机制（如图3-4）大致包括：监测内容体系、监测标准体系、监测方法体系、监测保障体系、监测反馈体系。

```
                  ┌─ 监测内容体系 ─ 涵盖学生所在年级、学段所有教学内容，最终内
                  │                  容体系与学生中考体育直接衔接
                  │
中                ├─ 监测标准体系 ─ 依据课程标准和国家学生体质健康测试标准，中
小                │                  考体育的评价标准要与之对应
学                │
体                │
育                ├─ 监测方法体系 ─ 做到四统一，即统一时间、统一组织、统一内容、
教                │                  统一对象
学                │
质                │
量                ├─ 监测保障体系 ─ 以区域教育行政部门牵头实施，并将结果纳入对
监                │                  各校的考核，要配齐教师、场地器材满足教学所
测                │                  需，培训好教材教法
机                │
制                └─ 监测反馈体系 ─ 将评价结果以适当形式反馈评价对象，督促其反
                                      思教学、管理，加强学习、教研，优化体育教学
```

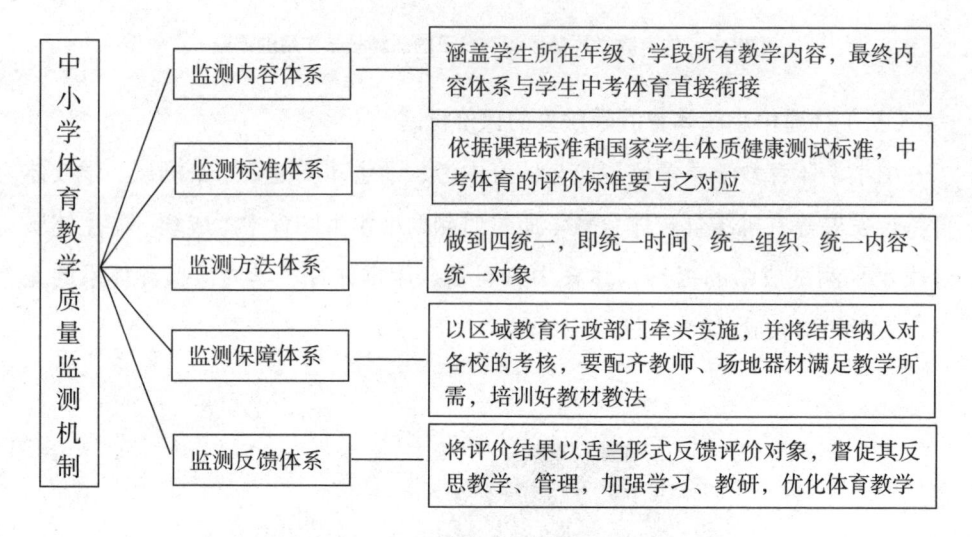

图3-4 中小学体育教学质量监测机制

监测内容体系：该内容体系应尽可能涵盖学生所在年级、学段所有教学内容，最终义务教育体育教学质量监测的内容体系与学生体育中考的内容直接衔接。监测内容应突出其可操作性、可观测性和可评价性。主要指向学生的体质健康水平和运动技能水平的发展。

监测标准体系：监测标准的制订主要依据课程标准、体育教材内容的测试标准和国家学生体质健康测试标准，体育中考相关测试项目的评价标准要与之对应。

监测方法体系：监测应做到四个统一，即统一时间、统一内容、统一组织、统一对象。集中时间监测，确保学生学练时间相同，避免常态教学放羊，监测前临时突击训练的现象出现；监测的内容一致和被监测的年级一致，使得监测成绩更具有可评价性；监测统一组织，统一人员、统一场地器材、统一监

测，确保监测的公平、公正、公开和监测成绩的真实、可信。监测的方法通常可以采用学生体育学业水平检测、体育中考（体育高考）、教学视导检查、学生体质健康水平测试、学生运动技能水平测试、学校办学水平考核评估等。

监测保障体系：体育教学质量监测应以区域教育行政部门牵头实施，要将监测结果纳入对辖区各中小学校的办学水平评估之中，区分度要明显，并适当提高其权重。要配齐体育教师、保证场地器材满足教学所需，培训好体育教师的教材教法，保证各项体育教学内容顺利开展，确保监测内容在体育课上齐、上好。突出考核计绩，重在监督体育常态教学及各种体育活动的经常性、实效性开展。

监测反馈体系：区域教育行政部门要将辖区各中小学校体育教学质量监测结果以适当形式反馈到各学校，督促其反思体育教学、反思学校体育工作管理、加强学习、教研，以不断改进、优化体育教学，提高体育教学质量。监测结果的计绩考核只是一种强化、监督的手段，重在通过监测结果反馈，分析各自的优势与不足，继续发挥优势，认真查找差距，弥补不足，全面优化体育教学、提升体育教学质量。

四、结论与建议

（一）结论

第一，体育教学质量监测对提高中小学生体质健康水平起到了积极的促进作用。

第二，体育教学质量监测对规范、优化体育课堂教学、完善区域课程体系，提高体育教学质量起到了积极的推动作用。

研究发现，实施体育教学质量监测的区域，中小学体育开课率和教学内容尤其是运动技能教学的齐全性上都优于未实行体育教学质量监测的区域，从体育课组织的有序性、严密性和课堂教学效率上，实行质量评价的区域也领先于未实行质量评价的区域。

第三，中小学体育教学质量监测机制应包括：评价内容体系、评价标准体系、评价方法体系、评价保障体系、评价反馈体系。中小学体育教学质量监测应以区域教育行政部门牵头运作，要将评价结果以适当权重纳入辖区中小学办学水平评估体系中。

第四，中小学体育教学质量监测应与体育中考（高考体育）统筹兼顾、互为支撑。中小学体育教学质量的评价内容、评价标准等应与当地体育中考（高考体育）紧密衔接，体育中考（高考体育）在评价形式上既要有毕业年级的运动能力和运动技能的终结性评价，又要适当向非毕业年级的运动能力和运动技能的过程性评价倾斜。

（二）建议

中小学体育教学质量监测应通过教育行政部门制订相应的评价体系，并将评价结果以一定比例纳入各校办学水平的考核评估之中，倒逼学校体育教学质量的长足发展，促进其进一步开全、开足体育课、规范体育课堂教学，以切实提高体育教学质量，强健学生体魄，促进学生身心健康发展。

体育教学质量监测应该统一内容、统一评价标准、统一测试方法和测试时间，在测试中建议由教育行政管理部门人员、第三方测试人员、其他受测单位人员等共同组成，保证测试的公平、公正，使测试结果的可信度最大化。

体育教学质量的监测应由教育部门牵头，基于强健学生的体魄，从管理体系切入，从本地的实际出发，构建监测内容体系、完善监测评价体系，切实服务于学生的健康成长。

体育教学质量监测以了解体育教学质量水平状况为基础，以评价为切入点，通过"点、线、面、立体"地不断完善与立体构建，从而打开提高体育教学质量的突破口；同时以评价对体育教学质量进行跟踪调研、测评考试、得出结论、找出问题、继续改进提高。另外，应发挥评价的监管作用，通过"监管单位—学校—教师"管理，即"教育行政部门对学校进行体育教学质量监测以评估对应的办学水平项目—学校以体育教学质量监测、考核体育教师—体育教师加强教学，提高学生健康水平和运动技能水平"，进一步达到优化体育课堂教学、提高体育教学质量的目的。

附录一 中小学体育教学质量监测范例

区域中小学校体育工作考核指标体系（范例）

（本范例对区域中小学校办学水平整体考核满分为120分，其中学校体育工作23分，占比19%。）

指标体系	一级指标	二级指标	分值	评估标准
身心健康	体质健康	体质测试	4分	按照体质测试成绩排名，小学甲组、初中甲组每落后一名扣0.3分，其他组别每落后一名扣0.2分。代表县（区）级参加市级体质测试抽查，小学、初中、高中各组别位列市级第一名者，本项得分为满分
		技能测试	2分	按照体育教学质量监测成绩（运动技能部分）排名，小学甲组、初中甲组每落后一名扣0.3分，其他组别每落后一名扣0.2分
		每天锻炼1小时	3分	"每天1小时"校园体育活动、体育开课情况1分（体育课、早操、课外活动与课间操每缺一节扣0.5分）；"每天1小时"校园体育活动质量评比2分（小学甲组、初中甲组每落后一名扣0.2分，其他组别每落后一名扣0.1分）
		近视防控	4分	近视率2分，按照近视率排名，小学甲组、初中甲组每落后1名扣0.2分，其他组别每落后一名扣0.1分（代表县/区级参加市级体质测试抽查，小学、初中、高中各组别位列市级第一名者，本项得分为满分）；过程管理2分（眼保健操每缺一次扣0.2分；坐姿不良每5人次扣0.2分，每10人次扣0.5分）
		肥胖率	1分	肥胖率1分：按照肥胖率排名，小学甲组、初中甲组每落后1名扣0.1分，其他组别每落后一名扣0.05分（代表县/区级参加市级体质测试抽查，小学、初中、高中各组别位列市级第一名者，本项得分为满分）
	心理健康	健康教育	1分	对于学生流感等传染病、结核病、艾滋病、地方病、慢性病、诸如病毒、龋齿等防控工作每学期至少开展一次健康教育课，每缺少1节扣0.5分

续表

指标体系	一级指标	二级指标	分值	评估标准
运动竞赛	体育比赛	区级联赛	2分	各学校组队参加县（区）级中小学生体育联赛，根据体育联赛成绩核算团体总成绩进行排名，每落后一名扣0.1~0.2分（小学甲组、初中甲组每落后一名扣0.2分，其他组别每落后一名扣0.1分）
		市级以上比赛	3分	市级、省级、国家级或国际级体育联赛及其他比赛（锦标赛、市运会除外）(3分)。独立组队获得市级团体冠军，每项计分2分，省级前8名计分3分，国家级或国际级获得名次的计分3分。田径、游泳、羽毛球、健美操等项目联合组队，获得团体奖项分值等同独立组队，但主体学校按照80%计绩，参与学校按50%计绩。此项得分满分为3分
		大型活动	0.5分	参加教育和体育行政部门组织的各级各类大型体育活动（比赛除外），独立组队参与集体性项目每次计分0.3分；多校联合组队主体单位每次计分0.2分，参与单位每次计分0.1分；被指定代表县（区）教育部门迎接市级及以上级别检查活动，根据迎检工作量和成效、反响综合评价，良好及以上的给予奖励0.5分，问题多发、被通报整改的每次扣0.5分。此项得分满分0.5分
特色建设	特色建设	特色学校	1分	本学年被评为或复审通过教育和体育部门组织选拔、推荐或评选的体育工作示范学校、体育传统项目学校、足球特色学校、冰雪项目特色学校、网球特色学校、健康（促进）学校、国防示范学校和心理健康教育特色学校等，国家级、省级、市级、县（区）级每项分别计分1分、0.8分、0.6分、0.4分。此项累计1分以上（含1分）计1分，不足1分按实得分计绩
人才培养	人才培养	后备人才输送	1.5分	1.县（区）级输送：向体校、初中体育实验班、初中特色运动队每输送1名队员且取得市级比赛前三名计0.2分 2.市级输送：向市级体校、省体校、市队县办运动队、县级市主教练队伍（需在名额内）每输送1名队员且取得省级比赛个人项目前八名、集体项目前十名计0.4分 3.省级输送：向省级各专业队每输送1名队员且转试训计2分。 此项累计1.5分以上（含1.5分）计1.5分，不足1.5分按实得分计绩

续表

指标体系	一级指标	二级指标	分值	评估标准
专业比赛（加分）	运动竞技	运动竞技	4.5分	1.市级比赛：市运会或锦标赛：每有一人参赛计0.1分，每有一人次获第一名计0.6分、第二名计0.4分、第三名计0.2分。市运会：每有一人参赛计0.2分，每有一人次获第一名计0.7分、第二名计0.5分、第三名计0.3分 2.省级比赛：锦标赛、冠军赛，每有一人参赛计0.4分，每有一人次获第一名计1分、第二名计0.8分、第三名计0.6分、第四至六名计0.5分、第七至十名计0.4分。省运会（决赛）：每有一人参赛计0.6分，每有一人次获第一名计1.2分、第二名计1分、第三名计0.8分、第四至六名计0.7分、第七至十名计0.6分 3.国家级比赛：青少年锦标赛，每有一人参赛计0.6分，每有一人次获第一名计1.2分、第二名计1分、第三名计0.8分、第四至六名计0.7分、第七至十名计0.6分。青运会：每有一人参赛计1分，每有一人次获第一名计3分、第二名计2.5分、第三名计2分、第四至六名计1.5分、第七至十名计1分。锦标赛、冠军赛：每有一人参赛计1.5分，每有一人次获第一名计4分、第二名计3.5分、第三名计3分、第四至六名计2.5分、第七至十名计2分。全运会：每有一人参赛计3分，每有一人次获第一名计6分、第二名计5分、第三名计4分、第四至六名计3分、第七至十名计2分 4.国际级比赛：亚运会、亚锦赛、世锦赛、世界杯（总决赛）、奥运会、青奥会，每有一人参赛计5分，每有一人次获第一至三名计10分、第四至六名计8分、第七至十二名计6分 此项累计4.5分以上（含4.5分）计4.5分，不足4.5分按实得分计绩

区域中小学（义务教育）体育教学质量监测内容

年级	运动技能				身体素质（含田径运动技能）			
^	基本体操	体操	球类	武术韵律操				
一年级	原地三面转法、齐步走—立定（纵队）、广播操	技巧：前滚翻	篮球原地运球、足球脚内侧运球过杆	韵律舞蹈（时间1′30秒内容自定）	30米	立定跳远	掷沙包	30秒跳绳
二年级	^	技巧：连续2个前滚翻	篮球28米往返运球、足球脚外侧运球过杆	^	^	^	^	^

续表

年级	运动技能			武术韵律操	身体素质（含田径运动技能）			
	基本体操	体操	球类					
三年级	原地三面转法、齐步走、跑步走—立定（横队）	技巧：后滚翻	篮球28米往返运球、软排自垫、足球定点射门	少年拳第一套	50米	立定跳远	掷沙包	1分钟跳绳
四年级	原地三面转法，四列横队变八列横队、八列变四列，齐步走，跑步走—立定（横队），向左转走、向右转走	技巧：前滚翻—交叉转体180°—后滚翻—跪跳起；支撑跳跃（山羊）：分腿腾跃	篮球定点投篮、排球自垫、足球运球过杆射门			400米		
五年级	原地三面转法，四列横队变八列横队、八列变四列，齐步走、跑步走—立定（横队），向左转走、向右转走、向后转走	技巧：前滚翻—交叉转体180°—后滚翻—跪跳起；支撑跳跃：分腿腾越山羊；单杠：跳上成支撑—前翻下	篮球三步上篮、排球自垫、足球运球过杆射门			跳远		仰卧起坐
六年级	原地三面转法，四列横队变八列横队、八列变四列，齐步走、跑步走—立定（横队），向左转走、向右转走、向后转走，并队—裂队（四路纵队走、跑）	技巧：前滚翻直腿坐—肩肘倒立—向前落下成蹲立—前滚翻、站立支撑跳跃：山羊分腿腾越	篮球30秒投篮、排球正面下手发球、足球脚内侧射门	健身拳		50米×8往返跑	掷垒球	

续表

年级	运动技能				身体素质（含田径运动技能）				
	基本体操	体操	球类	武术韵律操					
七年级	原地三面转法，四列横队变八列横队、八列变四列、齐步走、跑步走—立定（横队），向左转走、向右转走、向后转走、并队—裂队（四路纵队走、跑）	技巧：男生：头手倒立—团身前滚翻—交叉转体180°—后滚翻—鱼跃前滚翻—挺身跳；女生：前滚翻—交叉转体180°—后滚翻—肩肘倒立（2秒）—经单肩后滚翻成跪称平衡—跪立—跪跳起—挺身跳 单杠：单腿或并腿翻上成支撑—向前摆越成骑撑—后倒挂膝摆动上—前腿后摆成支撑—后摆转体90°下	篮球行进间单手肩上投篮、排球两人对垫、足球脚内侧射门	少年拳第二套	100米	男1000米女800米	跨越式跳高 立定跳远	掷实心球	1分钟跳绳	男引体向上 女1分钟仰卧起坐
八年级	原地三面转法，四列横队变八列横队、八列变四列、齐步走、跑步走—立定（横队），向左转走、向右转走、向后转走、并队—裂队（四路纵队走、跑）	支撑跳跃：横箱，分腿腾越；双杠：杠端跳上成分腿坐—前进一次成分腿坐—后摆前摆挺身下	篮球行进间低手投篮、排球上手发球、足球运球过3个障碍射门	健身棍			立定跳远 跳远			

149

续表

年级	运动技能			武术韵律操	身体素质（含田径运动技能）					
	基本体操	体操	球类							
九年级	原地三面转法，四列横队变八列横队、八列变四列，齐步走、跑步走—立定（横队），向左转走、向右转走、向后转走，并队—裂队（四路纵队走、跑）	双杠：男生，双脚蹬地翻身上成正撑—单腿向前摆越成骑撑—腿向后摆越后摆转体90°下；女生，单脚蹬地翻身上成正撑—后摆转体90°下　单杠：单腿或并腿翻上成支撑—单腿前摆成骑撑—挂膝后回环一周半——挂膝上成骑撑单腿前摆成后撑，还原成支撑—后摆转体90°下	篮球单手肩上投篮（罚球）、排球正面屈体扣球、足球脚背正面运球，脚内侧停球射门	对练套路	100米	男1000米女800米	立定跳远	掷实心球	1分钟跳绳	男引体向上女1分钟仰卧起坐

威海市文登区义务教育学段（五四学制）体育与健康学科教学质量评价实施细则

一、评价内容

（一）小学评价内容

1.运动技能类

（1）一年级

基本体操：原地三面转法、齐步走—立定（纵队）、广播操、韵律舞蹈

（时间1'30″内容自定）

体操：前滚翻

球类：篮球原地运球、足球脚内侧运球过杆

（2）二年级

基本体操：原地三面转法、齐步走—立定（纵队）、广播操、韵律舞蹈（时间1'30″内容自定）

体操：连续2个前滚翻

球类：篮球28米往返运球、足球脚外侧运球过杆

（3）三年级

基本体操：原地三面转法、齐步走、跑步走—立定（横队）

体操：后滚翻

球类：篮球28米往返运球、软排自垫、足球定点射门

武术：少年拳第一套

（4）四年级

基本体操：原地三面转法、四列横队变八列横队（八列变四列）、齐步走、跑步走—立定（横队）、向左转走、向右转走

体操（技巧）：前滚翻—交叉转体180°—后滚翻—跪跳起；支撑跳跃（山羊），分腿腾跃

球类：定点投篮、排球自垫、足球运球过杆射门

武术：少年拳第一套

（5）五年级

基本体操：原地三面转法、四列横队变八列横队（八列变四列）、齐步走、跑步走—立定（横队）、向左转走、向右转走、向后转走

体操（技巧）：前滚翻—交叉转体180°—后滚翻—跪跳起；支撑跳跃，分腿腾越山羊、跳上成支撑—前翻下

武术：少年拳第一套

球类：三步上篮、排球自垫、足球运球过杆射门

2.运动素质类

一年级：30米、立定跳远、掷沙包、30秒钟跳绳

二年级：30米、立定跳远、掷沙包、30秒钟跳绳

三年级：50米、400米、立定跳远、掷沙包、1分钟跳绳

四年级：50米、400米、跳远、掷沙包、1分钟跳绳

五年级：50米、400米、跳远、掷沙包、1分钟跳绳、1分钟仰卧起坐

（二）初中评价内容

1.运动技能类

（1）初一

基本体操：原地三面转法、四列横队变八列横队（八列变四列）、齐步走、跑步走—立定（横队）、向左转走、向右转走、向后转走、并队—裂队（四路纵队走、跑）

体操（技巧）：前滚翻直腿坐—肩肘倒立—向前落下成蹲立—前滚翻、站立；支撑跳跃，山羊分腿腾越

武术：健身拳

球类：足球脚内侧射门、排球正面下手发球、篮球30秒投篮

（2）初二

基本体操：原地三面转法、四列横队变八列横队（八列变四列）、齐步走、跑步走—立定（横队）、向左转走、向右转走、向后转走、并队—裂队（四路纵队走、跑）

体操（技巧）：男生，头手倒立—团身前滚翻—交叉转体180°—后滚翻—鱼跃前滚翻—挺身跳；女生，前滚翻—交叉转体180°—后滚翻—肩肘倒立（2秒）—经单肩后滚翻成跪称平衡—跪立—跪跳起—挺身跳

单杠：单腿或并腿翻上成支撑—向前摆越成骑撑—后倒挂膝摆动上—前腿后摆成支撑—后摆转体90°下

武术：少年拳第二套

球类：足球脚内侧射门、篮球行进间单手肩上投篮、排球两人对垫

（3）初三

基本体操：原地三面转法、四列横队变八列横队（八列变四列）、齐步走、跑步走—立定（横队）、向左转走、向右转走、向后转走、并队—裂队（四路纵队走、跑）

体操：支撑跳跃，横箱分腿腾越；双杠，杠端跳上成分腿坐—前进一次成分腿坐—后摆前摆挺身下

武术：健身棍

球类：足球运球过3个障碍射门、排球上手发球、篮球行进间低手投篮

（4）初四

基本体操：原地三面转法、四列横队变八列横队（八列变四列）、齐步走、跑步走—立定（横队）、向左转走、向右转走、向后转走、并队—裂队（四路纵队走、跑）

体操（单杠）：男生，双脚蹬地翻身上成正撑—单腿向前摆越成骑撑—腿向后摆越后摆转体90°下；女生，单脚蹬地翻身上成正撑—后摆转体90°下单杠，单腿或并腿翻上成支撑—单腿前摆成骑撑—挂膝后回环一周半—挂膝上成骑撑单腿前摆成后撑，还原成支撑—后摆转体90°下

武术：对练套路

球类：足球脚背正面运球、脚内侧停球射门；排球正面屈体扣球；篮球单手肩上投篮（罚球）

2.运动素质类

初一：50米、50米×8往返跑、跳远、掷垒球、1分钟仰卧起坐、1分钟跳绳

初二：100米、1000米（男）、800米（女）、掷实心球、跨越式跳高、立定跳远

初三：100米、1000米（男）、800米（女）、立定跳远、掷实心球、跳远

初四：100米、1000米（男）、800米（女）、掷实心球、立定跳远、跳远

二、评价标准（见附表）

（一）运动技能类（50分）

见附表运动技能类评分表；篮球、排球项目既有量化又有级评两方面的评价，以评价低的方面来计算个人成绩。

（二）运动素质类（50分）

见各年级测试项目得分对照表。

三、评价方法

（一）学校检测

各学校体育教师要按教学进度表教学，每个单元的教学进度完成后，对全体学生进行单元检测。学期末体育教师要完成对所有单元教学内容的检测工作，学校要对检测情况进行监督检查。

（二）区级抽测

每年五月份，教研中心统一安排人员到各学校，进行体育教学质量评价检测。全区统一确定测试年级，学校抽签决定测试班级，体育教师根据测试项目的数量随机分组，小组长从学年所有单元测试项目中抽签确定测试的项目。

1.运动技能类（100分）：运动技能类的测试方法，按体操竞赛规则执行。

2.运动素质类（100分）：对照各年级"测试项目得分对照表"打分。

3.总分＝运动技能类平均分×50%＋运动素质类平均分×50%。

四、注意事项

（一）各年级的基本体操即队列队形的行进间动作，都是以横队的形式进行。例如：齐步走、跑步走都是横队的走、跑。

（二）评分标准、查分表、单元教学测试进度见附表。

附表1 小学运动技能类评分表

1.一年级前滚翻、二年级连续前滚翻、三年级后滚翻

成绩	优（90~100分）	良（80~89分）	中（70~79分）	差（70分以下）
技评	滚动圆滑、团身紧，动作协调、连贯，连续性好，节奏感好、姿态优美	滚动比较圆滑、团身紧，动作比较协调、连贯，节奏感好、姿态较优美	滚动不圆滑、团身比较紧，动作比较协调、连贯，节奏感好、姿态一般	不能独立完成滚翻动作

2.四、五年级前滚翻—后滚翻—跪跳起

前滚翻（30分）、交叉转体180°（10分）、后滚翻（40分）、跪跳起（20分）

成绩	优（90~100分）	良（80~89分）	中（70~79分）	差（70分以下）
技评	各个动作正确、协调、姿态优美，动作之间的衔接连贯，节奏感好	各个动作正确、协调、姿态比较优美，动作之间的衔接比较连贯，节奏感好	各个动作正确、姿态一般，动作之间的衔接比较连贯，节奏较好	不能独立完成动作

3.四、五年级山羊分腿腾跃

助跑（15分）、踏跳（15分）、腾空（40分）、落地（30分）

成绩	优（90~100分）	良（80~89分）	中（70~79分）	差（70分以下）
技评	助跑轻松、自然、协调，速度快，起跳快，腾空高，直膝分腿腾跃并展体，姿态美，落地稳定	助跑轻松、自然、协调，速度快，起跳快，腾空高，直膝分腿腾跃有展体意识，姿态较美，落地较稳定	助跑较快，能完成分腿腾跃动作，但姿态较差，落地不稳	不能独立完成分腿腾跃动作

4. 一至五年级基本体操

成绩	优（90~100分）	良（80~89分）	中（70~79分）	差（70分以下）
技评	姿态优美，精神饱满，动作正确，完成动作轻松、自然、协调	动作正确，姿态一般，完成动作自然	动作紧张，姿态较差，有个别学生有错误动作，或方向不对	有超过五分之一的错误动作

5. 一至二年级韵律舞蹈

成绩	优（90~100分）	良（80~89分）	中（70~79分）	差（70分以下）
技评	动作连贯完整，舞步熟练准确，动作正确，优美流畅，表现素质强，音乐节奏与动作结合密切，表情丰富	动作比较连贯完整，舞步比较熟练，动作正确，优美流畅，表现素质比较强，音乐节奏与动作结合密切，表情丰富	能按要求学习和表现；听音乐基本上能配合动作跳舞；基本上能做出动作，表现力一般	音乐与动作配合不协调；动作不够标准，表现力差

6. 三至五年级武术

成绩	优（90~100分）	良（80~89分）	中（70~79分）	差（70分以下）
技评	动作规范、方法正确、路线清楚；动作协调、连贯；精神饱满、全神贯注；手眼相随、节奏明显，富有气势	动作较规范、方法正确、路线基本清楚；动作基本协调、连贯；精神饱满、全神贯注；手眼相随，节奏比较明显，有一定气势	动作比较规范、方法基本正确、路线基本清楚；动作协调、连贯一致；精神较饱满；手眼基本相随	动作不规范，方法、路线不正确、不清楚，不能把整套动作演练下来

7. 一年级篮球原地运球30秒

成绩		优（90~100分）	良（80~89分）	中70~79	差（70分以下）
达标	男生	105以上	90~104	75~89	74及以下
	女生	100以上	85~99	70~84	69及以下
技评		五指张开，手心空出，抬头运球，运球高度在胸和腰之间，动作协调。	基本能够抬头运球，手心空出，运球动作准确，高度合适。	不能够抬头运球，运球时手心空出，运球动作基本准确，高度基本合适。	不能抬头运球，运球动作不准确，运球高度不正确。

8.二至三年级篮球28米往返运球

成绩	优（90~100分）	良（80~89分）	中（70~79分）	差（70分以下）
达标 二年级男	18″5	19″8	21″	23″以下
达标 三年级男	17″	18″	19″	22″以下
达标 二年级女	19″5	20″8	23″	25″以下
达标 三年级女	18″5	19″8	21″	23″以下
技评	五指张开，手心空出，抬头运球，运球高度在胸和腰之间，动作协调。出现一次违例，扣5分	基本能够抬头运球，手心空出，运球动作准确，高度合适。出现一次违例，扣5分	不能够抬头运球，运球时手心空出，运球动作基本准确，高度基本合适。出现一次违例，扣5分	不能够抬头运球，运球动作不准确，运球高度不正确

9.四年级篮球男2.5米、女2米定点投篮10次

成绩	优（90~100分）	良（80~89分）	中（70~79分）	差（70分以下）
达标 男生	投中3个球	投中2个球	投中1个球	投中0个球
达标 女生	投中2个球	投中1个球	投中0个球	投中0个球
技评	投篮动作准确，标准，拿篮板后运球动作协调连贯，根据级评打分最低90分	投篮动作准确，拿篮板后运球动作连贯，根据级评打分最低80分	投篮动作基本准确，拿篮板后运球动作基本完成，根据级评打分最低70分	投篮动作不准确，拿篮板后运球动作不协调（60分）

10.五年级篮球三步上篮（距离从三分线开始，时间1分钟）

成绩	优（90~100分）	良（80~89分）	中（70~79分）	差（70分以下）
达标 男	投中7个球	投中5个球	投中3个球	投中0个球
达标 女	投中5个球	投中3个球	投中1个球	投中0个球
技评	运球动作协调连贯，三步上篮动作连贯、流畅，做到一大、二小、三起跳，投篮动作准确、标准。（三步上篮时走步或者原地投篮不计绩）	运球动作连贯，三步上篮动作准确，投篮命中率较高	运球动作基本连贯，三步上篮步数正确。投篮能命中	运球动作不连贯，三步上篮不流畅，命中率很低

11. 三至五年级排球自垫球30秒

成绩		优（90~100分）	良（80~89分）	中（70~79分）	差（70分以下）
达标	男	16个以上	13~16个	11~13个	13个以下
	女	16个以上	13~16个	11~13个	13个以下
技评		垫球动作协调连贯，击球点位置准确，脚步移动迅速，下肢发力准确、垫球方向正，根据级评打分最低90分（垫球必须是连续垫）	垫球动作协调连贯，击球点位置基本准确，脚步移动较快，垫球方向基本准确，根据级评打分最低80分	垫球动作基本连贯，击球部位能在小臂上，脚步能够移动起来，垫球方向有偏差，根据级评打分最低70分	动作不连贯，击球部位不准确，脚步移动缓慢，垫球方向不准确（60分）

附表2 小学运动素质类

1.小学一年级测试项目得分对照表

得分	30米		立定跳远（米）		掷沙包（150克）		30秒钟跳绳	
	男	女	男	女	男	女	男	女
100	6″0	6″1	1.68	1.61	22.1	13.3	75	80
95	6″1	6″2	1.63	1.56	21.4	12.8	70	75
90	6″2	6″3	1.58	1.51	20.7	12.3	65	70
85	6″3	6″4	1.53	1.46	20.0	11.8	60	65
80	6″4	6″5	1.48	1.42	19.3	11.5	55	60
75	6″6	6″7	1.41	1.39	18.6	11.1	50	55
70	6″8	6″9	1.38	1.35	17.9	10.7	45	50
65	6″9	7″1	1.35	1.30	17.2	10.3	40	45
60	7″2	7″3	1.30	1.26	16.5	10.0	35	40
55	7″4	7″6	1.28	1.23	15.8	9.6	30	35
50	7″8	7″8	1.23	1.18	15.1	9.2	25	30
45	8″0	8″1	1.19	1.14	14.4	8.8	20	25
40	8″1	8″3	1.15	1.11	13.7	8.4	18	20
35	8″2	8″5	1.13	1.06	13.1	8.1	16	18

续表

得分	30米 男	30米 女	立定跳远（米）男	立定跳远（米）女	掷沙包（150克）男	掷沙包（150克）女	30秒钟跳绳 男	30秒钟跳绳 女
30	8″4	8″6	1.10	1.02	12.4	7.7	14	16
25	8″7	8″7	1.08	0.99	11.7	7.3	13	14
20	8″8	8″8	1.06	0.94	11.0	7.0	12	13
15	8″9	8″9	1.03	0.90	10.3	6.6	11	12
10	9″1	9″1	1.01	0.87	9.6	6.2	10	11
5	9″3	9″3	0.98	0.82	8.9	5.8	9	10

2.小学二年级测试项目得分对照表

得分	30米 男	30米 女	立定跳远（米）男	立定跳远（米）女	掷沙包（150克）男	掷沙包（150克）女	30秒钟跳绳 男	30秒钟跳绳 女
100	5″7	5″9	1.70	1.64	23.6	14.9	85	95
95	5″8	6″0	1.67	1.61	22.9	14.5	80	90
90	5″9	6″1	1.64	1.58	22.1	14.0	75	85
85	6″0	6″2	1.62	1.55	21.4	13.6	70	80
80	6″1	6″3	1.60	151	20.7	13.1	65	75
75	6″3	6″4	1.58	1.48	20.0	12.6	60	70
70	6″4	6″6	1.55	1.45	19.2	12.1	55	65
65	6″6	6″8	1.52	1.42	18.5	11.7	50	60
60	6″7	7″0	1.48	1.37	17.8	11.2	45	55
55	6″9	7″2	1.44	1.34	17.1	10.8	40	50
50	7″2	7″4	140	1.30	16.3	10.3	35	45
45	7″6	7″6	1.36	1.28	15.6	9.9	30	40
40	7″7	7″8	1.32	1.25	14.8	9.4	27	35
35	7″8	8″1	1.29	1.20	14.1	8.9	24	30
30	8″0	8″3	1.26	1.17	13.4	8.5	20	25
25	8″1	8″5	1.23	1.15	12.7	8.0	17	20
20	8″4	8″7	1.19	1.13	11.9	7.5	14	18
15	8″6	8″9	1.15	1.10	11.0	6.9	12	16
10	8″8	9″2	1.11	1.08	10.1	6.3	11	15
5	9″1	9″5	1.07	1.06	9.2	5.8	10	14

3.小学三年级测试项目得分对照表

得分	50米 男	50米 女	400米 男	400米 女	立定跳远（米）男	立定跳远（米）女	掷沙包（250克）男	掷沙包（250克）女	1分钟跳绳 男	1分钟跳绳 女
100	8″7	9″1	1′33	1′38	1.74	1.64	28.3	16.7	158	169
95	8″8	9″3	1′35	1′40	1.71	1.61	27.1	15.8	151	163
90	9″0	9″4	1′37	1′42	1.67	1.57	26	15.0	144	156
85	9″1	9″6	1′39	1′45	1.64	1.54	24.9	14.2	136	150
80	9″2	9″7	1′42	1′47	1.60	1.51	23.7	13.9	129	144
75	9″4	9″9	1′44	1′50	1.57	1.48	22.2	12.5	122	138
70	9″5	10″0	1′46	1′52	1.54	1.44	21.6	11.6	115	131
65	9″7	10″2	1′49	1′55	1.50	1.41	20.4	10.8	103	125
60	9″8	10″3	1′51	1′58	1.47	1.38	19.4	10.3	100	119
55	10″0	10″5	1′54	2′02	1.43	1.34	18.3	9.7	93	112
50	10″1	10″7	1′57	2′05	1.40	1.31	17.3	9.2	86	106
45	10″3	10″9	2′1	2′09	1.36	1.28	16.3	8.6	79	99
40	10″5	11″1	2′5	2′13	1.33	1.24	15.2	8.1	72	92
35	10″7	11″3	2′9	2′17	1.29	1.21	14.2	7.6	65	85
30	10″8	11″5	2′13	2′21	1.25	1.18	13.2	7.0	58	78
25	11″	11″7	2′17	2′25	1.22	1.15	12.1	6.5	52	71
20	11″2	11″9	2′21	2′29	1.18	1.11	11.1	5.9	45	63
15	11″5	12″1	2′25	2′33	1.14	1.08	10.1	5.4	38	56
10	11″7	12″3	2′29	2′48	1.10	1.05	9.1	4.9	31	49
5	11″9	12″5	2′34	2′52	1.07	1.01	8.1	4.5	24	42

4.小学四年级测试项目得分对照表

得分	50米 男	50米 女	400米 男	400米 女	跳远（米）男	跳远（米）女	掷沙包（250克）男	掷沙包（250克）女	1分钟跳绳 男	1分钟跳绳 女
100	8″5	8″8	1′20	1′22	3.30	3.12	30.9	20.9	164	178
95	8″6	9″0	1′22	1′24	3.25	3.06	29.7	19.7	157	172
90	8″8	9″1	1′24	1′26	3.18	2.98	28.4	18.4	150	166
85	9″0	9″2	1′26	1′28	3.12	2.91	27.1	17.1	143	160

续表

得分	50米 男	50米 女	400米 男	400米 女	跳远（米）男	跳远（米）女	掷沙包（250克）男	掷沙包（250克）女	1分钟跳绳 男	1分钟跳绳 女
80	9″1	9″3	1′28	1′30	3.06	2.84	25.8	15.8	136	154
75	9″2	9″5	1′30	1′32	3.00	2.77	24.6	14.6	129	148
70	9″3	9″6	1′32	1′34	2.94	2.69	23.3	13.3	122	142
65	9″5	9″8	1′34	1′36	2.88	2.62	22.5	12.5	115	136
60	9″6	10″0	1′36	1′38	2.82	2.55	21.4	11.4	103	130
55	9″8	10″2	1′38	1′40	2.76	2.48	20.7	10.7	101	124
50	10″0	10″4	1′40	1′42	2.70	2.40	19.4	10.3	94	118
45	10″2	10″5	1′42	1′45	2.61	2.32	18.1	9.9	87	111
40	10″4	10″7	1′45	1′49	2.52	2.23	16.8	9.5	80	103
35	10″5	10″9	1′49	2′02	2.43	2.14	15.5	9.1	72	96
30	10″7	11″1	2′02	2′05	2.34	2.06	14.2	8.6	65	88
25	10″9	11″3	2′05	2′08	2.25	1.97	12.9	8.2	58	81
20	11″1	11″5	2′08	2′11	2.16	1.89	11.6	7.8	51	73
15	11″3	11″7	2′11	2′14	2.07	1.80	10.3	7.4	44	66
10	11″5	11″9	2′14	2′17	1.98	1.71	9.6	7.0	36	58
5	11″7	12″1	2′17	2′19	1.89	1.63	8.9	6.6	29	51

5.小学五年级测试项目得分对照表

得分	50米 男	50米 女	400米 男	400米 女	跳远（米）男	跳远（米）女	掷沙包（250克）男	掷沙包（250克）女	1分钟跳绳 男	1分钟跳绳 女	仰卧起坐 男	仰卧起坐 女
100	8″3	8″5	1′17	1′21	3.41	3.2	32.9	21.6	170	180	43	38
95	8″4	8″6	1′19	1′23	3.34	3.12	31.9	20.7	165	175	41	36
90	8″6	8″8	1′20	1′25	3.27	3.04	30.7	19.7	160	170	39	34
85	8″7	9″0	1′22	1′27	3.19	2.96	29.6	18.8	155	165	37	32
80	8″8	9″2	1′24	1′29	3.12	2.88	28.4	17.8	150	160	35	30
75	9″0	9″4	1′25	1′31	3.05	2.81	27.4	16.9	145	155	33	28
70	9″1	9″5	1′27	1′33	2.98	2.73	26.2	15.9	140	150	31	26
65	9″2	9″7	1′29	1′35	2.91	2.65	25.1	15.0	135	145	29	24

续表

得分	50米 男	50米 女	400米 男	400米 女	跳远（米） 男	跳远（米） 女	掷沙包（250克） 男	掷沙包（250克） 女	1分钟跳绳 男	1分钟跳绳 女	仰卧起坐 男	仰卧起坐 女
60	9″4	9″9	1′30	1′37	2.83	2.57	23.9	14.0	130	140	27	22
55	9″5	10″	1′32	1′39	2.76	2.49	22.7	13.3	125	130	25	20
50	9″6	10″2	1′33	1′41	2.69	2.41	21.6	12.6	120	120	23	18
45	9″7	10″4	1′36	1′44	2.6	2.32	20.4	11.9	110	115	21	16
40	9″8	10″6	1′39	1′47	2.5	2.22	19.1	11.2	100	110	19	14
35	10″0	10″8	1′41	1′50	2.41	2.13	18.0	10.5	90	105	17	12
30	10″2	11″0	1′44	1′53	2.31	2.04	16.8	9.8	80	100	15	10
25	10″4	11″2	1′46	1′55	2.22	1.95	15.7	9.1	70	90	13	8
20	10″5	11″3	1′49	1′58	2.13	1.86	14.4	8.4	60	80	11	6
15	10″7	11″5	1′51	2′01	2.03	1.76	13.2	7.7	50	75	9	4
10	10″9	11″6	1′54	2′04	1.94	1.67	12.1	7.0	40	70	7	2
5	11″0	11″8	1′57	2′07	1.84	1.58	11.0	6.3	30	65	5	1

附表3　中学运动技能类评分表

1.初一至初四基本体操

成绩	优（90~100分）	良（80~89分）	一般（70~79分）	差（70分以下）
技评	姿态优美，精神饱满，动作正确，完成动作轻松、自然、协调	动作正确，姿态一般，完成动作自然	动作紧张，姿态较差，有个别学生有错误动作，或方向不对	有超过五分之一的错误动作

2.初一至初四技巧

成绩	优（90~100分）	良（80~89分）	一般（70~79分）	差（70分以下）
技评	各个动作正确、协调、姿态优美，动作之间的衔接连贯，节奏感好	各个动作正确、协调、姿态比较优美，动作之间的衔接比较连贯，节奏感好	各个动作正确、姿态一般，动作之间的衔接比较连贯，节奏较好	不能独立完成动作

3.初一至初四武术

成绩	优（90~100分）	良（80~89分）	一般（70~79分）	差（70分以下）
技评	动作规范、方法正确、路线清楚；动作协调、连贯；精神饱满、全神贯注；手眼相随、节奏明显，富有气势	动作较规范、方法正确、路线基本清楚；动作基本协调、连贯；精神饱满、全神贯注；手眼相随、节奏比较明显，有一定气势	动作比较规范、方法基本正确、路线基本清楚；动作协调、连贯一致；精神较饱满；手眼基本相随	动作不规范，方法、路线不正确、不清楚，不能把整套动作演练下来

4.初三至初四双杠

成绩	优（90~100分）	良（80~89分）	一般（70~79分）	差（70分以下）
技评	动作连贯、自然，幅度大，节奏好，有弹性，下法充分展体，落地稳	动作连贯自然，幅度较大，节奏较好，下法有展体动作，不充分	能完成动作，节奏较差，有停顿，下法无展体挺身	不能完成某动作

5.初一、初三支撑跳跃

成绩	优（90~100分）	良（80~89分）	一般（70~79分）	差（70分以下）
技评	助跑轻松、自然、协调，速度快，起跳快，腾空高，直膝分腿腾跃并展体，姿态美，落地稳定	助跑轻松、自然、协调，速度快，起跳快，腾空高，直膝分腿腾跃有展体意识，姿态较美，落地较稳定	助跑较快，能完成分腿腾跃动作，但姿态较差，落地不稳	不能独立完成分腿腾跃动作

6.初一、初二足球脚内侧射门10次

成绩		优（90~100分）	良（80~89分）	一般（70~79分）	差（70分以下）
达标	男生	射中6个球	射中3~5个球	射中1~3个球	射中0个球
	女生	射中4个球	射中2~3个球	射中1个球	射中0个球
技评		射门动作准确、有力、标准，球离地进门	射门动作准确、标准，力量不足，球离地进门	射门动作基本准确、标准，力量不足，球离地进门	射门动作基本准确、力量不足，球未中

7.初三、初四足球脚运球射门

标准内容	初三脚背正面运球射门、初四脚背正面运球脚内侧停球射门
优（90~100分）	脚触球部位准确，力量适宜，上体自然，放松，动作协调，有一定的速度，射门有力动作准确，球离地进门
良（80~89分）	脚触球部位准确，力量适宜，动作较协调，射门有力动作准确，球离地进门
一般（70~79分）	脚触球部位基本准确，动作基本协调，射门动作准确，球离地进门
差（70分以下）	脚触球部位不准确，动作不协调，射门动作基本准确，力量不足

8.初一篮球30秒原地投篮（两人供球，距离女3米、男4米）

成绩		优（90~100分）	良（80~89分）	一般（70~79分）	差（70分以下）
达标	男生	投中5个球	投中3~4个球	投中2~3个球	投中2个球
	女生	投中4个球	投中3~4个球	投中2~3个球	投中1个球
技评		投篮动作准确，协调连贯，男生用单手肩上投篮，女生可以用双手胸前投篮	投篮动作准确，动作基本协调	投篮动作基本准确	投篮动作不准确

9.初二运球行进间单手肩上投篮（1分钟、半场）

成绩		优（90~100分）	良（80~89分）	一般（70~79分）	差（70分以下）
达标	男生	投中5个球	投中3~4球	投中1~2个球	投0~1个球
	女生	投中4个球	投中3~4球	投中1~2个球	投中0个球
技评		投篮动作准确、标准，拿篮板后运球动作协调连贯（原地投篮或走步不计绩）	投篮动作准确，拿篮板后运球动作连贯	投篮动作基本准确，拿篮板后运球动作基本完成	投篮动作不准确，拿篮板后运球动作不协调

10.初三篮球行进间低手上篮考核评价（1分钟、半场）

成绩	优（90~100分）	良（80~89分）	一般（70~79分）	差（70分以下）
男生	5	4	3	2
女生	4	3	2	1
技评	动作正确连贯，无违规（原地投篮或走步不计绩）	动作基本正确，连贯	动作基本正确，连贯	动作基本正确，连贯

11.初四篮球原地或跳起单手肩上投篮（距离罚球线0°到90° 五个点，每点两次）

成绩	优（90~100分）	良（80~89分）	一般（70~79分）	差（70分以下）
达标	投中6个球	投中5个球	投中4个球	投中2个球
技评	整个动作完成好，全身用力协调连贯，出手动作、投篮弧度正确，球的落点集中	整个动作完成较好，全身用力比较协调连贯，出手动作、投篮弧度比较正确，球的落点比较集中	整个动作基本能够完成，全身用力基本正确，出手动作、投篮弧度基本正确，球的落地比较分散	整个动作基本完成，全身用力、出手动作、投篮弧度某方面有问题，球的落点分散

12.初一排球正面下手发球、初三正面上手发球、初四正面屈体扣球

成绩	优（90~100分）	良（80~89分）	一般（70~79分）	差（70分以下）
技评	技术动作基本正确，动作协调，击球点固定且正确；有较好的击球效果	技术动作基本正确，动作比较协调，击球点比较固定	技术动作不稳定，击球点不固定，击球效果一般	技术动作不稳定，动作不够协调，击球点时好时坏

13.初二两人对垫

成绩	优（90~100分）	良（80~89分）	一般（70~79分）	差（70分以下）
达标	传、垫各8次	传、垫各6次	传、垫各4次	传、垫各3次
技评	技术动作基本正确，动作协调；击球点固定且正确；两人配合协调	技术动作基本正确，动作比较协调，击球点比较固定，配合细条	技术动作不稳定，击球点不固定，击球效果一般，配合一般	技术动作不稳定，动作不够协调，击球点时好时坏，不能接到对方的球

14.初一、初四单杠

成绩	优（90~100分）	良（80~89分）	一般（70~79分）	差（70分以下）
技评	各动作正确协调，成套动作完成轻松、协调、连贯姿态好，幅度大，有节奏摆动充分，转体正，落地稳	成套动作完成较轻松、协调、连贯，姿态较好，幅度较大，节奏较好，摆动、转体摆动较充分，落地较稳	成套动作不够、协调、连贯，姿态较差，幅度较小，节奏不够好，摆动、转体摆动不够充分，落地不够稳	完不成主要动作或姿态差，幅度小，严重失去节奏，支撑不稳或掉下，落地不稳或坐地

附表4 中学运动素质类

1.初一测试项目得分对照表

得分	50米 男	50米 女	50×8米 男	50×8米 女	跳远（米）男	跳远（米）女	掷垒球（250克）男	掷垒球（250克）女	仰卧起坐 男	仰卧起坐 女	1分钟跳绳 男	1分钟跳绳 女
100	8″0	8″2	1′30	1′37	3.75	3.38	41.	25.5	45	36	170	190
95	8″1	8″3	1′33	1′40	3.67	3.31	39.7	24.6	43	35	165	185
90	8″2	8″5	1′36	1′43	3.60	3.24	38.0	23.5	41	33	160	175
85	8″3	8″6	1′39	1′46	3.52	3.16	36.6	22.6	39	31	155	170
80	8″4	8″7	1′42	1′49	3.44	3.08	35.3	21.6	37	29	150	165
75	8″5	8″9	1′45	1′52	3.36	3.00	33.3	20.6	35	27	145	160
70	8″6	9″0	1′48	1′55	3.28	2.92	32.0	19.6	33	25	140	155
65	8″7	9″1	1′51	1′58	3.21	2.84	30.4	18.6	31	23	135	150
60	8″8	9″2	1′54	2′01	3.13	2.76	29.0	17.6	29	21	130	140
55	8″9	9″4	1′57	2′04	3.05	2.68	27.7	16.7	27	19	125	130
50	9″1	9″5	2′00	2′07	2.98	2.60	26.1	15.8	25	17	120	120
45	9″3	9″7	2′03	2′10	2.90	2.52	24.8	15.0	23	15	110	110
40	9″4	9″9	2′06	2′13	2.83	2.44	23.4	14.1	21	13	100	100
35	9″6	10″1	2′09	2′16	2.76	2.36	22.1	13.2	19	11	90	90
30	9″8	10″3	2′12	2′19	2.69	2.28	20.5	12.3	17	10	80	80
25	10″0	10″5	2′16	2′23	2.62	2.20	19.1	11.4	15	9	70	70
20	10″2	10″6	2′20	2′27	2.55	2.12	17.8	10.6	13	8	60	60
15	10″3	10″8	2′24	2′31	2.46	2.04	16.2	9.7	11	7	50	50
10	10″4	11″0	2′28	2′35	2.41	1.96	14.9	8.8	9	6	40	40
5	10″6	11″2	2′32	2′39	2.30	1.88	13.6	7.90	7	5	30	30

2.初二测试项目得分对照表

得分	100米 男	100米 女	1000米 男	800米 女	立定跳远（米）男	立定跳远（米）女	掷实心球（2千克）男	掷实心球（2千克）女	跳高（米）男	跳高（米）女
100	14″3	15″6	3′55	3′35	2.05	1.92	8.14	6.14	1.30	1.15
95	14″6	15″9	4′05	3′42	2.01	1.88	7.86	5.96	1.28	1.13
90	14″8	16″2	4′15	3′49	1.97	1.84	7.59	5.77	1.26	1.11
85	15″1	16″4	4′22	3′57	1.94	1.81	7.31	5.58	1.24	1.09
80	15″3	16″7	4′30	4′05	1.90	1.77	7.04	5.39	1.22	1.07
75	15″6	17″0	4′35	4′10	1.86	1.73	6.71	5.21	1.20	1.05
70	15″9	17″3	4′40	4′15	1.82	1.69	6.49	5.02	1.18	1.03
65	16″1	17″6	4′45	4′20	1.78	1.65	6.21	4.88	1.16	1.01
60	16″4	17″8	4′50	4′25	1.75	1.62	5.93	4.65	1.14	0.99
55	16″6	18″1	4′55	4′30	1.71	1.58	5.66	4.46	1.12	0.97
50	16″9	18″4	5′00	4′35	1.67	1.54	5.39	4.28	1.10	0.95
45	17″3	18″8	5′05	4′40	1.63	1.51	5.27	4.13	1.08	0.93
40	17″7	19″2	5′10	4′45	1.59	1.47	5.07	3.98	1.06	091
35	18″1	19″6	5′15	4′50	1.55	1.44	4.91	3.84	1.04	0.89
30	18″5	20″0	5′20	4′55	1.51	1.41	4.75	3.69	1.02	0.87
25	18″9	20″4	5′40	5′05	1.48	1.38	4.58	3.54		
20	19″2	20″7	6′00	5′15	1.44	1.34	4.42	3.40		
15	19″6	21″1	6′20	5′25	1.40	1.31	4.26	3.25		
10	20″0	21″5	6′40	5′35	1.36	1.28	4.10	3.11		
5	20″4	21″9	7′00	5′45	1.32	1.24	3.93	2.96		

3.初三测试项目得分对照表

得分	100米 男	100米 女	1000米 男	800米 女	掷实心球（2千克）男	掷实心球（2千克）女	立定跳远（米）男	立定跳远（米）女	跳远（米）男	跳远（米）女
100	13″5	15″4	3′50	3′30	10.3	6.90	2.19	1.93	4.40	3.49
95	13″8	15″7	3′55	3′37	10.0	6.70	2.15	1.90	4.31	3.42
90	14″1	16″0	4′00	3′44	9.70	6.50	2.11	1.86	4.22	3.35

续表

得分	100米 男	100米 女	1000米 男	800米 女	掷实心球（2千克）男	掷实心球（2千克）女	立定跳远（米）男	立定跳远（米）女	跳远（米）男	跳远（米）女
85	14″4	16″2	4′07	3′52	9.40	6.30	2.07	1.83	4.13	3.28
80	14″7	16″5	4′15	4′00	9.10	6.10	2.03	1.79	4.04	3.21
75	15″0	16″8	4′20	4′05	8.80	5.90	1.99	1.76	3.96	3.14
70	15″3	17″0	4′25	4′10	8.50	5.70	1.94	1.72	3.87	3.07
65	15″6	17″3	4′30	4′15	8.20	5.50	1.90	1.69	3.78	3.00
60	15″9	17″6	4′35	4′20	7.90	5.30	1.86	1.65	3.69	2.93
55	16″2	17″8	4′40	4′25	7.60	5.10	1.82	1.62	3.60	2.80
50	16″5	18″0	4′45	4′30	7.30	4.90	1.78	1.58	3.51	2.79
45	16″8	18″1	4′50	4′35	7.00	4.70	1.74	1.54	3.41	2.71
40	17″1	18″4	4′55	4′40	6.40	4.50	1.71	1.51	3.32	2.63
35	17″4	18″6	5′00	4′45	6.10	4.30	1.67	1.47	3.22	2.54
30	17″7	18″9	5′05	4′50	5.80	4.10	1.63	1.44	3.13	2.46
25	18″0	19″0	5′25	5′00	5.50	3.90	1.60	1.40	3.03	2.38
20	18″3	19″5	5′45	5′10	5.20	3.70	1.56	1.36	2.93	2.30
15	18″6	20″0	6′05	5′20	4.90	3.50	1.52	1.33	2.84	2.23
10	19″0	20″3	6′25	5′30	4.60	2.30	1.48	1.29	2.74	2.13
5	19″4	20″8	6′45	5′40	4.30	2.10	1.45	1.26	2.65	2.05

4.初四测试项目得分对照表

得分	100米 男	100米 女	1000米 男	800米 女	掷实心球（2千克）男	掷实心球（2千克）女	立定跳远（米）男	立定跳远（米）女	跳远（米）男	跳远（米）女
100	13″5	15″4	3′40″	3′25″	10.3	6.90	2.19	1.93	4.40	3.49
95	13″8	15″7	3′45″	3′32″	10.0	6.70	2.15	1.90	4.31	3.42
90	14″1	16″0	3′50″	3′39″	9.70	6.50	2.11	1.86	4.22	3.35
85	14″4	16″2	3′57″	3′47″	9.40	6.30	2.07	1.83	4.13	3.28
80	14″7	16″5	4′05″	3′55″	9.10	6.10	2.03	1.79	4.04	3.21
75	15″0	16″8	4′10″	4′00″	8.80	5.90	1.99	1.76	3.96	3.14

续表

得分	100米 男	100米 女	1000米 男	800米 女	掷实心球（2千克）男	掷实心球（2千克）女	立定跳远（米）男	立定跳远（米）女	跳远（米）男	跳远（米）女
70	15″3	17″0	4′15″	4′05″	8.50	5.70	1.94	1.72	3.87	3.07
65	15″6	17″3	4′20″	4′10″	8.20	5.50	1.90	1.69	3.78	3.00
60	15″9	17″6	4′25″	4′15″	7.90	5.30	1.86	1.65	3.69	2.93
55	16″2	17″8	4′30″	4′20″	7.60	5.10	1.82	1.62	3.60	2.80
50	16″5	18″0	4′35″	4′25″	7.30	4.90	1.78	1.58	3.51	2.79
45	16″8	18″1	4′40″	4′30″	7.00	4.70	1.74	1.54	3.41	2.71
40	17″1	18″4	4′45″	4′35″	6.40	4.50	1.71	1.51	3.32	2.63
35	17″4	18″6	4′50″	4′40″	6.10	4.30	1.67	1.47	3.22	2.54
30	17″7	18″9	4′55″	4′45″	5.80	4.10	1.63	1.44	3.13	2.46
25	18″0	19″0	5′15″	4′55″	5.50	3.90	1.60	1.40	3.03	2.38
20	18″3	19″5	5′35″	5′05″	5.20	3.70	1.56	1.36	2.93	2.30
15	18″6	20″0	5′55″	5′15″	4.90	3.50	1.52	1.33	2.84	2.23
10	19″0	20″3	6′15″	5′25″	4.60	2.30	1.48	1.29	2.74	2.13
5	19″4	20″8	6′35″	5′35″	4.30	2.10	1.45	1.26	2.65	2.05

附表5 单元测试项目与进度表

1.小学单元测试项目与进度表

年级	学期	进度周次 测试周次	测试项目	所属类别（运动技能、运动素质）
一年级	第一学期	4	广播体操	运动技能
		6	30米快速跑	运动素质
		7	队列队形	运动技能
		10	投掷沙包	运动素质
		11	跳绳	运动素质
		14	篮球原地运球	运动技能

续表

年级	学期	进度周次 测试周次	测试项目	所属类别 （运动技能、运动素质）
一年级	第二学期	4	30米快速跑	运动素质
		5	立定跳远	运动素质
		6	队列队形	运动技能
		13	韵律舞蹈、前滚翻	运动素质
		15	篮球原地运球	运动技能
二年级	第一学期	4	30米跑	运动素质
		6	立定跳远	运动素质
		7	队列队形	运动技能
		10	韵律舞蹈	运动技能
		13	篮球28米往返运球	运动技能
二年级	第二学期	5	投掷沙包	运动素质
		6	队列队形	运动技能
		6	30米快速跑	运动素质
		12	跳的学习考核	运动素质
		14	技巧：连续前滚翻	运动技能
		16	篮球行进间运球	运动技能
三年级	第一学期	4	400米跑	运动素质
		6	立定跳远	运动素质
		7	队列队形	运动技能
		13	软排自垫	运动技能
		16	1分钟跳绳	运动技能
三年级	第二学期	4	少年拳	运动技能
		5	50米跑	运动素质
		6	队列队形	运动技能
		7	投掷沙包	运动素质
		13	篮球28米往返运球	运动技能
		16	后滚翻	运动技能

续表

年级	学期	进度周次测试周次	测试项目	所属类别（运动技能、运动素质）
四年级	第一学期	4	50米跑	运动素质
		6	1分钟跳绳	运动素质
		7	队列队形	运动技能
		13	支撑跳跃：分腿腾跃	运动技能
		15	排球自垫	运动技能
		16	武术：少年拳	运动技能
四年级	第二学期	3	400米快速跑	运动素质
		5	投掷沙包	运动素质
		6	队列队形	运动技能
		7	蹲踞式跳远	运动素质
		11	篮球三米定点投篮	运动技能
		16	前滚翻—交叉转体180°—后滚翻—跪跳起	运动技能
五年级	第一学期	3	400米跑	运动素质
		6	跳远	运动素质
		7	1分钟跳绳	运动技能
		8	前滚翻—交叉转体180°—后滚翻—跪跳起	运动素质
		11	山羊分腿腾跃	运动技能
		13	排球自垫	运动技能
		16	武术：少年拳	运动技能
五年级	第二学期	4	1分钟仰卧起坐	运动素质
		7	50米跑	运动技能
		7	队列队形	运动技能
		9	投掷沙包	运动素质
		11	篮球三步上篮	运动技能
		13	单杠：跳上成支撑—前翻下	运动技能

171

2.初中单元测试项目与进度表

年级	学期	进度周次 测试周次	测试项目	所属类别（运动技能、运动素质）
初中一年级	第一学期	3	50米×8往返跑	运动素质
		7	武术健身拳	运动技能
		9	足球	运动技能
		11	掷垒球	运动素质
		12	1分钟跳绳	运动素质
		13	健美操：组合动作	运动技能
		15	跳远	运动素质
	第二学期	5	50米跑	运动素质
		7	篮球30秒投篮	运动素质
		9	1分钟仰卧起坐	运动素质
		11	山羊分腿腾跃	运动素质
		13	排球正面下手发球	运动技能
		15	技巧：垫子成套动作	运动技能
初中二年级	第一学期	5	100米跑	运动素质
		7	排球两人对垫	运动技能
		9	足球脚内侧射门	运动技能
		11	立定跳远	运动技能
		14	武术：少年拳第二套	运动技能
		16	舞蹈：幸福的马儿	运动技能
	第二学期	5	男1000米、女800米	运动素质
		7	技巧联合动作	运动技能
		9	单杠：组合动作	运动技能
		11	跨越式跳高	运动素质
		14	掷实心球	运动素质
		16	篮球行进间单手肩上投篮	运动技能

续表

年级	学期	进度周次 测试周次	测试项目	所属类别 （运动技能、运动素质）
初中三年级	第一学期	3	100米快速跑	运动素质
		5	双杠	运动技能
		12	排球	运动技能
		13	健美操	运动技能
		14	武术	运动技能
		16	男1000米、女800米	运动素质
	第二学期	3	掷实心球	运动素质
		4	篮球	运动技能
		10	立定跳远	运动素质
		12	足球	运动技能
		15	横箱：分腿腾跃	运动技能
		16	蹲踞式跳远	运动素质
初中四年级	第一学期	3	100米跑	运动素质
		7	单杠	运动技能
		9	足球	运动技能
		11	武术对练套路	运动技能
		13	双人健美操	运动技能
		16	蹲踞式跳远	运动素质
	第二学期	3	男1000米、女800米	运动素质
		7	双杠联合动作	运动技能
		9	掷实心球	运动素质
		12	立定跳远	运动素质
		14	篮球	运动技能
		16	排球	运动技能

附表6 中小学体能教学各项指标体系表

1.中小学体能教学质量监测指标体系表

一级指标	二级指标	三级指标	年级		项目标准			具体要求
					优秀 （85分以上）	良好 （75~84分）	及格 （60~74分）	
体能	速度素质	30米跑	一年级	男	6″3以内	6″6~6″4	7″2~6″7	
				女	6″4以内	6″7~6″5	7″3~6″8	
			二年级	男	6″0以内	6″3~6″1	6″7~6″4	
				女	6″2以内	6″4~6″3	7″0~6″5	
		50米跑	三年级	男	9″1以内	9″4~9″2	9″8~9″5	
				女	9″6以内	9″9~9″7	10″3~10″0	
			四年级	男	9″0以内	9″2~9″1	9″6~9″3	
				女	9″2以内	9″5~9″3	10″0~9″6	
			五年级	男	8″7以内	9″0~8″8	9″2~9″1	
				女	9″0以内	9″4~9″1	9″7~9″5	
			六年级	男	8″3以内	8″5~8″2	8″8~8″6	
				女	8″6以内	8″8~8″5	9″2~8″9	
		100米跑	七年级	男	15″1以内	15″6~15″2	16″4~15″7	
				女	16″4以内	17″0~16″5	17″8~17″1	
			八年级	男	14″4以内	15″0~14″5	15″9~15″1	
				女	16″2以内	16″8~16″3	17″6~16″9	
			九年级	男	14″4以内	15″0~14″5	15″9~15″1	
				女	16″2以内	16″8~16″3	17″6~16″9	

续表

一级指标	二级指标	三级指标	年级		项目标准 优秀（85分以上）	项目标准 良好（75~84分）	项目标准 及格（60~74分）	具体要求
体能	耐力素质	400米跑	三年级	男	1'39以内	1'44~1'40	1'51~1'45	
				女	1'45以内	1'50~1'46	1'58~1'51	
			四年级	男	1'26以内	1'30~1'27	1'36~1'31	
				女	1'28以内	1'32~1'29	1'38~1'33	
			五年级	男	1'22以内	1'25~1'23	1'30~1'26	
				女	1'27以内	1'31~1'28	1'37~1'32	
		50米×8往返跑	六年级	男	1'39以内	1'45~1'40	1'54~1'46	
				女	1'46以内	1'52~1'47	2'02~1'53	
		男生1000米跑女生800米跑	七年级	男	4'22以内	4'35~4'23	4'50~4'36	
				女	3'57以内	4'10~3'58	4'25~4'11	
			八年级	男	4'07以内	4'20~4'08	4'35~4'21	
				女	3'52以内	4'05~3'53	4'20~4'06	
			九年级	男	3'57以内	4'10~3'58	4'25~4'11	
				女	3'47以内	4'00~3'48	4'15~4'01	
	力量素质	立定跳远	一年级	男	1.53以上	1.41~1.52	1.30~1.40	测试时不准穿钉子鞋。起跳前身体任何部位不得触线，原地双脚同时起跳双脚落地，不得有垫步或连跳动作。以运动员身体着地的最近点垂直丈量成绩
				女	1.46以上	1.39~1.45	1.26~1.38	
			二年级	男	1.62以上	1.58~1.61	1.48~1.57	
				女	1.55以上	1.48~1.54	1.37~1.47	
			三年级	男	1.64以上	1.57~1.63	1.47~1.56	
				女	1.54以上	1.48~1.53	1.38~1.47	
			七年级	男	1.94以上	1.86~1.93	1.75~1.85	
				女	1.81以上	1.73~1.80	1.62~1.72	
			八年级	男	2.07以上	1.99~2.06	1.86~1.98	
				女	1.83以上	1.76~1.82	1.65~1.75	
			九年级	男	2.07以上	1.99~2.06	1.86~1.98	
				女	1.83以上	1.76~1.82	1.65~1.75	

续表

一级指标	二级指标	三级指标	年级		项目标准 优秀（85分以上）	项目标准 良好（75~84分）	项目标准 及格（60~74分）	具体要求
体能	力量素质	跳远	四年级	男	3.12以上	3.00~3.11	2.82~2.99	
				女	2.91以上	2.77~2.90	2.55~2.76	
			五年级	男	3.19以上	3.05~3.18	2.83~3.04	
				女	2.96以上	2.81~2.95	2.57~2.80	
			六年级	男	3.52以上	3.36~3.51	3.13~3.35	
				女	3.16以上	3.00~3.15	2.76~2.99	
			八年级	男	4.13以上	3.96~4.12	3.69~3.95	
				女	3.28以上	3.14~3.27	2.93~3.13	
			九年级	男	4.13以上	3.96~4.12	3.69~3.95	
				女	3.28以上	3.14~3.27	2.93~3.13	
		跨越式跳高	七年级	男	1.24以上	1.20~1.23	1.14~1.19	
				女	1.09以上	1.05~1.08	0.99~1.04	
		掷沙包（150克）	一年级	男	20.0以上	18.6~19.9	16.5~18.5	可以助跑
				女	11.8以上	11.1~11.7	10.0~11.0	
			二年级	男	21.4以上	20.0~21.3	17.8~19.9	
				女	13.6以上	12.6~13.5	11.2~12.5	
			三年级	男	24.9以上	22.2~24.8	19.4~22.1	
				女	14.2以上	12.5~14.1	10.3~12.4	
			四年级	男	27.1以上	24.6~27.0	21.4~24.5	
				女	17.1以上	14.6~17.0	11.4~14.5	
			五年级	男	29.6以上	27.4~29.5	23.9~27.3	
				女	18.8以上	16.9~18.7	14.0~16.8	
		1分钟仰卧起坐	五年级	男	37以上	33~36	27~32	双手交叉抱头，仰卧肩胛骨触垫，坐起双肘触膝部
				女	32以上	28~31	22~27	
			六年级	男	39以上	35~38	29~34	
				女	31以上	27~30	21~26	
		掷垒球（250克）	六年级	男	36.6以上	33.3~36.5	29.0~33.2	可以助跑
				女	22.6以上	20.6~22.5	17.6~20.5	

续表

一级指标	二级指标	三级指标	年级		项目标准 优秀（85分以上）	项目标准 良好（75~84分）	项目标准 及格（60~74分）	具体要求
体能	力量素质	实心球（2千克）	七年级	男	7.31以上	6.71~7.30	5.93~6.70	原地双手头上前抛
				女	5.58以上	5.21~5.57	4.65~5.20	
			八年级	男	9.40以上	8.80~9.39	7.90~8.79	
				女	6.30以上	5.90~6.29	5.30~5.89	
			九年级	男	9.40以上	8.80~9.39	7.90~8.79	
				女	6.30以上	5.90~6.29	5.30~5.89	
	灵敏素质	30秒跳绳	一年级	男	60以上	50~59	35~49	跳法不限
				女	65以上	55~64	40~54	
			二年级	男	70以上	60~69	45~59	
				女	80以上	70~79	55~69	
		1分钟跳绳	三年级	男	136以上	122~135	100~121	跳法不限
				女	150以上	138~149	119~137	
			四年级	男	143以上	129~142	103~128	
				女	160以上	148~159	130~147	
			五年级	男	155以上	145~154	130~144	
				女	165以上	155~164	140~154	
			六年级	男	155以上	145~154	130~144	
				女	170以上	160~169	140~159	

续表

一级指标	二级指标	三级指标	年级		项目标准			具体要求
					优秀 （85分以上）	良好 （75~84分）	及格 （60~74分）	
体能	灵敏素质	十字跳	一年级	男	5以上	4	3	场地：5个边长为50厘米的正方形呈"十"字形，中间为0、前为1、后为2、左为3、右为4。测试者站在0上，测试开始，按1-0-2-0-3-0-4-0的顺序完成双脚连续跳跃动作，每完成一个轮次计数1，循环进行。15秒测试完成次数
				女	4以上	3	2	
			二年级	男	5以上	4	3	
				女	4以上	3	2	
			三年级	男	6以上	5	4	
				女	5以上	4	3	
			四年级	男	6以上	5	4	
				女	5以上	4	3	
			五年级	男	7以上	6	5	
				女	6以上	5	4	
			六年级	男	7以上	6	5	
				女	7以上	6	5	
			七年级	男	8以上	7	6	
				女	8以上	7	6	
			八年级	男	8以上	7	6	
				女	7以上	6	5	
			九年级	男	8以上	7	6	
				女	7以上	6	5	

续表

一级指标	二级指标	三级指标	年级		项目标准 优秀（85分以上）	项目标准 良好（75~84分）	项目标准 及格（60~74分）	具体要求
体能	柔韧素质	坐位体前屈	一年级	男	12.0以上	8.8~11.9	0.0~8.7	参加测试者坐在仪器前的软垫上，两腿伸直，不可弯曲，两脚蹬在垂直平板上，两手并拢。两臂和手伸直，用两手中指尖轻轻推动标尺游标前滑（不得有突然前伸动作），直到不能继续前伸时为止
				女	14.7以上	11.2~14.6	2.4~11.1	
			二年级	男	11.9以上	8.4~11.8	−0.4~8.3	
				女	14.8以上	11.1~14.7	2.3~11.0	
			三年级	男	11.8以上	8.0~11.7	−0.8~7.9	
				女	14.9以上	11.0~14.8	2.2~10.9	
			四年级	男	11.7以上	7.4~11.6	−2.2~7.3	
				女	15.0以上	10.9~14.9	2.1~10.8	
			五年级	男	11.6以上	7.0~11.5	−2.6~6.9	
				女	15.1以上	10.8~15.0	2.0~10.7	
			六年级	男	11.5以上	6.4~11.4	−4.0~6.3	
				女	15.2以上	10.7~15.1	1.9~10.6	
			七年级	男	12.8以上	8.1~12.7	−2.5~8.0	
				女	16.8以上	12.5~16.7	2.5~12.4	
			八年级	男	13.7以上	9.0~6.5	−1.4~6.8	
				女	17.6以上	13.3~17.5	2.9~13.2	
			九年级	男	15.8以上	11.0~15.7	−0.2~10.9	
				女	18.4以上	14.1~18.3	3.7~14.0	

2.中小学篮球教学质量监测指标体系表

一级指标	二级指标	三级指标	年级	评价项目	项目标准 优秀(85~100分) 男	项目标准 优秀(85~100分) 女	良好(75~84分) 男	良好(75~84分) 女	及格(60~74分) 男	及格(60~74分) 女	具体要求
篮球运动技能	专项技能	30″原地运球	一年级	能力评价	100次以上	95次以上	85~99次	80~94次	70~84次	65~79次	技术评价包括动作规格、动作违例等。如出现动作错误，每例在能力评价得分的基础上扣2分
篮球运动技能	专项技能	30″原地运球	一年级	技术评价	五指张开，手心空出，抬头运球，运球高度在胸和腰之间，动作协调	五指张开，手心空出，抬头运球，运球高度在胸和腰之间，动作协调	基本能够抬头运球，手心空出，运球动作准确，高度合适	基本能够抬头运球，手心空出，运球动作准确，高度合适	不能够抬头运球，运球时手心空出，运球动作基本准确，高度基本合适	不能够抬头运球，运球时手心空出，运球动作基本准确，高度基本合适	技术评价包括动作规格、动作违例等。如出现动作错误，每例在能力评价得分的基础上扣2分
篮球运动技能	专项技能	28米往返运球	二年级	能力评价	15″3以内	15″6以内	15″4~16″5	15″7~16″8	16″6~18″	16″9~18″8	技术评价包括动作规格、动作违例等。如出现走步、2次运球等违例动作，每例在能力评价得分的基础上扣3分
篮球运动技能	专项技能	28米往返运球	二年级	技术评价	五指张开，手心空出，抬头运球，运球高度在胸和腰之间，动作协调	五指张开，手心空出，抬头运球，运球高度在胸和腰之间，动作协调	基本能够抬头运球，手心空出，运球动作准确，高度合适。出现一次违例，扣5分	基本能够抬头运球，手心空出，运球动作准确，高度合适。出现一次违例，扣5分	不能够抬头运球，运球时手心空出，运球动作基本准确，高度基本合适。出现一次违例，扣5分	不能够抬头运球，运球时手心空出，运球动作基本准确，高度基本合适。出现一次违例，扣5分	技术评价包括动作规格、动作违例等。如出现走步、2次运球等违例动作，每例在能力评价得分的基础上扣3分
篮球运动技能	专项技能	定点投篮（男2.5米、女2米定点投篮10次）	三年级	能力评价	中4球以上	中4球以上	中2~3球	中2~3球	中1球以下	中1球以下	技术评价包括动作规格、动作违例等。如出现走步、2次运球等违例动作，每例在能力评价得分的基础上扣3分
篮球运动技能	专项技能	定点投篮（男2.5米、女2米定点投篮10次）	三年级	技术评价	投篮动作准确，标准，拿篮板后运球动作协调连贯	投篮动作准确，标准，拿篮板后运球动作协调连贯	投篮动作准确，拿篮板后运球动作连贯，根据级评打分最低80分	投篮动作准确，拿篮板后运球动作连贯，根据级评打分最低80分	投篮动作基本准确，拿篮板后运球动作基本完成，根据级评打分最低70分	投篮动作基本准确，拿篮板后运球动作基本完成，根据级评打分最低70分	技术评价包括动作规格、动作违例等。如出现走步、2次运球等违例动作，每例在能力评价得分的基础上扣3分

续表

一级指标	二级指标	三级指标	年级	评价项目	优秀（85~100分） 男	优秀（85~100分） 女	良好（75~84分） 男	良好（75~84分） 女	及格（60~74分） 男	及格（60~74分） 女	具体要求
篮球运动技能	专项技能	三步上篮（三分线起始，时间1分钟）	四年级	能力评价	投中7球	投中5球以上	投中4~7球	投中2~4球	投中3球以下	投中2球以下	技术评价包括动作规格、动作违例等。如出现走步、2次运球等违例动作，每例在能力评价得分的基础上扣3分
				技术评价	行进间运球动作协调连贯，三步上篮动作连贯、流畅，做到一大、二小、三起跳，投篮动作准确		运球动作基本连贯，三步上篮动作基本正确。投篮能命中		运球动作不连贯，三步上篮不流畅，命中率较低		
		全场运球上篮	五年级	能力评价	15″3以内	15″6以内	15″4~16″5	15″7~16″8	16″6~18″	16″9~18″8	技术评价包括动作规格、动作违例等。如出现走步、2次运球等违例动作，每例在能力评价得分的基础上扣3分
				技术评价	行进间运球动作协调连贯，三步上篮动作连贯、流畅，做到一大、二小、三起跳，投篮动作准确、标准		运球动作基本连贯，三步上篮动作基本正确。投篮能命中		运球动作不连贯，三步上篮不流畅，命中率较低		
		30秒投篮	六年级	能力评价	投中5球	投中4球	投中2~4球	投中2~3球	投中1球以下	投中1球以下	技术评价包括动作规格、动作违例等。如出现动作错误，每例在能力评价得分的基础上扣2分
				技术评价	投篮动作准确，协调连贯，男生用单手肩上投篮，女生可以用双手胸前投篮		投篮动作准确，动作基本协调，命中率一般		投篮动作不准确。命中率较低		

181

续表

一级指标	二级指标	三级指标	年级	评价项目	项目标准						具体要求
					优秀（85~100分）		良好（75~84分）		及格（60~74分）		
					男	女	男	女	男	女	
篮球运动技能	专项技能	1分钟半场行进间单手肩上投篮	七年级	能力评价	投中5球	投中4球	投中2~4球	投中2~3球	投中1球以下	投中1球以下	技术评价包括动作规格、动作违例等。如出现走步、2次运球等违例动作，每例在能力评价得分的基础上扣3分
				技术评价	行进间运球协调，投篮动作准确、标准，拿篮板后运球动作协调连贯		行进间运球较为协调，投篮动作基本准确，命中率一般，拿篮板后运球动作基本完成		投篮动作不准确，命中率较低，拿篮板后运球动作不协调		
		1分钟半场行进间低手上篮	八年级	能力评价	投中6球	投中5球	投中2~5球	投中2~5球	投中1球以下	投中1球以下	技术评价包括动作规格、动作违例等。如出现走步、2次运球等违例动作，每例在能力评价得分的基础上扣3分
				技术评价	投篮动作准确、标准，拿篮板后运球动作协调连贯		行进间运球较为协调，投篮动作基本准确，命中率一般，拿篮板后运球动作基本完成		投篮动作不准确，命中率较低，拿篮板后运球动作不协调		
		罚球线投篮（10次）	九年级	能力评价	投中5球	投中4球	投中2~4球	投中2~3球	投中1球以下	投中1球以下	技术评价包括动作规格、动作违例等。如出现动作错误，每例在能力评价得分的基础上扣2分
				技术评价	全身用力协调连贯，出手动作、投篮弧度正确，球的落点集中		整个动作基本能够完成，全身用力基本正确，出手动作、投篮弧度基本正确，球的落地比较分散		整个动作基本完成，全身用力、出手动作、投篮弧度某方面有问题，球的落点分散		

3.中小学足球教学质量监测指标体系表

一级指标	二级指标	三级指标	年级		项目标准			具体要求
					优秀	良好	及格	
足球基本技能	球性	30秒快速交替踩球	一年级	男	50个以上	45~49个	40~44个	原地双脚快速交替踩球，以个数计成绩
				女	45个以上	41~44个	36~40个	
		双脚交替拨球前进+踩球后退	二年级	男	10″以内	10″1~12″	12″1~14″	双脚交替拨球推球前进，到达终点后双脚踩球拉球后退至起点。测试距离4米往返
				女	12″以内	12″1~14″	14″1~16″	
	基本踢法	脚内侧踢球（女：7米 男：11米）	三年级	男	10个	8~9个	6~7个	5人制足球门，规定距离动作，每人连续10次踢球，根据进行多少计成绩。未按规定技术动作，进球无效
				女	9个以上	7~8个	5~6个	
		脚背正面踢球（女：7米 男：11米）	四年级	男	9个以上	8个	6~7个	5人制足球门，规定距离动作，每人连续10次踢球，根据进行多少计成绩。未按规定技术动作，进球无效
				女	8个以上	7个	5~6个	
		脚背内侧踢球（女：11米 男：18米）	五年级	男	8个以上	7个	6个	11人制足球门，规定距离动作，每人连续10次踢球，根据进行多少计成绩。未按规定技术动作，进球无效
				女	7个以上	6个	5个	
	控球	单脚颠球	六年级	男	30个以上	25~30个	20~24个	受试者在原地将球抛起，用规定部位连续颠球，球落地则测试结束，按次计数。其他部位触球可作为调整，不计次数。每名受试者测两次，记录其中成绩最好的一次
				女	25个以上	21~24个	16~20个	
		双脚颠球	七年级	男	25个以上	21~24个	16~20个	
				女	20个以上	16~20个	12~15个	
		脚内侧颠球	八年级	男	20个以上	16~20个	12~15个	
				女	15个以上	12~15个	9~11个	
		大腿、脚外侧颠球	九年级	男	15个以上	12~15个	9~11个	
				女	12个以上	10~12个	7~9个	

续表

一级指标	二级指标	三级指标	年级		项目标准			具体要求
					优秀	良好	及格	
足球专项技能	带球	直线运球＋射门	一年级	男	6″以内	6″~7″	8″以外	直线运球（5米）至大禁区线完成足球射门。球进有效，每人两次机会取最好成绩为最终成绩
				女	8″以内	8″~9″	10″以外	
		直线运球＋传接球＋射门	二年级	男	10″以内	10″~11″	12″以外	快速直线运球（10米）至传球区（4×4米），传球区内完成短传配合，出传球区至大禁区线（传球区至大禁区线1米）完成足球射门。球进有效，每人两次机会取最好成绩为最终成绩
				女	12″以内	12″~13″	14″以外	
			三年级	男	8″以内	8″~9″	10″以外	
				女	10″以内	10″~11″	12″以外	
	传控	直线运球＋传接球＋运球过障碍＋射门	四年级	男	13″以内	13″~15″	17″以外	快速直线运球（3米）至传球区（4×4米），传球区内完成短传配合，出传球区进行运球绕杆（传球区至第一个杆3米，5个杆、间距2.5米），然后完成足球射门（最后一个杆距大禁区线1~2米）。球进有效，每人两次机会取最好成绩为最终成绩。
				女	16″以内	16″~18″	20″以外	
			五年级	男	11″以内	11″~13″	15″以外	
				女	14″以内	14″~16″	18″以外	
			六年级	男	9″以内	9″~11″	13″以外	
				女	12″以内	12″~14″	16″以外	
	战术	直线运球＋传接球＋踢墙式二过一＋运球过障碍＋射门	七年级	男	15″以内	15″~17″	19″以外	快速直线运球（3米）至传球区（4×4米），传球区内完成短传配合，出传球区进行撞墙二过一配合（6米区域），然后进行运球绕杆（传球区至第一个杆3米，5个杆、间距2.5米），最后完成足球射门（最后一个杆距大禁区线1~2米）。球进有效，每人两次机会取最好成绩为最终成绩
				女	17″以内	17″~19″	21″以外	
			八年级	男	14″以内	14″~16″	18″以外	
				女	16″以内	16″~18″	20″以外	
			九年级	男	13″以内	13″~15″	17″以外	
				女	15″以内	15″~17″	19″以外	

4.中小学排球教学质量监测指标体系表

一级指标	二级指标	三级指标	年级	项目标准 优秀 100分	项目标准 良好 85~99分	项目标准 及格 60~84分	具体要求
排球运动技能	排球专项技能	软排自抛自接	一年级 男	18个以上	10~17个	7~9个	连续双手自抛自接，抛接球落地测试结束
			一年级 女	15个以上	10~14个	5~9个	
			二年级 男	20个以上	15~19个	10~14个	
			二年级 女	18个以上	10~17个	7~9个	
		软排自垫	三年级 男	16个以上	12~15个	10~11个	直径为3米的圆形测试场地，测试30秒双手自垫球，球垫起高度超过头部0.5米以上，球落地后可以继续
			三年级 女	16个以上	12~15个	10~11个	
		排球自垫	四年级 男	20个以上	15~19个	10~14个	
			四年级 女	20个以上	15~19个	10~14个	
		下手发球	五年级 男	6个	5个	4个	距中线6米，每人下手连续发6个球。两次机会，取其最优成绩
			五年级 女	6个	5个	4个	
		对墙垫球	六年级 男	25个以上	18~24个	12~17个	垂直地面的平整墙面设有距地面1.4米的标志线，学生站于距测墙1.5米线外，向墙上标志线以上连续垫球。计1分钟垫球次数
			六年级 女	22个以上	15~21个	10~14个	
		自传球	七年级 男	30个以上	21~29个	20个	直径为3米的圆形测试场地，传球需高于头顶0.5米以上。球落地或出测试区测试结束
			七年级 女	26个以上	21~25个	20个	
		正面上手发球	八年级 男	6个	5个	4个	距中线6米，每人正面上手连续发6个球。2次机会，取其最优成绩
			八年级 女	6个	5个	4个	
		对墙扣反弹球	九年级 男	9次以上	6~8次	5次	垂直地面的平整墙面。学生站于距测墙2.5米（女生2米）线外，原地或跳起连续对墙扣反弹球。两次机会，取其最优成绩
			九年级 女	8次以上	6~7次	5次	

5.中小学体操教学质量监测指标体系表

一级指标	二级指标	三级指标	年级	项目标准 优秀（85~100分）	项目标准 良好（75~84分）	项目标准 及格（60~74分）	要求
体操运动技能	队列队形	立正稍息看齐报数	一年级	1.直立，脚跟靠拢，两脚尖自然分开，两膝挺直。2.上体正直，自然挺胸，两肩要平。3.两臂自然下垂于体侧，五指并拢，中指贴于裤缝。4.头要正，颈挺直，下颌微收，口微闭，两眼平视。5.报数声音要洪亮短促	1直立，脚跟靠拢，两膝挺直。2.上体正直，自然挺胸。3.两臂自然下垂于体侧，五指并拢。4.摆头缓慢。5.报数声音较小	基本可以掌握动作要点，能够在老师的提醒下完成动作	
体操运动技能	队列队形	三面转法	二年级	1.以左（右）脚跟与右（左）脚掌前部为轴，同时用力。2.向左（右）转体90°，体重落在左（右）脚上。3.右（左）脚向左（右）脚靠拢，成立正姿势。4.转动时，两腿挺直，两臂贴近身体，上体保持正直	1.以左（右）脚跟与右（左）脚掌前部为轴转动。2.右（左）脚向（右）脚靠成立正姿势。但上体不够正直	基本能够能完成三面转发动作，动作姿态较一般	
体操运动技能	队列队形	齐步走—立定	三年级	1.听到动令后，左脚开始向前自然迈出，脚跟先着地。2.眼平视前方，上体正直，微前倾。3.手指并拢自然微曲，两臂前后自然摆动。4.听到"立定"的口令后，左脚继续向前一步，右脚迅速向左靠拢，成立正姿势	1.听到动令后，左脚开始向前自然迈出。2.听到"立定"的口令后，可以完成右脚向左脚靠拢动作，并成立正姿势	动作基本连贯，听到"立定"的口令后，也成立正姿势	

186

续表

一级指标	二级指标	三级指标	年级	项目标准 优秀（85~100分）	项目标准 良好（75~84分）	项目标准 及格（60~74分）	要求
体操运动技能	队列队形	跑步走—立定	四年级	1.听到"跑步"预令，两手迅速握拳提至腰间，肘向里合。2.听到"走"的动令后，上体稍前倾，两腿微屈，同时左脚向前跃出。3.听到"立定"动令后，继续跑两步，然后左脚向前迈出半步，右脚迅速靠于左脚，同时两手放下成立正姿势	1.听到"跑步"预令，两手可提至腰间。2.听到"走"的动令后，出脚正确。3.听到"立定"动令后，可以完成立正姿势	能完成跑步走—立定动作，但动作完成度不高或不展体。熟练程度不够	
		向右（左）转走	五年级	1.预令和动令都落在右（左）脚上。2.听到动令后，左（右）脚向前迈半步，脚尖向右（左）约45°，身体向右（左）转90°时，脚不转动。3.迈踢右（左）脚，向新的方向行进，两臂配合两腿协调摆动	1.预令和动令都落在右（左）脚上。2.但动作不迅速，出脚缓慢，但整体配合良好	能基本完成向右（左）转走动作，但在预令和动令落脚缓慢	
	技巧	前滚翻	三年级	1.直立，蹲撑，两手与肩同宽体前撑垫。2.两脚蹬地（腿蹬直），重心前移。3.头后、肩、背、腰、臀依次着垫。4.当滚至背部着垫时，迅速屈膝收腿，两手抱小腿。5.团身向前滚动成蹲立	1.蹲撑，两手与肩同宽体前撑垫。2.两脚蹬地缓慢。3.在头后、肩、背、腰、臀依次着垫后，可以迅速屈膝两手抱小腿。4.可以团身向前滚动成蹲立	滚翻动作完成不够协调、连贯，姿态较差，节奏不够好，蹲立不够稳	

187

续表

一级指标	二级指标	三级指标	年级	项目标准 优秀（85~100分）	良好（75~84分）	及格（60~74分）	要求
体操运动技能	技巧	后滚翻	四年级	1.背向滚动方向蹲撑，两脚提踵，上体略前倾，两手同时用力推垫。2.向后倒体团身滚动，同时迅速屈肘两手于肩上（手背尽量靠近肩胛，掌心向上指尖向后）使臀、腰、背、肩、颈、头依次着垫。3.当肩部着垫时，用力推垫翻转成蹲撑，站立	1.背向滚动方向蹲撑，两脚提踵，上体略前倾，两手用力不足。2.但可以迅速屈肘两手于肩上使臀、腰、背、肩、颈、头依次着垫。向后翻转成蹲撑，站立	基本能够完成后滚翻动作，动作姿态较一般，站立不稳定	
		跪跳起	五年级	1.跪立，两臂胸前屈臂，向下后摆，臀后坐，上体前倾。2.两臂迅速向前上方摆至斜上举时制动，同时展髋、提腰。3.脚背和小腿用力压垫，使身体向前上腾起。4.迅速提膝、收腿成蹲立，直立	1.跪立，两臂胸前屈臂，向后摆，臀后坐，上体前倾。2.两臂迅速向前上方摆至斜上举。3.脚背和小腿用力压垫，使身体向前上腾起。4.迅速提膝、收腿成蹲立，直立	没有迅速提膝，能完成动作，但腾空不高，动作不舒展	
	支撑跳跃	跳上成跪撑—向前跳下	三年级	1.助跑，双脚踏跳（单起双跳），两手支撑横放跳箱（与肩同宽），提臀收腹，压膝前送成跪撑。2.两臂用力由后摆至前上方并制动，同时脚面和小腿用力下压器械，使身体向上腾起，迅速展体。3.落地时屈膝缓冲，两臂斜上举	1.助跑较快，踏跳时两手可以支撑跳过横放跳箱。2.两臂用力适当，同时脚面和小腿可以用力下压器械。3.落地时缓冲一般	助跑较快，能完成动作，但腾空不高，动作不美，落地不稳	

188

续表

一级指标	二级指标	三级指标	年级	项目标准 优秀（85~100分）	项目标准 良好（75~84分）	项目标准 及格（60~74分）	要求
体操运动技能	支撑跳跃	跳上成跪撑—向前跳下	四年级	1.助跑，双脚踏跳（单起双跳），两手支撑横放跳箱（与肩同宽），提臀收腹，压膝前送成跪撑。2.两臂用力由后摆至前上方并制动，同时脚面和小腿用力下压器械，使身体向上腾起，迅速展体。3.落地时屈膝缓冲，两臂斜上举	1.助跑轻松自然协调，双脚踏跳时两手撑箱过宽。2.两臂用力后可以摆至前上方，同时脚面和小腿可以下压器械。3.落地有缓冲动作，落地较稳	成套动作完成不够协调、不连贯，姿态较差，双臂没有同时支撑，勉强跳过	
体操运动技能	支撑跳跃	跳上成蹲撑，起立，挺身跳下	五年级	1.助跑、踏跳，两臂支撑器械（与肩同宽）同时提腰，屈膝上提贴近胸部，两脚前脚掌踏上器械成蹲撑。2.由蹲撑起立，两臂斜后举，稍蹲。3.两臂向斜上方摆起，同时两脚用力蹬离器械，使身体向前上方腾起。4.空中保持头正、挺胸、展体、两腿并拢、脚面绷直。5.前脚掌着地、缓冲，两臂斜上举	1.助跑、踏跳，两臂支撑器械等动作较为连贯。2.双臂过宽。3.腾起较高。4.空中两腿未并拢。5.全脚掌落地、没有缓冲动作	能完成动作，支撑臂弯曲成，摆腿不高，展体不充分或无展体，落地不够稳	
体操运动技能	技巧	肩肘倒立	六年级	倒立展髋充分，身体伸直，姿态好，倒立稳	倒立展髋较充分，身体较直，姿态较好，倒立较稳	倒立展髋欠充分，身体不够直，姿态欠佳，倒立欠稳定	

189

续表

一级指标	二级指标	三级指标	年级	项目标准 优秀（85~100分）	项目标准 良好（75~84分）	项目标准 及格（60~74分）	要求
体操运动技能	支撑跳跃	山羊分腿腾越	七年级	助跑轻松、自然、协调，速度快，起跳快，腾空高，直膝分腿大，稍屈髋，有明显的制动和上体挺身动作，展体充分，姿态美，落地稳	助跑轻松、自然、协调，速度较快，起跳快，腾空较高，分腿大，直膝推手快，有制动和上体急振意识，有展体动作，姿态较美，落地较稳	助跑较快，能完成动作，但腾空不高，动作不美，落地不稳	
	技巧运动	鱼跃前滚翻		腾空明显，姿态好，滚翻圆滑，幅度大，方向正	腾空较明显，姿态较好，滚翻较圆滑，幅度较大，方向正	有腾空，姿态欠佳，滚翻欠圆滑。动作不够伸展	男生
		头手倒立接前滚翻		上起动作节奏好，倒立直，姿态好，倒立稳。前滚翻动作圆滑，方向正	上起动作节奏较好，倒立较直，姿态较正确，倒立较稳定，滚翻较圆滑，方向正	上起动作失去节奏，倒立不够直，姿态欠佳，倒立基本稳定，能完成接前滚翻动作	男生
		肩肘倒立		倒立展髋充分，身体伸直，姿态好，倒立稳	倒立展髋较充分，身体较直，姿态较好，倒立较稳	倒立展髋欠充分，身体不够直，姿态欠佳，倒立欠稳定	女生
		单肩后滚翻成跪撑平衡		动作连贯，姿态好，幅度大，平衡稳定，方向正	动作较连贯，姿态较好，幅度较大，平衡较稳，方向正	动作不够连贯，姿态欠佳，幅度小，平衡欠稳定，方向不够正	女生
		有人扶持手倒立		蹬地摆腿充分，倒立时身体伸直，姿态好，动作完成协调，连贯、轻松	蹬摆腿较充分，身体伸直，姿态较好，完成动作较轻松，连贯、协调	蹬摆腿不够充分，倒立时身体不够直，姿态欠佳，完成动作不够轻松、连贯、协调	男生

续表

一级指标	二级指标	三级指标	年级	项目标准 优秀（85~100分）	项目标准 良好（75~84分）	项目标准 及格（60~74分）	要求
体操运动技能	技巧运动	成套动作	七年级	成套动作完成轻松、协调、连贯、有节奏，姿态好，幅度大，方向正，滚翻圆滑，倒立稳	动作完成较轻松、协调、连贯、有节奏，姿态较好，幅度较大，方向正，动作较稳定	动作完成不够轻松、协调、连贯、节奏欠佳，姿态不够好，幅度较小，方向不正，动作欠稳定	男生
体操运动技能	单杠	单腿或并腿上成支撑	七年级	翻上动作协调，节奏好，姿态好，幅度大，支撑稳，动作完成轻松	翻上动作较协调，姿态较好，幅度较大，支撑较稳，动作完成较轻松	动作不够连贯、协调，节奏不够好，姿态较差，幅度较小，支撑不够稳定，能完成翻上动作	男生
体操运动技能	单杠	骑撑后倒挂膝摆动上	七年级	动作协调、连贯，姿态好，幅度大，骑撑稳定，摆动充分，动作完成轻松	完成动作较轻松、协调、连贯，姿态较好，幅度较大，骑撑较稳定，摆动较充分	动作完成不够轻松、协调、连贯，姿态较差，骑撑欠稳定	女生
体操运动技能	单杠	支撑后摆转体90°下	七年级	后摆充分，转体及时，方向正，推手充分，动作舒展，幅度大，落地稳	后摆较充分，转体较及时，方向正，推手较充分，动作伸展，幅度大，落地较稳	后摆不够充分，转体欠及时，方向基本正，推手不够充分，动作幅度小，落地欠稳定	女生
体操运动技能	单杠	支撑单腿向前摆越成骑撑—还原成支撑	七年级	移重心、推手、摆腿、换撑动作配合协调、连贯、有节奏，姿势好，支撑控制稳定，幅度大	移重心、推手、摆腿、换撑动作配合较协调、连贯、有节奏，姿势较好，幅度较大，支撑控制较稳定	移重心、推手、摆腿、换撑动作配合不够协调、连贯，节奏不够好，姿势较差，幅度较小，支撑控制不够稳定	女生

续表

一级指标	二级指标	三级指标	年级	项目标准 优秀（85~100分）	项目标准 良好（75~84分）	项目标准 及格（60~74分）	要求
体操运动技能	单杠	成套动作	七年级	成套动作完成轻松、协调、连贯，姿态好，幅度大，有节奏，摆动充分，转体正，落地稳	成套动作完成较轻松、协调、连贯，姿态较好，幅度较大，节奏较好，摆动、转体较充分，落地较稳	成套动作完成不够协调、连贯，姿态较差，幅度较小，节奏不够好，摆动、转体不够充分，落地不够稳	女生
	支撑跳跃	分腿腾越	八年级	助跑轻松、自然、协调，速度快，起跳快，腾空高，直膝分腿大，稍屈髋，有明显的制动和上体挺身动作，展体充分，姿态美，落地稳	助跑轻松、自然、协调，速度较快，起跳快，腾空较高，分腿大，直膝推手快，有制动和上体急振意识，有展体动作，姿态较美，落地较稳	助跑较快，能完成动作，但腾空不高，动作不美，落地不稳	男生
		屈腿腾越		基本同上，不同点在于提臀高，屈腿紧靠胸，展体充分	基本同上，提臀较高，屈腿靠胸，有展体动作	基本同上，屈腿时两膝夹不紧，没有展体动作	女生
		侧腾越		动作轻松、协调、连贯，侧撑高，侧摆腿高，展体充分，落地稳	动作较轻松，较连贯，侧撑较高，摆腿较高，展体充分，落地较稳	能完成动作，有侧撑，摆腿不高，展体不充分，或无展体，落地不够稳	女生
	双杠	支撑摆动		以肩为轴直臂支撑摆动，摆幅大，节奏好	以肩为轴直臂支撑摆动，摆幅较大，节奏较好	直臂支撑，摆幅小，肩轴不固定，节奏不强	男生
		分腿坐前进		直臂支撑，直膝、分腿大，动作连贯、有弹性，幅度大，节奏好	直臂支撑，分腿较大，动作连贯，有弹性，幅度较大，节奏较好	能完成动作，但不连贯，幅度小，有时屈膝，节奏不强	男生

续表

一级指标	二级指标	三级指标	年级	项目标准 优秀（85~100分）	项目标准 良好（75~84分）	项目标准 及格（60~74分）	要求
体操运动技能	双杠	外侧坐越两杠直角下	八年级	弹杠有力，举腿高，越杠轻松，推手换握及时，充分展髋挺身，落地稳	有弹杠动作，举腿较高，越杠较轻松，推手换握及时，展髋挺身	能完成越两杠跳下，举腿不高，展髋挺身不充分	女生
		支撑摆动前摆下		以肩为轴直臂支撑摆动，幅度大，推手换握及时，充分展髋挺身，落地稳	以肩为轴，直臂支撑摆动，摆幅较大，推手换握及时，展髋挺身	直臂支撑，摆动幅度小，推手换握较及时，展髋不充分	女生
		支撑后摆挺身下		直臂支撑以肩为轴摆幅大，后摆超过肩，推手换握及时，展髋挺身，落地稳	直臂支撑以肩为轴摆幅较大，后摆高于肩，推手换握及时，展髋挺身不充分	支撑摆动幅度小，肩不固定，推手换握较及时，没有展髋挺身，落地不稳	男生
		联合动作		动作连贯、自然，幅度大，节奏好，有弹性，下法充分展体，落地稳	动作连贯较自然，幅度较大，节奏较好，下法有展体动作，不充分。	能完成动作，节奏较差，有停顿，下法无展体挺身	男生
	单杠	单腿或并腿翻上成支撑	九年级	翻上动作协调，节奏好，姿态好，幅度大，支撑稳，动作完成轻松	翻上动作较协调，姿态较好，幅度较大，支撑较稳，动作完成较轻松	动作不够连贯、协调，节奏不够好，姿态较差，幅度较小，支撑不够稳定，能完成翻上动作	男生
		骑撑后倒挂膝摆动上		上起动作节奏好，倒立直，姿态好，倒立稳。前滚翻动作圆滑，方向正	上起动作节奏较好，倒立较直，姿态较正确，倒立较稳定，滚翻较圆滑，方向正	上起动作失去节奏，倒立不够直，姿态欠佳，倒立基本稳定，能完成接前滚翻动作	女生

193

续表

一级指标	二级指标	三级指标	年级	项目标准 优秀（85~100分）	项目标准 良好（75~84分）	项目标准 及格（60~74分）	要求
体操运动技能		骑撑挂膝后回环一周半	九年级	挂膝充分，回环动作连贯、协调，节奏好，幅度大，姿态好，动作稳定	挂膝较充分，回环动作较连贯、协调，节奏较好，幅度较大，姿态较好	挂膝欠充分，回环动作不够连贯、协调，节奏较差，幅度较小，姿态欠美	男生
		支撑后摆转体90°下		后摆充分，转体及时，方向正，推手充分，动作舒展，幅度大，落地稳	后摆较充分，转体较及时，方向正，推手较充分，动作伸展，幅度大，落地较稳	后摆不够充分，转体欠及时，方向基本正，推手不够充分，动作幅度小，落地欠稳定	女生
		支撑单腿向前摆越成骑撑—还原成支撑		移重心、推手、摆腿、换撑动作配合协调、连贯、有节奏，姿势好，支撑控制稳定，幅度大	移重心、推手、摆腿、换撑动作配合较协调、连贯、有节奏，姿势较好，幅度较大，支撑控制较稳定	移重心、推手、摆腿、换撑动作配合不够协调、连贯，节奏不够好，姿势较差，幅度较小，支撑控制不够稳定	女生
		联合动作		成套动作完成轻松、协调、连贯，姿态好，幅度大，有节奏，摆动充分，转体正，落地稳	成套动作完成较轻松、协调、连贯，姿态较好，幅度较大，节奏较好，摆动、转体较充分，落地较稳	成套动作完成不够协调、连贯，姿态较差，幅度较小，节奏不够好，摆动、转体不够充分，落地不够稳	女生

续表

一级指标	二级指标	三级指标	年级	项目标准 优秀（85~100分）	项目标准 良好（75~84分）	项目标准 及格（60~74分）	要求
体操运动技能	双杠	支撑摆动	九年级	助跑轻松、自然、协调，速度快、起跳快、腾空高，直膝分腿大，稍屈髋，有明显的制动和上体挺身动作，展体充分，姿态美，落地稳	助跑轻松、自然、协调，速度较快，起跳快，腾空较高，分腿大，直膝推手快，有制动和上体急振意识，有展体动作，姿态较美，落地较稳	助跑较快，能完成动作，但腾空不高，动作不美，落地不稳	男生
		分腿坐前进		基本同上，不同点在于提臀高，屈腿紧靠胸，展体充分	基本同上，提臀较高，屈腿靠胸，有展体动作	基本同上，屈腿时两膝夹不紧，没有展体动作	男生
		支撑后摆转体180°成分腿坐		直臂支撑，摆幅大，转体及时，直膝、幅度大，推手换握及时，不砸杠	直臂支撑，摆幅较大，剪绞转体较及时，推手换握及时，不砸杠	能完成动作，幅度较小，有时砸杠	女生
		外侧坐越两杠直角下		弹杠有力，举腿高，越杠轻松，推手换握及时，充分展髋挺身，落地稳	有弹杠动作，举腿较高，越杠较轻松，推手换握及时，展髋挺身	能完成越两杠跳下，举腿不高，展髋挺身不充分	女生
		支撑摆动前摆下		以肩为轴直臂支撑摆动，幅度大，推手换握及时，充分展髋挺身，落地稳	以肩为轴，直臂支撑摆动，摆幅较大，推手换握及时，展髋挺身	直臂支撑，摆动幅度小，推手换握较及时，展髋不充分	女生
		支撑后摆挺身下		直臂支撑以肩为轴摆幅大，后摆超过肩，推手换握及时，展髋挺身，落地稳	直臂支撑以肩为轴摆幅较大，后摆高于肩，推手换握及时，展髋挺身不充分	支撑摆动幅度小，肩不固定，推手换握较及时，没有展髋挺身，落地不稳	男生
		联合动作		动作连贯、自然，幅度大，节奏好，有弹性，下法充分展体，落地稳	动作连贯较自然，幅度较大，节奏较好，下法有展体动作，不充分	能完成动作，节奏较差，有停顿，下法无展体挺身	男生

6.中小学武术教学质量监测指标体系表

一级指标	二级指标	三级指标	年级	项目标准 优秀（85~100分）	项目标准 良好（75~84分）	项目标准 及格（60~74分）	具体要求
武术运动技能	基本手法	冲拳	一年级	预备姿势成并步抱拳或开立抱拳，一拳从腰向前快速冲出，在肘关节过腰时，前臂内旋，达拳面，臂伸直，与肩平。左右拳交替练习	预备姿势基本到位，一拳从腰向前快速冲出，在肘关节过腰时，前臂可以内旋，达拳面，臂伸直，与肩平	按要求完成动作，无大的错误，方法比较清楚，有劲力	
武术运动技能	基本手法	推掌	一年级	立掌屈肘，臂由屈到伸，掌向前推出，力达掌	立掌基本可以屈肘，臂由屈到伸，掌向前推出	动作不够标准，发力不正确	
武术运动技能	基本步型	弓步	一年级	两脚前后开立，前腿屈膝，脚尖微内扣，后腿蹬直。弓右腿为右弓步，弓左腿为左弓步	两脚开立，前腿可以屈膝，脚尖微内扣，后腿可以蹬直。动作较舒展	动作清楚，名称明确，但动作不熟练	
武术运动技能	基本步型	马步	一年级	两脚左右开立宽于肩，脚尖向前，屈膝屈髋半蹲，大腿略高于膝，全脚着地	两脚左右开立基本宽于肩，脚尖向前，屈膝可以屈髋半蹲，全脚着地	按要求完成动作，无大的错误，方法比较清楚，有劲力	
武术运动技能	基本腿法	正踢腿	二年级	两腿并立，两臂平举立掌，左脚上步，右脚尖起向前上踢腿，左右脚交替进行	两腿可以并立，两臂可以平举立掌，左脚上步，左右脚交替进行	动作不够标准，发力不正确	
武术运动技能	基本腿法	侧踢腿	二年级	并步站立，两臂平举；右脚向左脚前上半步脚尖外展，重心随展前移，左腿脚展，同时屈肘落于右胸前立掌，右臂上举亮掌，掌心向上。踢左腿为左侧踢，踢右腿为右侧踢	并步可以站立，两臂基本可以平举；重心随展前移时，左腿脚展，同时左屈肘落于右胸前立掌，右臂上举亮掌，掌心向上。动作比较舒展	动作清楚，名称明确，但动作不熟练	
武术运动技能	基本腿法	蹬腿	二年级	并步站立，支撑腿直立或稍屈，另一腿由屈到伸，勾脚尖向前蹬出，力达脚跟	并步站立，支撑腿直立，另一腿由屈到伸，勾脚尖向前蹬出，姿势舒展	动作清楚，名称明确，但动作不熟练	

续表

一级指标	二级指标	三级指标	年级	项目标准 优秀（85~100分）	项目标准 良好（75~84分）	项目标准 及格（60~74分）	具体要求
武术运动技能	基本功	正踢腿	三年级	能够协调标准地做正踢腿，踢腿时挺胸立腰，腿向上踢要勾脚尖，踢过腰后要加速要有爆发力；下落时绷脚面。眼随手动，发力正确	能够较协调地做动作，腿向上踢要勾脚尖，踢过腰后要有加速，有爆发力发力较好	较准确完成动作，方法清楚，劲力比较顺达	
		仆步压腿		能够协调标准地仆步压腿，右腿膝全蹲，脚尖外展，开胯，左膝伸直仆平，脚尖内扣，挺膝成左仆步；两手分别抓握两脚外侧，臀部向下振压，尽量贴近地面，然后换成右仆步压腿。仆左腿为左仆步，仆右腿为右仆步。眼随手动，发力正确	能够较做出仆步压腿掌动作。脚尖外展，左膝可以伸直仆平，脚尖内扣，挺膝成左仆步，臀部向下振压，尽量贴近地面，发力较好	动作比较规范、方法基本正确、动作协调、连贯一般；精神较饱满	
	武术组合动作	马步双摆掌		右腿直，上体左转45°成左弓步，右手变掌向下经腹前向右摆，当摆至与左掌同高时，两臂同时向上、经头向左摆至与肩同高成立掌，右掌贴附于左肘内，目视左掌	右腿基本可以伸直，上体左转45°可以成左弓步，当摆至与左掌同高时，两臂同时向上、经头向左摆至与肩同高成立掌，右掌可以贴于左肘内	动作清楚，名称明确，但动作不熟练。按要求完成动作，无大的错误，方法比较清楚，有劲力	
		弹踢推掌		重心移至右腿，左脚绷脚尖向前弹踢，左掌收至腰间，右手变掌向前推击成弹踢推掌，目视右掌	重心在移右腿时，左脚可以绷脚尖向前弹踢，左掌收至腰间，右手变掌向前推击成弹踢推掌	精神较饱满、动作较规范、存在一处错误动作和遗忘	

续表

一级指标	二级指标	三级指标	年级	项目标准			具体要求
				优秀 （85~100分）	良好 （75~84分）	及格 （60~74分）	
武术运动技能	武术基本动作	弹踢	四年级	并步站立，两手放于腰。右腿屈膝提起大腿抬平，右脚绷直，当提膝接近水平时，迅速猛力向前平踢，使力量达于脚尖，左腿伸直或微曲支撑，上体正直	并步站立，两手放于腰。右腿屈膝可以提起大腿抬平，右脚基本直，上体正直	精神较饱满、动作较规范、存在一处错误动作和遗忘	
		摆掌		两手成掌，同时从右、向上，经头向左侧平举成立掌，右臂屈肘，右掌附于左臂肘内侧，上体微向左转，眼看左掌	两手可以成掌，从右、向上，经头向左侧基本成立掌，上体微向左转，眼可以看到左掌	动作清楚，名称明确，但动作不熟练	
	武术组合动作	上步搂手马步击掌		左脚向左侧上一步，上体左转90°；左手向接手握拳，背朝下上动不停，右腿前上一步成马步；左拳收至腰间，右掌向前推击的同时，上体向左拧转90°，目视右掌	左脚向左侧上一步，上体左转60°~80°；右腿可以成马步；左拳收至腰间，右掌向前推击的同时，上体向左拧转60°~80°，目视右掌	精神较饱满、动作较规范、存在一处错误动作和遗忘	
		马步击掌		左腿下落成马步，右掌收至腰间，左掌向前击出，上体右转，目视左侧	左腿下落可以成马步，左掌向前击出，上体右转，眼睛可以看向左侧	按要求完成动作，无大的错误，方法比较清楚，有劲力	
	腿部基本动作	正踢腿	五年级	能够协调标准地做正踢腿，踢腿时挺胸立腰，腿向上踢要勾脚尖，踢过腰后要加速，要有爆发力；下落时绷脚面。眼随手动，发力正确	能够较协调地做动作，腿向上踢要勾脚尖，踢过腰后有加速，有爆发力，发力较好	较准确完成动作，方法清楚，劲力比较顺达	

续表

一级指标	二级指标	三级指标	年级	项目标准 优秀（85~100分）	项目标准 良好（75~84分）	项目标准 及格（60~74分）	具体要求
武术运动技能	腿部基本动作	仆步压腿	五年级	能够协调标准地仆步压腿，右腿膝全蹲，脚尖外展，开胯，左膝伸直仆平，脚尖内扣，挺膝成左仆步；两手分别抓握两脚外侧，臀部向下振压，尽量贴近地面，然后换成右仆步压腿。仆左腿为左仆步，仆右腿为右仆步。眼随手动，发力正确	能够较标准做出仆步压腿动作。脚尖外展，左膝可以伸直仆平，脚尖内扣，挺膝成左仆步，臀部向下振压，尽量贴近地面，发力较好	动作比较规范、方法基本正确、动作协调、连贯一般；精神较饱满	
	武术	少年拳第一套		功架清楚，动作方位、路线正确，协调连贯，劲力顺达，节奏鲜明，手眼协调配合，攻防意识明显	功架清楚，动作方位、路线正确，协调连贯，体现力度，眼神能配合	功架清楚，路线明确，动作基本连贯	
	组合动作	轮臂砸拳	六年级	左脚向左迈出一步，成弓步；同时左手向左格打并收回腰侧抱拳，右拳向前冲出成立拳。右拳收回腰间，右脚向前落步，右拳臂内旋向右后伸直，在向左转体90°成马步的同时，向前平摆横打	左脚向左迈变成弓步；左手向左格打并收回腰侧抱拳，右拳向前冲出成立拳。右拳收回腰间，右拳臂内旋向右后伸直，向左转体成马步	动作比较规范、方法基本正确、动作协调、连贯一般；精神较饱满	

续表

一级指标	二级指标	三级指标	年级	项目标准 优秀（85~100分）	项目标准 良好（75~84分）	项目标准 及格（60~74分）	具体要求
武术运动技能	组合动作	提膝穿掌	六年级	两手握拳收于腰侧，同时头向左转，目视前方，两腿起立，身体左转。随即左拳变掌手心向下，右拳变掌手心向上，由左手背上穿出。同时左腿提膝，左手顺势收回右腋下。目视右手，左腿屈膝前弓，右脚蹬地向前上步，成右虚步；右手由后向下、向前顺右腿外侧向上挑掌，掌指向上，高与肩平	两手握拳放在腰侧，头可以转向左，目视前方，两腿起立，身体左转。随即左拳变掌手心向下，右拳变掌，手心向上，由手背上穿出，左腿提膝，左腿屈膝前弓，右脚成右虚步	精神较饱满，严肃认真，动作较规范，劲力较顺达，手眼相随，风格比较突出，套路出现1—2次遗忘	
		柔韧性组合		独立完成下腰，动作规范、方法正确、路线清楚；动作协调、连贯；精神饱满、全神贯注；手相随、节奏明显，富有气势	保护下可以基本完成下腰，动作较规范、方法正确、路线基本清楚；动作基本协调、连贯；全神贯注；手眼相随、节奏比较明显、有一定气势	前俯腰时手掌着地，动作比较规范、方法基本正确、路线基本清楚；动作协调、连贯一般；精神较泡满、手眼基本相随	
		健身拳动作		动作规范、方法正确、路线清楚；动作协调、连贯；精神饱满、全神贯注；手眼相随、节奏明显，富有气势	动作较规范、方法正确、路线基本清楚；动作基本协调、连贯；精神饱满、全神贯注；手眼相随节奏比较明显、有一定气势	动作比较规范、方法基本正确、路线基本清楚；动作协调、连贯一致；精神较饱满；手眼基本相随	

续表

一级指标	二级指标	三级指标	年级	项目标准 优秀（85~100分）	项目标准 良好（75~84分）	项目标准 及格（60~74分）	具体要求
武术运动技能	腿部组合动作	仆步抡拍	七年级	仆步抡拍是活腰松肩，增强腰部、肩部、髋关节的协调、柔韧性。步型步法到位，动作规范，方法正确，动作协调、连贯	仆步抡拍步型步法基本到位，动作较规范、方法正确、路线基本清楚；动作基本协调、连贯	仆步抡拍动作到位，桩功基本到位	
		弹踢动作		弹踢动作爆发力明显，力点达于脚面。上步动作连贯，蝶掌推出有力，力点达于掌跟	弹踢动作有爆发力，力点基本达于脚面。上步动作基本连贯，蝶掌推出有力，力点基本达于掌跟	弹踢动作有发力动作。上步动作基本连贯，蝶掌推出有力	
	少年拳动作	少年拳（第二套）		精神饱满，严肃认真，动作正确、规范，劲力顺达，手眼相随，风格突出，套路没有遗忘	精神饱满，严肃认真，动作比较规范，劲力比较顺达，手眼相随，风格突出，套路没有遗忘	精神较饱满，严肃认真，动作较规范，劲力较顺达，手眼相随，风格比较突出，套路出现一两次遗忘	
	手部组合动作	上步搂手马步击掌	八年级	左脚向左侧上一步，上体左转90°；左手向左接手握拳，背朝下上动不停，右腿前上一步成马步；左拳收至腰间，右掌向前推击的同时，上体向左拧转90°，目视右掌	左脚向左侧上一步，上体左转60°~80°；右腿可以成马步；左拳收至腰间，右掌向前推击的同时，上体向左拧转60°~80°，目视右掌	精神较饱满、动作较规范、存在一处错误动作和遗忘	

续表

一级指标	二级指标	三级指标	年级	项目标准 优秀（85~100分）	项目标准 良好（75~84分）	项目标准 及格（60~74分）	具体要求
武术运动技能	手部组合动作	绕腕冲拳	八年级	两勾变掌前摆于腹前，左手抓握右手，右腿屈膝，小腿自然下垂。上动不停，右手翻掌缠腕，在向右转体的同时臂外旋左脚向左侧跨一大步，右脚置地随之滑动、两腿下蹲成马步，同时左手变拳经左冲出	两勾变掌于身体前，左手握右手即可，右腿屈。右手翻掌缠腕，在向右转体的同时臂外旋，左脚向左侧跨步，右脚滑动、两腿下蹲，同时左手变拳经左侧冲出	动作比较规范、方法基本正确、动作协调、连贯一致；手眼基本相随	
		马步击掌		左腿下落成马步，右掌收至腰间，左掌向前击出，上体右转，目视左侧	左腿下落可以成马步，左掌向前击出，上体右转，眼睛可以看向左侧	按要求完成动作，无大的错误，方法比较清楚，有劲力	
	健身短棍动作	健身短棍		身械合一，连贯完整，能灵活、自如地使棍和动作配合。身随械动，械随身转，演练棍不触地、触身、脱把；动作连贯，力量充沛，攻防意识强。动作规范、正确	身械比较合一，也比较连贯完整，能较灵活、自如地使棍和动作配合。身械较协调，演练时有些动作有触地、触身、脱把现象；攻防意识较强。动作比较规范、正确	身械合一，动作连贯完整一般，能比较灵活、自如地使棍和动作配合。有时棍触地、触身、脱把现象比较明显。不能把攻防意识体现出来	

续表

一级指标	二级指标	三级指标	年级	项目标准 优秀（85~100分）	项目标准 良好（75~84分）	项目标准 及格（60~74分）	具体要求
武术运动技能	单人攻防基本动作	原地和上步上架直拳	九年级	出拳迅速有力，以拧腰的力量助力；拳型稍倾斜，以拳面击打对方头部，基本功扎实	基本能够做到出拳迅速有力，以腰助力；拳型稍倾斜，以拳面击打对方头部。气势一般、动作较标准有力	基本了解原地和上步上架直拳动作、气势一般、动作拖沓、没有力量	
		原地和上步双架搬推		双架与搬推动作衔接要快速、紧凑，搬与推要同时进行，基本功扎实	基本能够做到双架与搬推动作衔接一般，搬与推同时进行。气势一般、动作较标准有力	基本了解原地和上步双架搬推动作、气势一般、动作拖沓精神较饱满	
		原地和上步下砸弹踢		下砸时含胸、拔背，两腿微屈身体自然下沉突然屏气以气催力。弹踢力点达于脚趾，上体微前倾，基本功扎实	基本能够做到下砸时含胸、拔背，两腿微屈身体自然下沉，突然屏气以气催力。弹踢力点达于脚趾，上体可以前倾，气势一般、动作较标准有力	基本了解原地和上步下砸弹踢、气势一般、没有力量	
		缠绕拧别		缠腕动作的力点在于两手的翻拧；抓握、缠腕、后拉、压肘动作要准确、速、连贯，基本功扎实。	基本能够做到缠腕动作的力点在于两手的翻拧；抓握、缠腕、后拉、压肘动作一般，气势一般、动作较标准有力	基本了解缠绕拧别动作、气势一般、动作拖沓、没有力量、精神较饱满	
	攻防对练	攻防动作对练		攻防动作姿势规范、方法运用合理、技术熟练、节奏分明、协调流畅、劲力充足、风格突出	攻方动作姿势较规范、方法运用较合理、技术较熟练、节奏处理较好、动作较流畅、劲力较充足、风格较突出	攻方动作姿势基本规范、方法运用基本合理、动作流畅性、劲力、节奏、风格一般	

203

附录二　威海市文登区初中体育与健康科目学业水平考试实施办法

一、指导思想

全面贯彻党的教育方针，认真落实"健康第一"的理念和立德树人的根本任务，把提升学生身体素质和健康教育水平作为学校体育的基本目标，开足开齐体育与健康课程，强化课外体育锻炼。通过考试的杠杆和导向作用，让学生通过体育与健康课程的学习和丰富多彩的课外体育活动，掌握1至2项运动技能，养成终身受益的体育锻炼习惯。

二、基本原则

导向性原则。实施初中体育与健康科目学业水平考试，目的是引导学生上好每一节体育与健康课，鼓励学生积极参加课外体育锻炼，促进学生养成终身受益的体育锻炼习惯；引导学校体育教学改革，促进课堂教学与课外活动相衔接、兴趣培养与技能提高相促进。

渐进性原则。实施初中体育与健康科目学业水平考试，是加强和改进学校体育教学的一次新的尝试。我区将积极探索，大胆尝试，在不断总结经验的基础上，逐步完善初中体育与健康科目学业水平考试制度。

公平性原则。公平公正是初中体育与健康科目学业水平考试的基本要求。考试要程序规范，标准统一，结果公正。

三、考试内容与考试方式

初中体育与健康科目学业水平考试，采用"运动参与＋体质健康测试＋运动技能测试"方式进行。运动参与和体质健康测试是"过程性评价"，运动技能测试是"专项运动技能评价"。

运动参与。由学校根据体育课程标准，制定学生体育课程学习及课外体育锻炼考核办法，在每学期末对学生体育课程出勤率、体育课程学习成绩、课间体育活动参与情况等进行考核打分。

体质健康测试。依据《国家学生体质健康标准》，由区教体局统一部署组织学校实施，各学校在每学年上学期，采用统一的测试设备、统一的测试软件，通过集中测试、集中体检或体质达标运动会等方式，对学生体质健康状况进行测试。测试成绩评定不及格者，在本学年度准予一次补测。

运动技能测试。依据体育课程标准和《国家学生体质健康标准》相关规定，由区招生考试部门对学生在田径、游泳、篮球、排球、足球、乒乓球、羽毛球、体操、健美操、武术、基本身体素质等项目中指定1个必选和2个自选项目进行测试。

田径测试内容：50米、1000米（男）/800米（女）、跳远、跳高、铅球。

游泳测试内容：50米蛙泳、自由泳、仰泳、蝶泳。

篮球测试内容：运球、变向运球、上篮（单个或组合技术）。

排球测试内容：发球、垫球、传球、扣球（单个或组合技术）。

足球测试内容：运球、传球、射门（单个或组合技术）。

乒乓球测试内容：发球、正手攻球、反手推挡（单个或组合技术）。

羽毛球测试内容：正反手发球、击高远球、劈杀（单个或组合技术）。

网球测试内容：底线发球、正反手击球（单个或组合技术）。

体操测试内容：基本功、技巧、单杠、双杠。

健美操测试内容：基本功（包括纵横劈叉、正侧高踢腿、下腰、屈体分腿跳）、自编成套动作展示。

武术测试内容：基本动作、套路、器械。

基本身体素质：立定跳远、前抛实心球、跳绳、仰卧起坐（女）/引体向上（男）。

场地器材、测试规则、评分标准根据《国家学生体质健康标准》和相关项目比赛规则另行统一制定。

四、考试对象与时间

凡具有初中学籍的在校学生均应参加体育科目学业水平考试。

"过程性评价"中的"运动参与"时间为初中阶段每个学年第二学期，具体评价时间由学校根据课程设置和课时安排确定；"过程性评价"中的"体质健康测试"时间为初中阶段每个学年第一学期（2019年上半年对2018级初中学生统一组织测试），由区教体局体卫艺科统一部署并组织学校实施；"专项运动技能评价"在初四下学期完成，由区招生考试部门统一组织实施。

五、考试成绩呈现与使用

体育与健康科目成绩以分数呈现，记入学生中考成绩，总分值为60分。其中，运动参与、体质健康2项测试成绩为每个学生各学年测试成绩的平均值。成绩公示确认后报文登区招生考试部门备案。运动技能测试成绩以初四下学期测试成绩为准，合并折算计入学生中考成绩，最终成绩包含运动参与、体质健康和运动技能测试3项成绩，权重分别为20%、30%、50%。

六、工作要求

加强组织领导。实施初中体育科目学业水平考试是强化体育育人功能，促进学生加强体育锻炼，不断增强学生体质的重大举措。各相关部门、学校要高度重视，加强领导，精心组织。对弄虚作假、徇私舞弊者，要依法依规严肃处理。

加强教学管理。各初中学校要严格落实体育课程方案，合理安排教学进度，严禁压缩课程授课时间，确保开齐开足体育课程。教育行政部门加强监督检查，对违反规定不严格落实体育课程方案的学校综合评价时予以扣分。加强体育课程教学改革，将学生在校内开展的课外体育活动纳入教学计划，与体育课堂教学内容相互衔接、互为补充，满足学生体育爱好和特长发展的需求，提高学生专项运动能力。

建立结果公示与抽查制度。各学校要在每学年末公示学生运动参与、体质健康测试成绩，并将有关情况向学生家长通报。学校在公示相关信息时不得泄露学生个人隐私。区教育局对辖区内学生运动参与、体质健康测试结果进行现场抽测，确保体育科目学业水平考试公平、公正。

明确免、缓考及其他特殊政策。对因病、残不能参加体育与健康专项测试的考生，可视病、残程度申请免考或缓考。申请免考的考生须持县区级以上医院诊断证明（就医病历）或残联颁发的残疾人证明，经学校同意并加盖公章后报区招生考试部门认定。此类免考学生运动技能测试成绩按60%计入学生体育与健康学业水平考试总成绩。在初中阶段，凡是参加市级及以上教育主管部门组织的体育比赛的学生，体育健康测试和运动技能测试均可实行免考，此类免考学生的运动技能测试成绩按满分计入。学校应在考试前将免考的学生名单在校内进行为期一周的公示。免考的学生的证明材料在学生综合素质评价档案中记录，原始材料存档备查。因特殊情况暂不能参加运动技能测试的学生，可申请缓考，缓考应在统一测试结束后1个月内与运动技能测试不及格者同时进行。

本实施办法自2018年秋季入学的初中学校新生开始实施，未尽事宜，按照有关政策规定执行。

威海市文登区教育和体育局
2019年4月22日印发

附录三　威海市初中体育与健康课程学业考试方案

一、指导思想

全面贯彻党的教育方针，深入推进素质教育，全面落实《体育与健康课程标准》和《国家学生体质健康标准》，引导学生通过多种运动项目的学习与体验，掌握科学健身方法，提高体能素质和运动技能水平，逐步养成终身体育锻炼的良好习惯，促进学生德智体美全面发展。

二、范围与对象

全市所有参加体育与健康课程学业考试的初四学生。

三、主要内容

1.考试内容和方法

体育与健康课程学业考试实行《体育与健康课程标准》与《国家学生体质健康标准》相结合，统一执行《体育与健康课程标准》的评价方法和《国家学生体质健康标准》的评价指标；各项目的测试方法和评价标准要严格按照《体育与健康课程标准》和《国家学生体质健康标准》中的有关规定执行。

2.考试项目和分值

体育测试项目分为四项：从1000米跑（男）、800米跑（女）、台阶试验中选测一项（30分）；从坐位体前屈、掷实心球、仰卧起坐（女）、引体向上（男）、握力体重指数中选测一项（20分）；从50米跑（25米×2往返跑）、立定跳远、跳绳、篮球运球、足球运球、排球垫球中选测一项（20分）；技巧、支撑跳跃、单杠、双杠、武术、健美操与舞蹈中选测一项（30分）。

考试项目由市教育局在每年考试前两周公布。

3.评分标准和计分办法

《体育与健康课程标准》部分的评分标准按附件执行；《国家学生体质健康标准》部分评分标准按《国家学生体质健康标准》评分表执行，体育与健康课程学业考试成绩以100分制计算。计算考生升学成绩时，按实际成绩的70%折算计入。

四、免考、缓考

（一）免考

1.免考范围：因残疾丧失运动能力的考生、经体检患有不能作剧烈运动类疾病（心、肺、肝、肾等主要器官有严重慢性病）的考生、高度近视（矫正视力800度以上，视网膜病变）的考生。

2.办理办法

（1）由本人提出申请（填写免考申请表），出具市区级以上医院诊断书，家长签字认可；学校负责审查、认定后签署意见并加盖公章，报市区招生部门审核认定，可免考。

（2）申请免考学生出具的证明资料必须真实可信，如发现弄虚作假，查证属实，考生考试成绩计为0分，追究有关人员的责任。

（3）各校校医、班主任、体育教师应注意摸清学生的身体状况，对不宜参加考试的考生及家长做好思想工作，办理免考手续。

3.免考内容和计分办法

免考项目视考生个体的具体情况而定：因身体残疾不能参加测试的学生，凭残疾证可申请免考，考试成绩按满分计算；因病、伤长期免修体育课的考生，可申请选测项目中的一项、两项或三项免考，免考项目的考试成绩按免测项目标准分的60%计分。

（二）缓考

因生理、突发事件等情况暂不能参加考试的考生，应在考试的当天申请办理缓考，经审核批准后，可以缓考。缓考的考生由主考部门集中一次重新补考（已考部分成绩无效，五项同时重新测试），缓考办法与正常考试相同。仍不能参加补考者，体育与健康课程学业考试成绩按满分的60%计分。

五、本方案由市教育局负责解释

二〇一一年一月二十五日

附：运动技能部分评分标准

一、技巧

1.联合动作的动作分值

男：头手倒立（30分）→团身前滚翻（10分）→交叉转体180°（10分）→后滚翻（10分）→鱼跃前滚翻（30分）→挺身跳（10分）。

女：前滚翻（20分）→交叉转体180°（10分）→后滚翻（10分）→肩肘倒立（20分）→经单肩后滚翻成跪撑平衡（10分）→跪立（10分）→跪跳起（10分）→挺身跳（10分）。

2.评分办法

按学生的实际，在完成动作过程中，根据动作规格的完成情况，视其所完成的熟练程度，分别按照0~15分的标准扣分，将每个动作的扣分相加，即为此次联合动作的得分。

二、支撑跳跃

1.联合动作的动作分值

男女均为：横箱的分腿腾越、屈腿腾越、侧腾越。

标准：踏跳协调，推掌快（30分）；两腿并拢，不碰箱（20分）；展体及时，落地稳（30分）；身体姿势，控制好（20分）。

2.评分方法

按学生的实际，依以上四条标准进行评分。在完成动作的过程中，根据动作规格的完成情况，视其所完成的熟练程度进行0~15分的扣分，然后将扣分相加，从总分中扣除，即是该联合动作的最后得分。

三、单杠

1.联合动作的动作分值

男：翻上成支撑（30分）→单腿摆越成骑撑（10分）→后倒挂膝后回环一周半成悬垂（15分）→挂膝摆动上成骑撑（15分）→单腿向后摆越成支撑（10分）→后摆转体90°下（20分）。

女：跳上成支撑（20分）→单腿摆越成骑撑（20分）→后倒挂膝摆动上成骑撑（40分）→后腿向前摆越转体90°下（20分）。

2.评分方法

按学生的实际，在完成动作过程中，根据动作规格的完成情况，视其所完成的熟练程度进行0~15分的扣分，然后将扣分相加，从总分中扣除，即是该联合动作的最后得分。

四、双杠

1.联合动作的动作分值

男：杠端跳上成分腿坐（10分）→前进一次成分腿坐（10分）→体前握杠并腿后摆（10分）→进杠前摆（10分）→后摆转体180°成分腿坐（30分）→弹杠并腿进杠前摆（10分）→支撑后摆挺身下（20分）。

女：杠端跳上成分腿坐（30分）→前进一次成外侧坐（30分）→越两杠挺身下（40分）。

2.评分方法

标准：支撑摆动自然，动作伸展，摆幅要大，前后摆动身体要高出杠面。

后摆挺身下，换手较及时，能看出有支撑动作。身体较伸展，有挺身动作，落地要稳。依据学生实际，根据每个动作的完成情况分别扣0~15分，然后将所扣分之和从动作分值减去，即是该项目的得分。

五、武术

健身拳、健身棍、少年拳（第二套）、自选拳。

评分方法：按学生实际，在完成动作过程中，根据动作规格的完成情况，视其所完成的熟练程度以及武术比赛要求的精、气、神以及手法、身法、步法等要求扣0~30分。

六、健美操

教材动作、自选动作。

评分方法：按学生实际，在完成动作过程中，根据动作规格的完成情况，视其所完成的熟练程度以及健美操比赛要求的难度情况、节奏、配乐等要求进行0~30的扣分。姿态操可以自选拔高。

七、舞蹈

教材动作、自选动作。

评分方法：按学生实际，在完成动作过程中，根据动作规格的完成情况，视其所完成的熟练程度以及舞蹈比赛要求的动作难度程度、动作的协调性、节奏感、配乐等要求进行0~30的扣分。

参考文献

[1] 中共中央.国务院.国家中长期教育发展改革与发展规划纲要（2010年至2020）[M].北京：人民教育出版社.2010.

[2] 中华人民共和国教育部.教育部关于积极推进中小学评价与考试制度改革的通知［EB/OL］.［2002.12.18］.http：//www.gov.cn/gongbao/content/2003/content_62173.htm.

[3] 中华人民共和国教育部.教育部关于推进学校艺术教育发展的若干意见［EB/OL］.2014.01.14.http://www.moe.gov.cn/srcsite/A17/moe_794/moe_795/201401/t20140114_163173.html.

[4] 教育部.教育部关于2010年全国学生体质与健康调研结果公告［R］.北京，2011，8，29.

[5] 中华人民共和国教育部.普通高中体育与健康课程标准（2017年版）［S］.北京：人民教育出版社，2018.

[6] 中华人民共和国教育部.义务教育体育与健康课程标准（2011年版）［S］.北京：北京师范大学出版社，2019.

[7] 教育部体育卫生与艺术教育司.国家学生体质健康标准锻炼手册［S］.北京：人民教育出版社，2008.

[8] 人民教育.2020中国基础教育年度报告——2020中国中小学教育新进展新趋势［EB/OL］.［2021.02.17］.http://www.suxinwen.cn/news/2036479.

[9] 威海市教育局.威海市初中体育与健康课程学业考试方案［EB/OL］.［2011.05.09］.http：//172.20.0.56/Item/77341.asp.

[10] 威海市文登区教育和体育局.威海市文登区初中体育与健康科目学业水平考

试实施办法［EB/OL］.［2019.05.09］.http：//172.20.0.56/Item/77341.asp.

［11］汪晓赞，何耀慧，尹志华.基于核心素养的高中体育与健康学业质量阐释、构成与超越［J］.成都体育学院学报.2021，47（01）：32—40.

［12］于素梅.从三位一体的目标体系谈体育教学质量促进的策略［J］.体育学刊，2014，21（04）：93—97.

［13］于素梅.体育教学质量评价标准体系建立的难题及初步构想［J］.体育学刊，2014，21（03）：95—99.

［14］吕兵文，于霞.关注学习效果 行政考核计绩 以评提质增效—体育教学质量评价策略［J］.中国学校体育.2019，（08）：77—78.

［15］吕兵文.扎实教学 关注前沿—如何申请国家资助经费项目的课题［J］.中国学校体育.2018，（10）：52—53.

［16］吕晓峰，黄巍，姜英峰，于霞.探究教学质量评价 问道学生健康发展［J］.中国学校体育.2019，（06）：23.

［17］于洪奎，黄巍.体育教学质量有效评价的四要素［J］.中国学校体育.2019，（08）：76—77.

［18］尹耀.选定内容，周密组织，规范操作，务实评价—乳山市义务教育体育教学质量评价的实践与思考［J］.中国学校体育.2019，（08）：74.

［19］刘冬笑，王越，李国.我国青少年体质下降与兵源建设窘境［J］.体育学刊，2020，27（02）：69—72.

［20］王悦音，李灵.试论高等学校教学质量监测［J］.现代教育科学，2002，（03）：47—48.

［21］翁琴雅.试论教学质量及其监测［J］.教育测量与评价（理论版），2012，（01）：18—20.

［22］邵伟德，黄海滨，李启迪.论中小学体育教学质量的概念与意义［J］.体育教学，2016，36（01）：13—15.

［23］邓若锋.体育教学质量监测的异化及其重构［J］.中国学校体育，2013（4）：36—39.

［24］莫豪庆.基于学生体育学习成绩的体育课堂教学质量监测探究—以杭州市江

干区中小学为例［J］.浙江体育科学.2010，32（01）：69—71、81.

［25］全国青少年运动技能等级标准研制组.青少年足球运动技能等级标准与测试方法［M］.北京：科学出版社.2018.

［26］全国青少年运动技能等级标准研制组.青少年田径运动技能等级标准与测试方法［M］.北京：科学出版社.2018.

［27］全国青少年运动技能等级标准研制组.青少年武术运动技能等级标准与测试方法［M］.北京：科学出版社.2018.

［28］全国青少年运动技能等级标准研制组.青少年体操运动技能等级标准与测试方法［M］.北京：科学出版社.2018.

［29］全国青少年运动技能等级标准研制组.青少年篮球运动技能等级标准与测试方法［M］.北京：科学出版社.2018.

［30］全国青少年运动技能等级标准研制组.青少年排球运动技能等级标准与测试方法［M］.北京：科学出版社.2018.

［31］陈云鹏.体育教学质量内涵及有效促进策略研究［J］.内蒙古师范大学学报：教育科学版，2015（28）：162—166.

［32］孙立海.影响普通高校体育教学质量的主要因素及其对策研究［J］.辽宁体育科技，2006，28（5）：77—78.

［33］杨素梅.谈影响体育教学质量的因素及对策［J］.中国科技信息，2005（15）：298.

［34］朱夜晴.关于我国体育教学质量研究的思考［J］.当代体育科技，2018，8（02）：53—54.

［35］傅森.对体育教学质量影响因素的研究［J］.吉首大学学报（社会科学版），2018，39.

［36］吴晓鸣，陈一曦，汪荣等.大学体育教学质量监控体系的构建研究［J］.福建体育科技，2008，27（6）：55—56.

［37］刘旻航，邵桂华，孙庆祝.基于马尔柯夫链的体育教学质量模糊评价方法［J］.西安体育学院学报，2006，23（1）：108—111.

［38］邢菊，丁兆雄.中小学体育教学质量评估应注意的几个问题［J］.上海体育

学院学报，1991，（04）.

［39］胡永红，周登嵩，吴邵兰.有效体育教学评价指标体系研究［J］.北京体育大学学报，2011，34（08）：81—85.

［40］李南文，李茂平.新建本科院校"五位一体"教学质量监测评估机制建构［J］.当代教育理论与实践，2014（6）：61—63.

［41］叶燎昆，夏正明，周明，胡文武，姜泽荣.体育教学质量与学生体质健康的关联评价研究［J］.昆明学院学报，2018，40（3）：115—119.

［42］陈玉君.高校教学质量评价与监控的创新研究［J］.继续教育研究，2010（3）：157—159.

［43］姚建军.建构高职高专体育课堂教学质量监控体系［J］.天津市经理学院学报，2013（3）：53—54.

［44］孙红梅.体育教学质量监控体系研究［J］.镇江高专学报，2018（1）：119—121.

［45］韩锋，隋福民.基于知识网络的"双一流"建设与高校质量监测研究现状剖析［J］.中国校外教育，2017（36）：7—8.

［46］李桂荣，尤莉.试析经济合作与发展组织基础教育发展监测机制［J］.比较教育研究，2016（5）：50—55.

［47］杨学为.考试的起源［J］.教育测量与评价（理论版），2008，（01）：58—61＋53.

［48］王训令.大学体育教学质量监控体系运行机制研究［J］.体育科技文献通报，2018，26（01）：3—4.

［49］蔡磊.高校中外合作项目体育教学质量监控体系构建［J］.体育世界（学术版），2019，（11）：135—137.

［50］黄大乾，罗锡文，陈羽白，何庭玉.构建高校教学质量监测和保证体系的思考与实践［J］.华南农业大学学报（社会科学版），2002，（01）：84—89.

［51］周家荣.基础教育质量监测的机制及体系构建［J］.上海教育评估研究，2016，5（05）：1—7.

［52］孙建华.高校体育教学质量监控的实践与思考［J］.上海体育学院学报，

2003,27(6):82—85.2010,30(3):109—112.

[53] 张进平.高校体育教学质量保障体系构建模式研究[J].湖北函授大学学报,2017,(11).

后 记

科研是教育教学的源头活水。世界著名科学家、教育家钱伟长在《论教学与科研的关系》中指出："教学没有科研做底蕴，就是一种没有观点的教育、没有灵魂的教育。"一线教师做科研，是时代发展的必然，更是教师专业成长的重要途径。

面对青少年学生体质持续下降的困境和中小学体育教学不断深化改革的机遇，经过缜密思考，在文登、威海两级教育局、教研部门领导的重视和支持下，在华东师范大学体育与健康学院汪晓赞教授、北京体育大学张莉青教授、《中国学校体育》杂志种青编辑等的精准指导下，我们形成了"中小学体育教学质量监测机制的研究"课题申报书，经过威海市教育科学规划办评审并推荐参加省级的评审。2017年2月，山东省教育科学规划办评审了来自省内各高校、科研单位、中小学的375项全国教育科学"十三五"规划2017年度课题申报材料，确定了124项初审入围项目，其中重大重点招标课题4项、其他类课题120项。2月20日，我们参加了山东省教育科学规划办在济南组织召开的山东省初审入围申报项目培训会。山东教育科学研究院曾庆伟博士又面对面地从课题相关概念的界定、研究内容的确立、总体框架的构建、研究重点的确定等方面提出了修改意见，我们进一步完善了项目设计。2017年7月14日，全国教育科学规划领导小组办公室官网公布了"全国教育科学'十三五'规划2017年度课题立项名单"，全国共审批立项488项课题，其中高等院校、科研院所452项，中小学、幼儿园仅35项（体育类3项）。我们主持申报的《中小学体育教学质量监测机制的研究》课题立项为全国教育科学"十三五"规划2017年度教育部重点课题。汪晓赞教授在本课题的开题会议上指出："吕兵文老师申报、立项了教育部重点课题，这给全国中小学体育教师带了个好头，树立了榜样。中小学体育教师是有能力研究大的项目的。"我们也清醒地意识到，这既是一份亮闪闪的荣耀，更是一份沉甸甸的责任。

调研、反思、研讨、实践、总结、再反思、再实践，我们开启了一轮又一轮的研究探索。项目研究的顺利进行，我们得益于威海市中小学体育教学改革、学生体育学业水平检测的实施和威海市文登区中小学体育教学质量监测多年实施的大环境，更得益于参与样本调研的威海市内外57所中小学校16000名学生。获悉课题组开展的问卷调查、子课题评审、项目研究专家培训等研究活动，众多学校、专家、一线体育教师雀然参与。山东济宁、陕西安康、辽宁抚顺等地的体育教研员都积极行动，深入开展本项目研究的调研活动。有70多所学校踊跃申报本项目的子课题研究，并取得了很多成果，不少体育教师更是借助项目研究助力了自己的职称晋升，幸福感满满。我们深深感到，一线教师不是没有能力进行科研，而是缺少一个机会，缺少一个切入点。中小学教科研只要有人振臂一呼，马上会应者云集。这是可喜的！这是教育发展觉醒的必然，也是对一线教育科研如何更好地服务于一线教育教学、一线教师专业发展的一个大大的追问。

该部作品凝聚了我们对"中小学体育教学质量监测机制的研究"苦苦的思考、散发着青草气息的智慧和脚踏实地源自一线多年实践的汗水，更有增强青少年学生体质、强种强国，提升中小学体育教学质量、完善学生人格的至纯至简至美的愿望。当然，由于我们的理论功底、科研实力不够扎实有力，研究中还存在很多不足和遗憾，好在我们一直在坚持做，一直在前行，在此，也恳请各位方家不吝赐教。

本书稿的策划起于2019年10月，2021年2月2日起笔，3月7日完成书稿12万余字。

在书稿即将付梓之际，衷心感谢威海市教育教学研究院院长董绍才先生，威海市文登区教育和体育局局长姜福军先生、党委书记张华山先生、副局长邵名果先生，教研中心主任张宾先生、副主任于忠先生及威海各区市体育教研员等对本项目研究给予的大力支持！感谢华东师范大学体育与健康学院党委书记汪晓赞教授对项目研究工作的悉心指导！感谢所有参与本项目研究的学者和一线教师！感谢所有参与本书稿撰写的人员！你们的支持、指导、帮助，是我们不断前行的动力！祝愿中小学体育教学的明天越来越美好！

吕兵文

2021年3月